문해력 완성

중학 어휘 단계 1

교재 개발에 도움을 주신 모든 선생님들께 깊이 감사드립니다.

내용 검토진

강혜진 부산	고경은 경기 일산	구민경 대구	권성환 경북 안동	김건용 서울 성북
김광철 광주	김나경 경기 과천	김라희 경기 부천	김민석 경남 창원	김민영 서울
김민희 서울	김슬기 경기 용인	김영대 경기 수원	김예사 제주	김유석 대구 달서
김정욱 용인 수지	김종덕 광주 남구	마 미 경기 화성	문소영 경남 김해	박가연 부산
박세진 서울	박수영 서울 은평	박여진 부산 서구	박윤선 광주 남구	박은정 서울 강동
박현정 서울	박혜선 경북 안동	박호현 대구	백승재 경남 김해	서가영 대치
설고은 경북	신새희 경기 수원	신영수 서울 광진	신혜섭 대전	신혜원 경기 군포
신혜영 부산	안정광 순천, 광양	안혜지 부산	유미정 경기 안양	유진아 대구
윤성은 서울	윤인희 서울	윤희정 충북 청주	이강국 경기 평택	이경원 충북 청주
이기연 강원 원주	이기윤 부산	이동익 전북 전주	이미경 부산	이미옥 경기
이성훈 경기	이수진 경기 광주	이애리 경남 거제	이영지 경기 안양	이윤지 경기 의정부
이지희 서울 강남	이홍진 서울	이흥중 부산 사하	임지혜 경남 거제	장기윤 경북 구미
장정미 서울 강남	장지연 강원 원주	전현주 경남	전혜숙 대전 유성	전희재 경기
정미정 경기 고양	정서은 부산 동래	정세영 베트남 호찌민	정지윤 안양 평촌	정지윤 전북 전주
정필모 서울 서대문	정해연 전남 순천	정혜실 인천 청라	조승연 대전	조아라 부산
조은예 전남 순천	진윤정 서울	채송화 제주	천은경 부산	천정은 세종
최 강 대전	최수연 인천 남동	최홍민 경기 평택	표윤경 서울	하영아 김해, 창원
한광희 세종	한봉교 서울 성북	한신영 충남 당진	허혜지 서울	홍선희 인천 부평
홍현숙 경기 광명	황은영 서울			

디자인 자문단

강수진 전남 목포	강영애 경기 일산	강원국 광주	강혜진 부산	구민경 대구
김경주 순천, 여수	김라희 경기 부천	김민석 경남	김수진 서울 노원	김영웅 충남 천안
김예사 제주	김정욱 용인 수지	김종덕 광주	김희정 부산	박가연 부산
박명현 부산	박세진 서울	박소영 인천 송도	박유경 서울	박윤선 광주
박은정 서울	박종승 경남	박하섬 경남 양산	박혜선 경북 안동	박호현 대구
백승재 경남 김해	서가영 대치	석민지 시흥, 화성	설고은 경북	신경애 대구
신새희 경기 수원	신영수 서울 광진	신혜섭 대전	신혜원 경기 군포	엄현미 서울 동작
이강국 경기 평택	이미경 부산	이미옥 경기 부천	이애리 경남 거제	이여진 동탄
이윤지 경기 의정부	이지은 부산	이지희 대구	이흥진 서울	임부택 대치
장기윤 경북 구미	장연희 대구	전현주 경남	정미정 경기 고양	정해연 전남 순천
조아라 부산	채송화 제주	천은경 부산	최수연 인천	최인우 광주
한광희 세종	한남수 경남 진주	한봉교 서울 성북	허혜지 서울	현세령 동탄
홍석영 서울				

문해력 완성

중학 어휘 단계 1

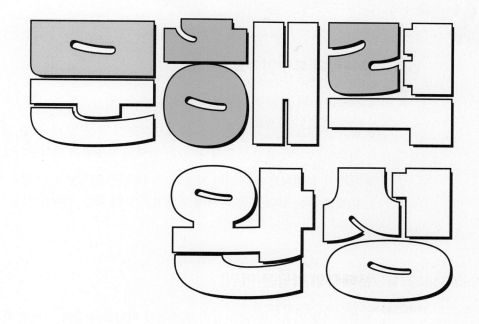

문해력을 완성하는 어휘, 어떻게 공부할까?

1 문해력이 무엇인가요?

★ 문해력은 글을 읽고 이해하는 능력을 말합니다.

★ 중요한 정보와 덜 중요한 정보를 구별하면서 글을 읽고, 글의 내용에 대해 비판적으로 자신의 생각을 펼칠 수 있는 능력도 문해력에 포함됩니다.

★ 따라서 문해력은 교과서의 내용을 파악하고, 선생님의 수업을 이해하며, 시험 문제를 푸는 등의 모든 과정에 반드시 필요한 학습 능력입니다.

2 문해력의 바탕은 어휘!

★ 문해력을 키우려면 글을 많이 읽으면서 어휘를 충분히 익혀야 합니다.

★ 학년이 올라갈수록 어휘가 어려워집니다. 어휘의 의미를 모르면 학습 내용을 이해할 수 없고 공부에 흥미를 잃을 수밖에 없습니다.

★ 어휘력은 모든 학습의 기초입니다. 어휘를 알아야 독해가 원활하게 이루어질 수 있고, 문제를 잘 풀 수 있으며, 사고력이 튼튼해질 수 있습니다.

3 필요한 어휘를 모두 공부해요!

★ 이 교재는 국어 교과서에 수록된 어휘, 시험에 잘 나오는 어휘, 독서에 필요한 어휘, 타 교과 공부에 도움이 되는 어휘 등 중학생이 알아야 할 필수 어휘를 풍부하게 수록하였습니다.

필수 어휘	⇨	교과서에 수록된, 중학생이 필수적으로 알아야 하는 어휘
관용 표현	⇨	주제별 한자 성어, 속담, 관용어
헷갈리기 쉬운 말	⇨	형태가 비슷하여 잘못 사용하기 쉬운 어휘
동음이의어 · 다의어	⇨	형태는 같지만 의미가 다르거나 여러 가지 뜻을 지닌 어휘

4 주제별로 묶어 공부해요!

* 이 교재는 어휘를 주제별로 묶어 제시함으로써, 어휘의 의미를 보다 효과적으로 기억하고 연관되는 어휘가 무엇인지 확인할 수 있도록 구성하였습니다.

읽기	⇨	• 철학 · 논리 • 역사 · 심리 • 사회 · 경제 • 정치 · 법률 • 생명 과학 • 지구 과학 • 기술 • 문화 · 예술
문학	⇨	• 사람의 감정 • 사람의 성격과 생김새 • 사람의 행동 • 인간관계 • 시 · 공간적 배경 • 상황과 분위기 • 삶의 양상 • 선조들의 생활과 표현
관용 표현, 헷갈리기 쉬운 말	⇨	• 한자 성어 • 속담 • 관용어 • 헷갈리기 쉬운 말 • 동음이의어 • 다의어

5 어휘와 독해를 함께 공부해요!

* 어휘의 뜻을 외우는 것만으로는 문해력을 키울 수 없습니다. 공부한 어휘를 바탕으로 글의 내용을 바르게 이해할 수 있어야 합니다.
* 재미있는 지문을 읽고 다양한 유형의 독해 문제를 풀면서 어휘력을 확장하고 문해력을 튼튼하게 키울 수 있도록 구성했습니다.

6 체계적으로 공부해요!

* 이 교재는 먼저 어휘의 뜻을 익힌 다음, 이를 문장과 짧은 지문에 적용하여 문제를 풀고, 마지막으로 자신의 실력을 점검해 볼 수 있도록 구조화했습니다.

어휘가 쓰인 문장의 맥락 확인하기, 어휘의 뜻풀이 익히기	⇨	사전적 의미 문제 풀기, 문맥적 의미 문제 풀기	⇨
배운 어휘를 적용해 지문을 읽고 독해 문제 풀기	⇨	테스트 문제를 풀면서 어휘를 확실하게 익혔는지 점검하기	

이 책의 구성과 활용법

1 어휘의 의미 익히기

▶ 교과서 필수 어휘, 시험에 잘 나오는 어휘를 모두 모아 정리하였습니다.

▶ '읽기', '문학', '관용 표현, 헷갈리기 쉬운 말' 등 영역별로 구분하였습니다.

▶ 주제별로 어휘를 묶어 제시하여 어휘의 의미를 선명하게 기억하도록 하였습니다.

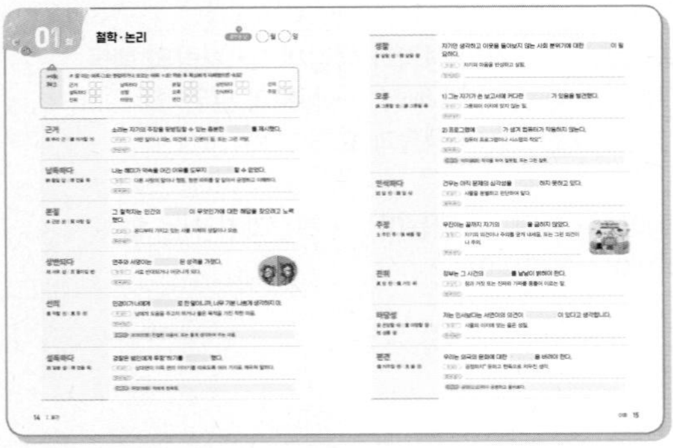

이렇게 공부하세요!

❶ 예문의 빈칸을 채우며 어휘가 맥락 속에서 어떻게 쓰이는지 확인하기

❷ 어휘의 뜻풀이 살펴보기

❸ 어휘의 뜻풀이를 직접 써 보면서 어휘의 의미를 확실하게 익히기

❹ 어휘 쏙, 유의어, 반의어를 짚어 보며 어휘력 확장하기

2 문해력 기초 다지기

▶ 어휘를 잘 익혔는지 확인할 수 있도록 다양한 유형의 문제를 제시하였습니다.

▶ '사전적 의미'와 '문맥적 의미'의 단계별로 나누어 문제를 구성하였습니다.

▶ 채점 후에 틀린 문제의 어휘는 뜻풀이와 예문을 다시 살펴보세요.

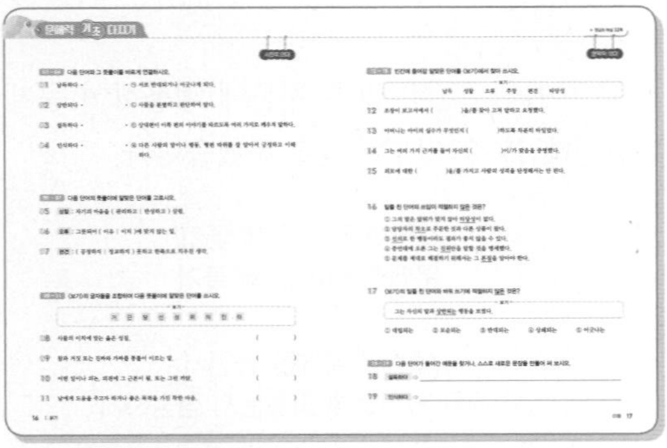

이렇게 공부하세요!

❶ 사전적 의미 ⇨ 어휘의 뜻풀이를 확실하게 이해했는지 확인하기

❷ 문맥적 의미 ⇨ 어휘를 문장의 맥락에 맞게 활용할 수 있는지 점검하기

❸ 어휘가 들어간 예문을 스스로 만들어 보는 활동을 통해 문해력 키우기

3 문해력 완성하기

▶ 공부한 어휘를 독해에 적용해 봄으로써 문해력을 키울 수 있도록 구성하였습니다.

▶ 중학생이 읽어야 할 재미있는 지문과 다양한 유형의 문제를 제시하였습니다.

▶ 문제를 풀면서 자신의 문해력이 얼마나 향상되었는지 확인하세요.

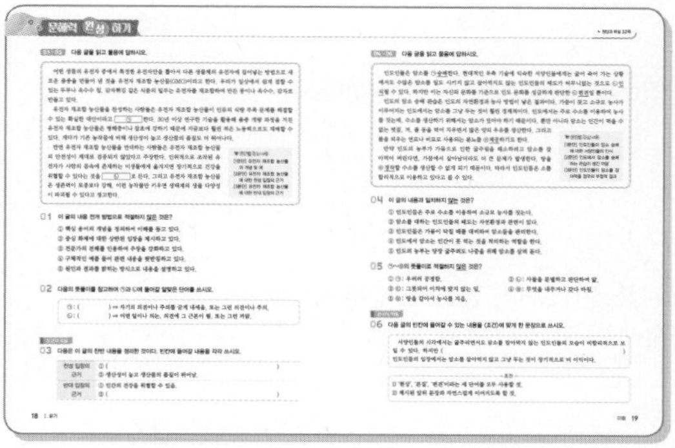

이렇게 공부하세요!

❶ 지문을 꼼꼼하게 읽고 글의 주제와 문단별 중심 내용 정리하기

❷ 이해한 내용을 바탕으로 스스로 문제 풀어 보기

❸ '창의적 적용' 문제를 풀면서 지문의 핵심 내용과 앞에서 배운 어휘를 연결해 보기

❹ '정답과 해설'을 보면서 틀린 문제 점검하기

4 어휘력 테스트

▶ 학습이 끝난 후에 자신의 어휘 실력을 점검해 볼 수 있도록 구성하였습니다.

▶ 본문에 제시된 회차에 맞추어 총 28회의 테스트 문제를 제공하였습니다.

▶ 채점 후에 틀린 문제의 어휘는 뜻풀이와 예문을 다시 살펴보세요.

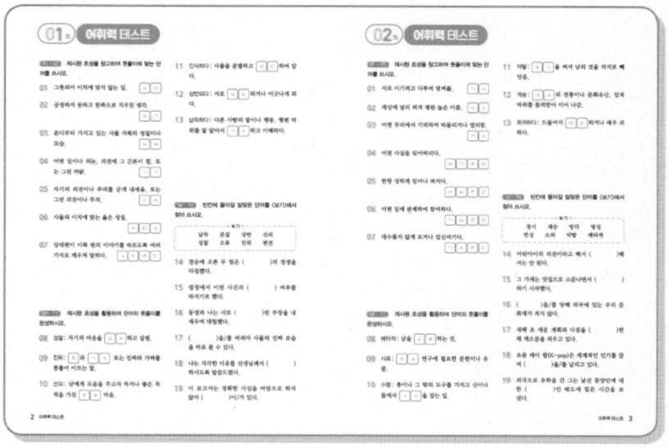

이렇게 공부하세요!

❶ 시간을 정해 두고 문제를 풀어 보기

❷ 채점을 한 다음 몇 문제를 틀렸는지 확인하기

❸ 틀린 문제의 개수에 따라 학습 계획 조정하기

이 책의 차례

I 읽기

Ⅱ 문학

Ⅲ 관용 표현, 헷갈리기 쉬운 말

학습 계획표

✱ 학습 계획을 세우고, 그에 맞추어 꾸준하게 공부하세요.

회차	공부한 날	헷갈리는 어휘, 틀린 문제 메모
01회	월 일	
02회	월 일	
03회	월 일	
04회	월 일	
05회	월 일	
06회	월 일	
07회	월 일	
08회	월 일	
09회	월 일	
10회	월 일	
11회	월 일	
12회	월 일	
13회	월 일	
14회	월 일	
15회	월 일	
16회	월 일	
17회	월 일	
18회	월 일	
19회	월 일	
20회	월 일	
21회	월 일	
22회	월 일	
23회	월 일	
24회	월 일	
25회	월 일	
26회	월 일	
27회	월 일	
28회	월 일	

교재에 사용된 용어 알기

※ 교재에 사용된 용어들입니다. 일상생활에서도 자주 사용되므로 꼭 알아 두세요.

용어	뜻
사전적 의미	어휘가 가지고 있는 가장 중심적이고 기본적인 의미. 사전을 찾았을 때 나오는 의미이므로 사전적 의미라고 함.
문맥적 의미	어휘가 실제 글 속에서 사용될 때 문맥이나 상황에 따라 결정되는 구체적인 의미.
유의어	뜻이 서로 비슷한 말. 예 책 – 서적, 어머니 – 엄마 – 모친
반의어	그 뜻이 서로 정반대되는 관계에 있는 말. 예 남자 – 여자, 넓다 – 좁다
관용 표현	둘 이상의 어휘들이 결합하여 오랫동안 사용되면서 다른 의미로 굳어진 표현. 관용어와 속담, 한자 성어가 있음.
한자 성어	관용적인 뜻으로 굳어 쓰이는 한자로 된 말. 주로 유래가 있거나 교훈을 담고 있음. 예 와신상담(臥薪嘗膽): 불편한 섶에 몸을 눕히고 쓸개를 맛본다는 뜻으로, 원수를 갚거나 마음먹은 일을 이루기 위하여 어려움과 괴로움을 참고 견딤을 비유적으로 이르는 말.
속담	예로부터 민간에 전하여 오는 말로, 오랜 생활 체험에서 얻은 생각과 교훈을 간결하게 나타낸 어구나 문장. 예 선무당이 사람 잡는다: 능력이 없어서 제구실을 못하면서 함부로 하다가 큰일을 저지르게 됨을 비유적으로 이르는 말.
관용어	둘 이상의 단어가 결합해 원래의 의미와는 다른 의미로 사용되는 말. 예 발이 넓다: 사귀어 아는 사람이 많아 활동하는 범위가 넓다.
동음이의어	소리는 같지만 뜻이 다른 단어. 단어들 사이에 의미적 연관성이 없음. 예 배: ❶ 신체 일부 ❷ 교통수단 ❸ 열매
다의어	두 가지 이상의 뜻을 가진 단어. 의미들 사이에 관련성이 있음. 예 손: 1) 사람의 팔목 끝에 달린 부분(중심적 의미) 2) 손가락(주변적 의미)

I

읽기

01회 철학 · 논리

02회 역사 · 심리

03회 사회 · 경제

04회 정치 · 법률

05회 생명 과학

06회 지구 과학

07회 기술

08회 문화 · 예술

01회 철학 · 논리

공부한 날 ◯월 ◯일

어휘 체크

※ 잘 아는 어휘 ○표! 헷갈리거나 모르는 어휘 ×표! 학습 후 확실하게 이해했으면 ☆표!

근거	납득하다	본질	상반되다	선의
설득하다	성찰	오류	인식하다	주장
진위	타당성	편견		

근거
根 뿌리 근 | 據 의거할 거

소라는 자기의 주장을 뒷받침할 수 있는 충분한 ______를 제시했다.

뜻 알기 어떤 일이나 의논, 의견에 그 근본이 됨. 또는 그런 까닭.

뜻 써 보기 ______

납득하다
納 들일 납 | 得 얻을 득

나는 혜미가 약속을 어긴 이유를 도무지 ______할 수 없었다.

뜻 알기 다른 사람의 말이나 행동, 형편 따위를 잘 알아서 긍정하고 이해하다.

뜻 써 보기 ______

본질
本 근본 본 | 質 바탕 질

그 철학자는 인간의 ______이 무엇인가에 대한 해답을 찾으려고 노력했다.

뜻 알기 본디부터 가지고 있는 사물 자체의 성질이나 모습.

뜻 써 보기 ______

상반되다
相 서로 상 | 反 돌이킬 반

연주와 서영이는 ______된 성격을 가졌다.

뜻 알기 서로 반대되거나 어긋나게 되다.

뜻 써 보기 ______

선의
善 착할 선 | 意 뜻 의

민경이가 너에게 ______로 한 말이니까, 너무 기분 나쁘게 생각하지 마.

뜻 알기 남에게 도움을 주고자 하거나 좋은 목적을 가진 착한 마음.

뜻 써 보기 ______

유의어 호의(好意) 친절한 마음씨. 또는 좋게 생각하여 주는 마음.

설득하다
說 말씀 설 | 得 얻을 득

경찰은 범인에게 투항*하기를 ______했다.

뜻 알기 상대편이 이쪽 편의 이야기를 따르도록 여러 가지로 깨우쳐 말하다.

뜻 써 보기 ______

어휘 쏙 투항(投降) 적에게 항복함.

성찰

省 살필 성 | 察 살필 찰

자기만 생각하고 이웃을 돌아보지 않는 사회 분위기에 대한 ______ 이 필요하다.

뜻 알기 자기의 마음을 반성하고 살핌.

뜻 써 보기 ______

오류

誤 그릇할 오 | 謬 그릇될 류

1) 그는 자기가 쓴 보고서에 커다란 ______ 가 있음을 발견했다.

뜻 알기 그릇되어 이치에 맞지 않는 일.

뜻 써 보기 ______

2) 프로그램에 ______ 가 생겨 컴퓨터가 작동하지 않는다.

뜻 알기 컴퓨터 프로그램이나 시스템의 착오*.

뜻 써 보기 ______

어휘 쏙 착오(錯誤) 착각을 하여 잘못함. 또는 그런 잘못.

인식하다

認 알 인 | 識 알 식

건우는 아직 문제의 심각성을 ______ 하지 못하고 있다.

뜻 알기 사물을 분별하고 판단하여 알다.

뜻 써 보기 ______

주장

主 주인 주 | 張 베풀 장

우진이는 끝까지 자기의 ______ 을 굽히지 않았다.

뜻 알기 자기의 의견이나 주의를 굳게 내세움. 또는 그런 의견이나 주의.

뜻 써 보기 ______

진위

眞 참 진 | 僞 거짓 위

정부는 그 사건의 ______ 를 낱낱이 밝혀야 한다.

뜻 알기 참과 거짓 또는 진짜와 가짜를 통틀어 이르는 말.

뜻 써 보기 ______

타당성

妥 온당할 타 | 當 마땅할 당 | 性 성품 성

저는 민서보다는 서연이의 의견이 ______ 이 있다고 생각합니다.

뜻 알기 사물의 이치에 맞는 옳은 성질.

뜻 써 보기 ______

편견

偏 치우칠 편 | 見 볼 견

우리는 외국의 문화에 대한 ______ 을 버려야 한다.

뜻 알기 공정하지* 못하고 한쪽으로 치우친 생각.

뜻 써 보기 ______

어휘 쏙 공정(公正)하다 공평하고 올바르다.

문해력 기초 다지기

사전적 의미

01 ~ 04 다음 단어와 그 뜻풀이를 바르게 연결하시오.

01 납득하다 • • ㉠ 서로 반대되거나 어긋나게 되다.

02 상반되다 • • ㉡ 사물을 분별하고 판단하여 알다.

03 설득하다 • • ㉢ 상대편이 이쪽 편의 이야기를 따르도록 여러 가지로 깨우쳐 말하다.

04 인식하다 • • ㉣ 다른 사람의 말이나 행동, 형편 따위를 잘 알아서 긍정하고 이해하다.

05 ~ 07 다음 단어의 뜻풀이에 알맞은 단어를 고르시오.

05 성찰 : 자기의 마음을 (관리하고 | 반성하고) 살핌.

06 오류 : 그릇되어 (이유 | 이치)에 맞지 않는 일.

07 편견 : (공정하지 | 정교하지) 못하고 한쪽으로 치우친 생각.

08 ~ 11 〈보기〉의 글자들을 조합하여 다음 뜻풀이에 알맞은 단어를 쓰시오.

보기

거 근 당 선 성 위 의 진 타

08 사물의 이치에 맞는 옳은 성질. ( )

09 참과 거짓 또는 진짜와 가짜를 통틀어 이르는 말. ( )

10 어떤 일이나 의논, 의견에 그 근본이 됨. 또는 그런 까닭. ( )

11 남에게 도움을 주고자 하거나 좋은 목적을 가진 착한 마음. ( )

12 ~ 15 빈칸에 들어갈 알맞은 단어를 〈보기〉에서 찾아 쓰시오.

보기

납득 성찰 오류 주장 편견 타당성

12 조장이 보고서에서 ( )을/를 찾아 고쳐 달라고 요청했다.

13 어머니는 아이의 실수가 무엇인지 ( )하도록 차분히 타일렀다.

14 그는 여러 가지 근거를 들어 자신의 ( )이/가 맞음을 증명했다.

15 외모에 대한 ( )을/를 가지고 사람의 성격을 단정해서는 안 된다.

16 밑줄 친 단어의 쓰임이 적절하지 않은 것은?

① 그의 말은 앞뒤가 맞지 않아 타당성이 없다.
② 담당자의 착오로 주문한 것과 다른 상품이 왔다.
③ 선의로 한 행동이라도 결과가 좋지 않을 수 있다.
④ 증언대에 오른 그는 진위만을 말할 것을 맹세했다.
⑤ 문제를 제대로 해결하기 위해서는 그 본질을 알아야 한다.

17 〈보기〉의 밑줄 친 단어와 바꿔 쓰기에 적절하지 않은 것은?

보기

그는 자신의 말과 상반되는 행동을 보였다.

① 대립되는 ② 모순되는 ③ 반대되는 ④ 상쇄되는 ⑤ 어긋나는

18 ~ 19 다음 단어가 들어간 예문을 찾거나, 스스로 새로운 문장을 만들어 써 보시오.

18 설득하다 ⇨ ______

19 인식하다 ⇨ ______

문해력 완성 하기

01~03 다음 글을 읽고 물음에 답하시오.

> 어떤 생물의 유전자 중에서 특정한 유전자만을 뽑아서 다른 생물체의 유전자에 집어넣는 방법으로 새로운 품종을 만들어 낸 것을 유전자 재조합 농산물(GMO)이라고 한다. 우리가 일상에서 쉽게 접할 수 있는 두부나 옥수수 칩, 감자튀김 같은 식품의 일부는 유전자를 재조합하여 만든 콩이나 옥수수, 감자로 만들고 있다.
>
> 유전자 재조합 농산물을 찬성하는 사람들은 유전자 재조합 농산물이 인류의 식량 부족 문제를 해결할 수 있는 확실한 대안이라고 [㉠]한다. 30년 이상 연구한 기술을 활용해 품종 개량 과정을 거친 유전자 재조합 농산물은 병해충이나 잡초에 강하기 때문에 지금보다 훨씬 적은 노동력으로도 재배할 수 있다. 게다가 기존 농작물에 비해 생산성이 높고 생산물의 품질도 더 뛰어나다.
>
> 반면 유전자 재조합 농산물을 반대하는 사람들은 유전자 재조합 농산물의 안전성이 제대로 검증되지 않았다고 주장한다. 인위적으로 조작된 유전자가 사람의 몸속에 존재하는 미생물에게 옮겨지면 장기적으로 건강을 위협할 수 있다는 것을 [㉡]로 든다. 그리고 유전자 재조합 농산물은 생존력이 토종보다 강해, 이런 농작물만 키우면 생태계의 생물 다양성이 파괴될 수 있다고 경고한다.
>
> ♥ 문단별 중심 내용
> [1문단] 유전자 재조합 농산물의 개념 및 예
> [2문단] 유전자 재조합 농산물에 대한 찬성 입장의 근거
> [3문단] 유전자 재조합 농산물에 대한 반대 입장의 근거

01 이 글의 내용 전개 방법으로 적절하지 <u>않은</u> 것은?

① 핵심 용어의 개념을 정의하여 이해를 돕고 있다.
② 중심 화제에 대한 상반된 입장을 제시하고 있다.
③ 전문가의 견해를 인용하여 주장을 강화하고 있다.
④ 구체적인 예를 들어 관련 내용을 뒷받침하고 있다.
⑤ 원인과 결과를 밝히는 방식으로 내용을 설명하고 있다.

02 다음의 뜻풀이를 참고하여 ㉠과 ㉡에 들어갈 알맞은 단어를 쓰시오.

> ㉠: (　　　　　　) ⇒ 자기의 의견이나 주의를 굳게 내세움. 또는 그런 의견이나 주의.
> ㉡: (　　　　　　) ⇒ 어떤 일이나 의논, 의견에 그 근본이 됨. 또는 그런 까닭.

창의적 적용

03 다음은 이 글의 찬반 내용을 정리한 것이다. 빈칸에 들어갈 내용을 각각 쓰시오.

찬성 입장의 근거	① (　　　　　　　　　　　　　　　　)
	② 생산성이 높고 생산물의 품질이 뛰어남.
반대 입장의 근거	① 인간의 건강을 위협할 수 있음.
	② (　　　　　　　　　　　　　　　　)

04~06 다음 글을 읽고 물음에 답하시오.

인도인들은 암소를 ㉠숭배한다. 현대적인 목축 기술에 익숙한 서양인들에게는 굶어 죽어 가는 상황에서도 수많은 암소를 일도 시키지 않고 잡아먹지도 않는 인도인들의 태도가 터무니없는 것으로 ㉡인식될 수 있다. 하지만 이는 자신의 문화를 기준으로 인도 문화를 성급하게 판단한 ㉢편견일 뿐이다.

인도의 암소 숭배 관습은 인도의 자연환경과 농사 방법이 낳은 결과이다. 가뭄이 잦고 소규모 농사가 이루어지는 인도에서는 암소를 그냥 두는 것이 훨씬 경제적이다. 인도에서는 주로 수소를 이용하여 농사를 짓는데, 수소를 생산하기 위해서는 암소가 있어야 하기 때문이다. 뿐만 아니라 암소는 인간이 먹을 수 없는 볏짚, 겨, 풀 등을 먹어 치우면서 많은 양의 우유를 생산한다. 그리고 불을 피우는 연료나 비료로 사용되는 분뇨를 ㉣제공하기도 한다.

만약 인도의 농부가 가뭄으로 인한 굶주림을 해소하려고 암소를 잡아먹어 버린다면, 가뭄에서 살아남더라도 더 큰 문제가 발생한다. 땅을 ㉤경작할 수소를 생산할 수 없게 되기 때문이다. 따라서 인도인들은 소를 합리적으로 이용하고 있다고 볼 수 있다.

♥ 문단별 중심 내용
[1문단] 인도인들의 암소 숭배에 대한 서양인들의 인식
[2문단] 인도에서 암소를 숭배하는 관습이 생긴 까닭
[3문단] 인도인들이 암소를 잡아먹을 경우의 부정적 결과

04 이 글의 내용과 일치하지 않는 것은?

① 인도인들은 주로 수소를 이용하여 소규모 농사를 짓는다.
② 암소를 대하는 인도인들의 태도는 자연환경과 관련이 있다.
③ 인도인들은 가뭄이 닥칠 때를 대비하여 암소들을 관리한다.
④ 인도에서 암소는 인간이 못 먹는 것을 처리하는 역할을 한다.
⑤ 인도의 농부는 당장 굶주려도 나중을 위해 암소를 살려 둔다.

05 ㉠~㉤의 뜻풀이로 적절하지 않은 것은?

① ㉠: 우러러 공경함.
② ㉡: 사물을 분별하고 판단하여 앎.
③ ㉢: 그릇되어 이치에 맞지 않는 일.
④ ㉣: 무엇을 내주거나 갖다 바침.
⑤ ㉤: 땅을 갈아서 농사를 지음.

창의적 적용

06 다음 글의 빈칸에 들어갈 수 있는 내용을 〈조건〉에 맞게 한 문장으로 쓰시오.

서양인들의 시각에서는 굶주리면서도 암소를 잡아먹지 않는 인도인들의 모습이 비합리적으로 보일 수 있다. 하지만 (   ) 인도인들의 입장에서는 암소를 잡아먹지 않고 그냥 두는 것이 장기적으로 더 이익이다.

• 조건 •
1) '현상', '본질', '편견'이라는 세 단어를 모두 사용할 것.
2) 제시된 앞뒤 문장과 자연스럽게 이어지도록 할 것.

02회 역사·심리

공부한 날 ( )월 ( )일

어휘 체크 ※ 잘 아는 어휘 ○표! 헷갈리거나 모르는 어휘 ×표! 학습 후 확실하게 이해했으면 ☆표!

각축 □□	경시하다 □□	계승 □□	관여하다 □□	망각하다 □□
명성 □□	배타적 □□	번성하다 □□	사료 □□	소외 □□
수렵 □□	약탈 □□	희귀하다 □□		

각축

角 뿔 각 | 逐 쫓을 축

10여 개의 팀이 우승을 놓고 ______ 을 벌였다.

뜻 알기 서로 이기려고 다투며 덤벼듦.

뜻 써 보기 ______

경시하다

輕 가벼울 경 | 視 볼 시

서양 문화를 떠받들고 우리 고유문화를 ______ 하는 사람들이 있다.

뜻 알기 대수롭지 않게 보거나 업신여기다.

뜻 써 보기 ______

유의어 깔보다 얕잡아 보다.

반의어 중시(重視)하다 가볍게 여길 수 없을 만큼 매우 크고 중요하게 여기다.

계승

繼 이을 계 | 承 받들 승

우리가 ______ 해야 할 민족 문화의 전통이 바로 이것이다.

뜻 알기 조상의 전통이나 문화유산, 업적 따위를 물려받아 이어 나감.

뜻 써 보기 ______

관여하다

關 관계할 관 | 與 더불 여

나는 그 일에 더 이상 ______ 할 생각이 없다.

뜻 알기 어떤 일에 관계하여 참여하다.

뜻 써 보기 ______

유의어 개입(介入)하다 자신과 직접적인 관계가 없는 일에 끼어들다.

망각하다

忘 잊을 망 | 却 물리칠 각

그는 경찰이라는 자신의 신분을 ______ 하고 범죄를 저지르고 말았다.

뜻 알기 어떤 사실을 잊어버리다.

뜻 써 보기 ______

명성

名 이름 명 | 聲 소리 성

그는 이 지역에서 ______ 이 높은 학자이다.

뜻 알기 세상에 널리 퍼져 평판* 높은 이름.

뜻 써 보기 ______

어휘 쏙 평판(評判) 세상 사람들의 비평.

배타적
排 물리칠 배 | 他 다를 타 | 的 과녁 적

자기의 생각만이 옳다고 믿는 ________ 인 태도는 바람직하지 않다.

뜻 알기 남을 배척*하는 것.

뜻 써 보기

어휘 쏙 배척(排斥) 따돌리거나 거부하여 밀어 내침.

번성하다
蕃 우거질 번 | 盛 성할 성

고려 시대에 불교는 왕실의 후원을 받아 크게 ________ 하였다.

뜻 알기 한창 성하게 일어나 퍼지다.

뜻 써 보기

사료
史 역사 사 | 料 헤아릴 료

이번 발굴 작업에서 새로운 ________ 가 발견되었다.

뜻 알기 역사 연구에 필요한 문헌이나 유물.

뜻 써 보기

소외
疏 트일 소 | 外 바깥 외

________ 된 이웃에게 따뜻한 관심이 필요하다.

뜻 알기 어떤 무리에서 기피*하여 따돌리거나 멀리함.

뜻 써 보기

어휘 쏙 기피(忌避) 꺼리거나 싫어하여 피함.

수렵
狩 사냥할 수 | 獵 사냥 렵

인류는 초기에는 ________ 과 채집*에 의존하여 먹고살았다.

뜻 알기 총이나 그 밖의 도구를 가지고 산이나 들에서 짐승을 잡는 일.

뜻 써 보기

어휘 쏙 채집(採集) 널리 찾아서 얻거나 캐거나 잡아 모으는 일.

약탈
掠 노략질할 약 | 奪 빼앗을 탈

점령군은 ________ 을 일삼으며 주민들을 괴롭혔다.

뜻 알기 폭력을 써서 남의 것을 억지로 빼앗음.

뜻 써 보기

희귀하다
稀 드물 희 | 貴 귀할 귀

할아버지의 창고에는 ________ 한 골동품이 가득하다.

뜻 알기 드물어서 특이하거나 매우 귀하다.

뜻 써 보기

반의어 흔하다 보통보다 더 자주 있거나 일어나서 쉽게 접할 수 있다.

문해력 기초 다지기

사전적 의미

01 ~ 05 다음 뜻풀이에 해당하는 단어를 말상자에서 찾아 표시하시오.

01 남을 배척하는 것.

02 한창 성하게 일어나 퍼지다.

03 세상에 널리 퍼져 평판 높은 이름.

04 대수롭지 않게 보거나 업신여기다.

05 어떤 무리에서 기피하여 따돌리거나 멀리함.

배	득	거	명	사	번
납	타	오	성	망	성
여	질	적	관	결	하
장	각	경	시	하	다
소	외	귀	편	당	고

06 ~ 08 다음 단어의 뜻풀이에 알맞은 단어를 고르시오.

06 망각하다 : 어떤 사실을 (떠올리다 | 잊어버리다).

07 사료 : (역사 | 정치) 연구에 필요한 문헌이나 유물.

08 각축 : 서로 (빼앗으려고 | 이기려고) 다투며 덤벼듦.

09 ~ 11 제시된 초성을 참고하여 다음 뜻풀이에 알맞은 단어를 쓰시오.

09 드물어서 특이하거나 매우 귀하다. ㅎ ㄱ ㅎ ㄷ

10 폭력을 써서 남의 것을 억지로 빼앗음. ㅇ ㅌ

11 총이나 그 밖의 도구를 가지고 산이나 들에서 짐승을 잡는 일. ㅅ ㄹ

12 ~ 14 빈칸에 들어갈 알맞은 단어를 〈보기〉에서 찾아 쓰시오.

보기

각축 계승 번성 약탈 평판

12 독립운동의 정신을 (   )해 민족의 자존심을 지키자.

13 이 지역은 교통이 편리하여 예로부터 시장이 (   )했다.

14 정규 리그 1등 자리를 놓고 세 팀이 (   )을 벌이고 있다.

15 밑줄 친 단어의 쓰임이 적절하지 않은 것은?

① 야생 동물 보호 구역에서는 수렵이 금지되어 있다.
② 이 책은 기록의 신빙성이 높아 사료로서 가치가 있다.
③ 회장은 활동에서 소외되는 친구들이 없도록 배려했다.
④ 급하게 뛰어오다가 주머니에 있던 지갑을 망각한 듯하다.
⑤ 우리 마을은 배타적인 편이라 외지인의 정착이 쉽지 않다.

16 〈보기〉의 빈칸에 들어갈 단어가 순서대로 바르게 나열된 것은?

보기

• 작은 돈을 (   )하는 태도로는 큰돈을 모을 수 없다.
• 중립을 지켜야 하는 공무원은 선거 운동에 (   )해서는 안 된다.

① 간과, 기피 ② 경시, 관여 ③ 공유, 기여
④ 외면, 무시 ⑤ 중시, 배척

17 ~ 18 다음 단어가 들어간 예문을 찾거나, 스스로 새로운 문장을 만들어 써 보시오.

17 명성 ⇨ ______________________________

18 희귀하다 ⇨ ______________________________

01 ~ 03 다음 글을 읽고 물음에 답하시오.

어느 대학에 강의가 재미없기로 소문난 인류학 교수가 있었다. 그래서 그의 강의를 수강 신청하는 학생은 적었고, 인류학과 학생들조차 그 교수의 강의를 ㉠대수롭지 않게 여기기 시작했다. 이를 본 한 심리학 교수가 그 인류학 교수의 강의를 대상으로 한 가지 실험을 하였다. 심리학 교수는 인류학 교수에게 철저히 비밀로 하고, 그 강의를 듣는 학생들에게만 몇 가지 행동을 주문했다. 첫째, 교수의 말 한마디 한마디에 주의를 집중하며 열심히 들을 것. 둘째, 중간중간 얼굴에 미소를 띠며 고개를 끄덕여 강의가 재미있다는 반응을 나타낼 것. 셋째, 간혹 강의에 관련된 질문을 할 것.

한 학기 동안 진행된 이 실험의 결과는 놀라웠다. 우선 책만 읽어 나가던 인류학 교수가 실험을 시작한 지 얼마 지나지 않아 학생들과 시선을 마주치기 시작했다. 좀 더 지나자 강의 도중에 가벼운 유머를 던지기도 하였고, 또 학생들에게 먼저 질문을 하며 학생들의 수준에 맞추어 강의하였다. 이윽고 학기가 끝날 무렵에는 학기 초의 모습이 ㉡조금도 떠오르지 않을 정도로 열정을 다해 강의하는 교수로 바뀌었다. 그런 태도는 계속 이어져 몇 년 지나지 않아 그는 강의를 잘하는 교수로 유명해졌다.

그런데 더 놀라운 것은 학생들의 변화였다. 처음에는 열심히 듣는 척하던 학생들이 나중에는 정말로 강의에 열정적으로 참여한 것이다. 인류학 교수와 학생들의 변화는 공감하며 듣기의 중요성을 잘 보여 준다.

♥ 문단별 중심 내용
[1문단] 인류학 교수의 강의를 대상으로 한 실험
[2문단] 실험 후 인류학 교수의 변화
[3문단] 실험 후 학생들의 변화와 실험 결과의 의미

01 이 글에서 언급된 내용으로 적절하지 않은 것은?

① 실험 참여 학생들의 변화
② 심리학 교수의 실험 기간
③ 심리학 교수의 실험 방법
④ 인류학 교수의 강의 내용
⑤ 실험 결과가 의미하는 바

02 ㉠, ㉡과 바꿔 쓸 수 있는 단어가 바르게 묶인 것은?

	㉠	㉡
①	경시하기	계승될
②	경시하기	망각될
③	존중하기	냉각될
④	중시하기	냉각될
⑤	중시하기	망각될

창의적 적용

03 이 글에서 '인류학 교수'에게 생긴 변화와 그 원인을 〈조건〉에 맞게 서술하시오.

조건

1) '공감', '명성'이라는 두 단어를 활용할 것.
2) 원인과 결과가 드러나는 완결된 한 문장으로 쓸 것.

04~06 다음 글을 읽고 물음에 답하시오.

카프카의 소설 〈변신〉에서 주인공 그레고르는 하룻밤 사이에 흉측한 벌레가 된다. 전날 잠자리에 들 때까지는 사람이었는데, 자고 일어나 보니 온몸이 단단한 껍데기로 싸여 있는 벌레가 되어 있는 것이다. 왜 그렇게 되었는지는 알 수 없다. 하지만 집 밖으로 나갈 수 없다. 또 인간일 때처럼 생각은 할 수 있지만 말을 할 수 없고, 습성도 점점 벌레처럼 변해 간다. 이 때문에 가족들은 그레고르를 점차 멀리하고, 심지어 아버지는 그에게 욕을 하며 사과를 집어 던지기까지 한다. 가족들에게 소외당하던 그레고르는 어느 날 아침 죽은 채로 발견된다. 그러자 가족들은 즐겁게 웃으며 야외로 소풍을 간다.

〈변신〉은 인간의 소외 현상을 상징적으로 보여 준다. 그레고르가 이유 없이 벌레로 변하는 것은 당사자가 아무런 잘못을 하지 않았는데도 집단에서 억울하게 ㉠ 따돌림을 당하는 현상이라고 볼 수 있다. 그리고 벌레가 된 그레고르는 사람들의 말을 알아듣지만 사람들이 그레고르의 말을 알아듣지 못하는 것은, 사람과 사람 사이에 의사소통이 이루어지지 못하는 상황을 의미한다. 아울러 벌레가 되기 전까지 가족의 생계를 책임지던 그레고르가 돈을 벌지 못하게 되자 가족들이 노골적으로 그를 싫어하는 상황은, 인간적 가치보다 경제력을 더 중요하게 여기는 현대 사회의 속성을 보여 준다.

♥ 문단별 중심 내용
[1문단] 카프카의 소설 〈변신〉의 줄거리
[2문단] 〈변신〉의 상징적 의미 분석

04 소설 〈변신〉의 내용과 일치하는 것은?

① 가족들은 벌레가 된 그레고르를 죽인 뒤에 소풍을 갔다.
② 그레고르는 가족들의 억압에서 벗어나려고 벌레가 되었다.
③ 그레고르는 벌레로 변하기 전에는 집안의 경제를 책임졌다.
④ 그레고르는 벌레가 된 뒤에도 인간의 습성을 그대로 지녔다.
⑤ 그레고르는 벌레가 된 뒤에도 사람들과 의사소통이 가능했다.

05 문맥상 ㉠과 바꾸어 쓸 수 있는 단어를 이 글에서 찾아 쓰시오.

창의적 적용

06 〈보기〉에서 그레고르가 처한 상황과 가장 유사한 것을 고르고, 그 이유를 '경시'라는 단어를 사용하여 한 문장으로 쓰시오.

보기

㉮ A는 집이 지방으로 이사하면서 전학 간 학교에서 반 친구들에게 인사로 햄버거를 돌렸다.
㉯ B가 직장에서 은퇴한 뒤에 하는 일 없이 지내자 자녀들은 점차 B를 무시하기 시작하였다.
㉰ C는 자신이 해야 할 업무를 부하인 D에게 맡긴 뒤 그것을 마치 자신이 한 것처럼 회사에 제출했다.

03회

사회 · 경제

공부한 날 ( )월 ( )일

어휘 체크

※ 잘 아는 어휘 ○표! 헷갈리거나 모르는 어휘 ×표! 학습 후 확실하게 이해했으면 ☆표!

경영하다	공동체	공유하다	공익	관습
만연하다	범람하다	부과	시사	실태
야기하다	열악하다	축적		

경영하다

經 지날 경 | 營 경영할 영

아버지께서는 조그만 공장을 ( ) 하고 계신다.

뜻 알기 기업이나 사업 따위를 관리하고 운용하다.

뜻 써 보기

공동체

共 함께 공 | 同 한가지 동 | 體 몸 체

가정은 사회를 이루는 가장 기초적인 단위의 ( ) 이다.

뜻 알기 생활이나 행동 또는 목적 따위를 같이하는 집단.

뜻 써 보기

공유하다

共 함께 공 | 有 있을 유

마을 사람들이 그 땅을 ( ) 하고 있다.

뜻 알기 두 사람 이상이 한 물건을 공동으로 소유하다.

뜻 써 보기

반의어 독점(獨占)하다 혼자서 모두 차지하다.

공익

公 공평할 공 | 益 더할 익

공무원은 어떤 경우에도 ( ) 을 먼저 생각해야 한다.

뜻 알기 사회 전체의 이익.

뜻 써 보기

반의어 사익(私益) 개인의 이익.

관습

慣 버릇 관 | 習 익힐 습

명절 때 차례를 지내는 일은 우리의 오랜 ( ) 이다.

뜻 알기 어떤 사회에서 오랫동안 지켜 내려와 그 사회 성원들이 널리 인정하는 질서나 풍습.

뜻 써 보기

만연하다

蔓 덩굴 만 | 延 끌 연

우리 사회에는 서로에 대한 불신감이 ( ) 해 있다.

뜻 알기 전염병이나 나쁜 현상이 널리 퍼지다.

뜻 써 보기

범람하다
氾 넘칠 범 | 濫 넘칠 람

1) 비가 많이 와서 강물이 ______ 하였다.

뜻 알기 큰물이 흘러넘치다.

뜻 써 보기 ______

2) 시중에 불법 복제 소프트웨어가 ______ 하고 있다.

뜻 알기 바람직하지 못한 것들이 마구 쏟아져 돌아다니다.

뜻 써 보기 ______

부과
賦 부세 부 | 課 매길 과

경찰은 음주운전을 한 운전자에게 벌금을 ______ 하였다.

뜻 알기 세금이나 부담금* 따위를 매기어 부담하게 함.

뜻 써 보기 ______

어휘 쏙 부담금(負擔金) 어떠한 일에 책임을 지고 내야 하는 돈.

시사
時 때 시 | 事 일 사

경민이는 ______ 문제에 관심이 많아 뉴스를 자주 확인한다.

뜻 알기 그 당시에 일어난 여러 가지 사회적 사건.

뜻 써 보기 ______

실태
實 열매 실 | 態 모양 태

정부는 공업 단지 주변의 환경 오염 ______ 를 조사하기로 하였다.

뜻 알기 있는 그대로의 상태. 또는 실제의 모양.

뜻 써 보기 ______

야기하다
惹 이끌 야 | 起 일어날 기

산업의 급속한 발달은 폐수로 인한 환경 오염의 문제를 ______ 했다.

뜻 알기 일이나 사건 따위를 끌어 일으키다.

뜻 써 보기 ______

열악하다
劣 못할 열 | 惡 악할 악

그는 ______ 한 환경 속에서도 열심히 공부하여 크게 성공했다.

뜻 알기 품질이나 능력, 시설 따위가 매우 떨어지고 나쁘다.

뜻 써 보기 ______

축적
蓄 쌓을 축 | 積 쌓을 적

기업은 새로운 기술을 ______ 하여 경쟁력을 높여야 한다.

뜻 알기 지식, 경험, 자금 따위를 모아서 쌓음. 또는 모아서 쌓은 것.

뜻 써 보기 ______

유의어 집적(集積) 모아서 쌓음.

사전적 의미

01 ~ 04 다음 단어와 그 뜻풀이를 바르게 연결하시오.

01 공유하다 •	• ㉠ 일이나 사건 따위를 끌어 일으키다.
02 범람하다 •	• ㉡ 두 사람 이상이 한 물건을 공동으로 소유하다.
03 야기하다 •	• ㉢ 바람직하지 못한 것들이 마구 쏟아져 돌아다니다.
04 열악하다 •	• ㉣ 품질이나 능력, 시설 따위가 매우 떨어지고 나쁘다.

05 ~ 07 다음 단어의 뜻풀이에 알맞은 단어를 고르시오.

05 공익 : 사회 전체의 (손해 | 이익).

06 공동체 : 생활이나 행동 또는 목적 따위를 (같이하는 | 달리하는) 집단.

07 만연하다 : 전염병이나 (나쁜 | 좋은) 현상이 널리 퍼지다.

08 ~ 11 〈보기〉의 글자들을 조합하여 다음 뜻풀이에 알맞은 단어를 쓰시오.

보기

과 관 부 사 습 시 적 축

08 그 당시에 일어난 여러 가지 사회적 사건. (　　　　)

09 세금이나 부담금 따위를 매기어 부담하게 함. (　　　　)

10 지식, 경험, 자금 따위를 모아서 쌓음. 또는 모아서 쌓은 것. (　　　　)

11 어떤 사회에서 오랫동안 지켜 내려와 그 사회 성원들이 널리 인정하는 질서나 풍습. (　　　　)

▶ 정답과 해설 34쪽

12 ~ 15 빈칸에 들어갈 알맞은 단어를 〈보기〉에서 찾아 쓰시오.

보기

경영　독점　만연　부과　실태　야기

12 우리나라에 수입되는 물건에는 관세를 (　　　　)한다.

13 가축들 사이에 전염병이 (　　　　)하여 피해를 보는 농가가 많다.

14 그녀가 호텔을 (　　　　)하자 얼마 지나지 않아 매출액이 크게 늘었다.

15 발전소가 주변 지역에 끼치는 영향을 파악하기 위해 (　　　　) 조사에 나섰다.

16 밑줄 친 단어의 쓰임이 적절하지 않은 것은?

① 사업이 날로 범람하여 직원을 더욱 늘렸다.
② 공익을 위해 개인의 자유로운 권리가 제한될 때도 있다.
③ 오래전부터 이어 온 관습을 하루아침에 바꾸기는 어렵다.
④ 학생들은 학교라는 공동체에서 다양한 경험을 하게 된다.
⑤ 그는 국내외의 시사 문제를 소재로 풍자적인 웹툰을 그렸다.

17 〈보기〉의 밑줄 친 단어와 바꿔 쓰기에 가장 적절한 것은?

보기

그는 부를 쌓기 위해 돈이 되는 일은 무엇이든 했다.

① 독점하기　② 모금하기　③ 집약하기　④ 축약하기　⑤ 축적하기

18 ~ 19 다음 단어가 들어간 예문을 찾거나, 스스로 새로운 문장을 만들어 써 보시오.

18 공유하다 ⇨ ______________________

19 열악하다 ⇨ ______________________

01~03 다음 글을 읽고 물음에 답하시오.

남태평양 트로브리안드 제도의 원주민들에게는 '쿨라'라고 불리는 선물 문화가 있다. 누군가에게 선물을 받으면 그 사람에게 답례하는 것이 아니라 다른 이웃에게 선물을 준다. 가령 A가 B에게 선물을 하면, B는 C에게 선물을 하고, C는 다시 D에게 선물을 하는 식이다. 선물은 정성이 담긴 것이면 된다. 선물 주기가 연쇄적으로 일어나면서 결과적으로 모든 구성원들이 선물을 주고받게 된다.

북미 태평양 연안의 인디언들에게도 선물이 또 다른 선물을 가져오는 [㉠]이 있다. '포틀래치'로 불리는 이 선물 문화에는 세 가지 규칙이 있다. '선물을 주어야 할 의무, 주는 선물을 받아야 할 의무, 선물을 받으면 답례할 의무'가 그것이다. 포틀래치는 누군가가 이웃들을 초대해 선물을 나누어 주는 잔치를 벌이면서 시작한다. 그 잔치에 초대받은 사람들은 나중에 더 많은 선물을 나누어 주는 포틀래치를 베풀어야 한다. 이후 누가 더 많이 베푸느냐를 가리는 선물 주기 경쟁이 벌어진다. 더 많은 선물을 줄수록 더 큰 명예와 존경을 받게 된다.

쿨라와 포틀래치는 평화로운 방식으로 공동체 내에서 부를 재분배함으로써 [㉡]을 높이는 결과를 가져온다. 또한 공동체 구성원들의 유대감을 높여 그들을 하나로 묶어 준다. 이런 선물 문화는 더 많이 소유하기 위한 이기적 경쟁이 [㉢]한 현실을 되돌아보게 한다.

♥ 문단별 중심 내용
[1문단] '쿨라'의 진행 과정과 그 결과
[2문단] '포틀래치'의 규칙과 그 결과
[3문단] '쿨라'와 '포틀래치'의 사회적 의의

01 이 글에서 답변을 찾을 수 있는 질문으로 적절하지 않은 것은?

① '쿨라'는 어떤 과정으로 진행되는가?
② '쿨라'와 '포틀래치'의 차이점은 무엇인가?
③ '포틀래치'에서 지켜야 할 규칙은 무엇인가?
④ '쿨라'에서는 어떤 계기로 처음에 선물을 주나?
⑤ '쿨라'와 '포틀래치'는 어떤 사회적 효과가 있나?

02 다음의 뜻풀이를 참고하여 ㉠~㉢에 들어갈 알맞은 단어를 쓰시오.

㉠: (   ) ⇒ 오랫동안 지켜 내려와 그 사회 성원들이 널리 인정하는 질서나 풍습.
㉡: (   ) ⇒ 사회 전체의 이익.
㉢: (   )하다 ⇒ 전염병이나 나쁜 현상이 널리 퍼지다.

창의적 적용

03 '쿨라'와 '포틀래치'를 통해 나타나는 경제적 효과를 〈조건〉에 맞게 한 문장으로 서술하시오.

조건
1) '공동체', '축적', '재화'라는 세 단어를 모두 포함할 것.
2) 이 글에 제시되어 있는 경제적 효과를 바탕으로 쓸 것.

▶ 정답과 해설 34쪽

04~06 다음 글을 읽고 물음에 답하시오.

1791년 영국에서는 서인도 제도에서 생산된 설탕을 사지 말자는 운동이 일어났다. 당시 유럽에는 설탕을 듬뿍 넣은 달콤한 커피를 즐기는 사람들이 많았다. 이 때문에 서인도 제도에는 노예 무역을 통해 아프리카에서 끌려온 노예들을 이용해 대규모로 사탕수수를 재배하는 농장이 많았다. 흑인 노예들은 말로 표현하기 힘들 정도로 ㉠ 열악한 환경에서 비인간적인 대우를 받으며 일했다.

Ⓐ 서인도산 설탕 불매 운동은 흑인 노예들의 실태를 안 윌리엄 윌버포스라는 영국인이 시작하였다. 그는 노예가 만든 설탕을 소비자가 사지 않는다면 생산자도 설탕 생산에 이용할 노예를 사지 않을 것이며, 그러면 노예 무역도 사라질 것이라고 생각했다. 이 운동은 점차 유럽 전역으로 퍼져 나갔다. 2년이 지나자 서인도산 설탕의 소비가 절반 가까이 줄었고, 대신 노예가 생산하지 않는 동인도산 설탕의 소비가 10배 이상 늘었다. 10년이 지나자 설탕 상점마다 '동인도 제도 설탕만 팝니다.'라는 안내문이 붙었다. 결국 이 운동이 계기가 되어 1807년 노예 무역이 폐지되었다.

230여 년 전에 일어난 이 운동은 소비자가 올바르게 소비하면 세상을 바꿀 수 있다는 것을 보여 준다. 이런 소비자 운동을 '윤리적 소비'라고 한다. 오늘날 윤리적 소비는 기업가가 회사를 윤리적으로 경영하도록 이끄는 효과가 있다.

♥ 문단별 중심 내용
[1문단] 서인도 제도 사탕수수 농장의 열악한 환경
[2문단] 서인도산 설탕 불매 운동의 시작과 그 결과
[3문단] 윤리적 소비의 사회적 효과

04 Ⓐ와 관련된 내용으로 적절하지 않은 것은?

① 당시 유럽인들은 설탕을 듬뿍 넣어 달콤한 커피를 즐겨 마셨다.
② 사탕수수 농장의 열악한 작업 환경을 바꾸려는 의도를 지녔다.
③ 유럽인들의 호응을 받으면서 동인도산 설탕의 소비가 증가했다.
④ 사탕수수 농장에서 일하는 노예들의 실태를 안 영국인이 시작했다.
⑤ 아프리카 흑인들을 사고파는 노예 무역이 폐지되는 계기가 되었다.

05 ㉠과 반의 관계를 이루는 말로 알맞은 것은?

① 개선한 ② 선량한 ③ 양호한 ④ 우아한 ⑤ 열등한

창의적 적용

06 '윤리적 소비'의 효과를 〈조건〉에 맞게 한 문장으로 서술하시오.

조건
1) '경영', '기업'이라는 두 단어를 활용할 것.
2) '윤리적 소비'의 구체적인 방법과 그로 인한 사회적 효과를 언급할 것.

04회 정치 · 법률

공부한 날 ( )월 ( )일

어휘 체크 ※ 잘 아는 어휘 ○표! 헷갈리거나 모르는 어휘 ×표! 학습 후 확실하게 이해했으면 ☆표!

공정 □□	교류하다 □□	권위 □□	분쟁 □□	실효성 □□
엄수하다 □□	적발 □□	제정하다 □□	중재 □□	치안 □□
폐단 □□	허용하다 □□	혁신 □□		

공정
公 공평할 공 | 正 바를 정

법관은 법과 양심에 따라 자신의 판결에 최대한 _____ 을 기해야 한다.

뜻 알기 공평하고 올바름.

뜻 써 보기 ____________________

교류하다
交 사귈 교 | 流 흐를 류

두 나라는 오래전부터 문화를 _____ 하였다.

뜻 알기 문화나 사상 따위를 서로 통하게 하다.

뜻 써 보기 ____________________

권위
權 권세 권 | 威 위엄 위

1) 그는 가장으로서의 _____ 를 세우기 위해 노력했다.

뜻 알기 남을 지휘하거나 통솔하여 따르게 하는 힘.

뜻 써 보기 ____________________

2) 김 박사는 물리학 분야에서 _____ 가 있는 학자이다.

뜻 알기 일정한 분야에서 사회적으로 인정을 받고 영향력을 끼칠 수 있는 위신.

뜻 써 보기 ____________________

분쟁
紛 어지러울 분 | 爭 다툴 쟁

두 회사는 특허권을 둘러싸고 치열한 _____ 을 벌였다.

뜻 알기 말썽을 일으키어 시끄럽고 복잡하게 다툼.

뜻 써 보기 ____________________

실효성
實 열매 실 | 效 본받을 효 | 性 성품 성

저출산 문제에 대한 _____ 있는 대책을 마련해야 한다.

뜻 알기 실제로 효과를 나타내는 성질.

뜻 써 보기 ____________________

엄수하다
嚴 엄할 엄 | 守 지킬 수

이곳에서는 규칙을 _____ 해야 한다.

뜻 알기 명령이나 약속 따위를 어김없이 지키다.

뜻 써 보기 ____________________

유의어 준수(遵守)하다 전례나 규칙, 명령 따위를 그대로 좇아서 지키다.

적발

摘 들추어낼 적 | 發 필 발

폭력배가 검찰에 무더기로 ______ 되었다.

뜻 알기 숨겨져 있는 일이나 드러나지 아니한 것을 들추어냄.

뜻 써 보기

제정하다

制 절제할 제 | 定 정할 정

정부는 새로운 법률을 ______ 하여 선포*하였다.

뜻 알기 제도나 법률 따위를 만들어서 정하다.

뜻 써 보기

어휘 쏙 선포(宣布) 세상에 널리 알림.

중재

仲 버금 중 | 裁 마를 재

도균이가 ______ 하여 시우와 민준이의 분쟁이 해결되었다.

뜻 알기 분쟁에 끼어들어 쌍방을 화해시킴.

뜻 써 보기

치안

治 다스릴 치 | 安 편안할 안

그 나라는 요새 ______ 이 불안해서 혼자 다니면 위험하다.

뜻 알기 국가 사회의 안녕*과 질서를 유지·보전함.

뜻 써 보기

어휘 쏙 안녕(安寧) 아무 탈 없이 편안함.

폐단

弊 폐단 폐 | 端 끝 단

현실에 맞지 않는 그 정책으로 인해 많은 ______ 이 발생했다.

뜻 알기 어떤 일이나 행동에서 나타나는 옳지 못한 경향이나 해로운 현상.

뜻 써 보기

유의어 병폐(病弊) 어떤 사물의 내부에 있는 옳지 못한 경향이나 해로운 요소.

허용하다

許 허락할 허 | 容 얼굴 용

교장 선생님께서는 학생들에게 학교에서의 자율적인 활동을 ______ 하셨다.

뜻 알기 허락하여 너그럽게 받아들이다.

뜻 써 보기

반의어 금지(禁止)하다 법이나 규칙이나 명령 따위로 어떤 행위를 하지 못하도록 하다.

혁신

革 가죽 혁 | 新 새로울 신

그 기업은 복잡한 유통 과정을 ______ 하여 가격을 내리는 데 성공했다.

뜻 알기 묵은 풍속, 관습, 조직, 방법 따위를 완전히 바꾸어서 새롭게 함.

뜻 써 보기

문해력 기초 다지기

사전적 의미

01 ~ 05 다음 뜻풀이에 해당하는 단어를 말상자에서 찾아 표시하시오.

영	유	혁	신	부	분
공	익	관	만	람	쟁
정	승	여	실	태	사
각	오	소	주	효	장
위	치	안	식	반	성

01 공평하고 올바름.

02 실제로 효과를 나타내는 성질.

03 말썽을 일으키어 시끄럽고 복잡하게 다툼.

04 국가 사회의 안녕과 질서를 유지 · 보전함.

05 묵은 풍속, 관습, 조직, 방법 따위를 완전히 바꾸어서 새롭게 함.

06 ~ 08 다음 단어의 뜻풀이에 알맞은 단어를 고르시오.

06 폐단 : 어떤 일이나 행동에서 나타나는 옳지 못한 경향이나 (이로운 | 해로운) 현상.

07 중재 : 분쟁에 끼어들어 쌍방을 (분열 | 화해)시킴.

08 엄수하다 : 명령이나 약속 따위를 어김없이 (어기다 | 지키다).

09 ~ 11 제시된 초성을 참고하여 다음 뜻풀이에 알맞은 단어를 쓰시오.

09 제도나 법률 따위를 만들어서 정하다. ㅈ ㅈ ㅎ ㄷ

10 숨겨져 있는 일이나 드러나지 아니한 것을 들추어냄. ㅈ ㅂ

11 일정한 분야에서 사회적으로 인정을 받고 영향력을 끼칠 수 있는 위신. ㄱ ㅇ

▶ 정답과 해설 35쪽

12 ~ 14 빈칸에 들어갈 알맞은 단어를 〈보기〉에서 찾아 쓰시오.

보기

공정 교류 권위 제정 준수

12 두 학교는 입시 제도에 관한 정보를 (　　　　　　)하고 있다.

13 사건의 여러 측면을 꼼꼼하게 살펴 (　　　　　　)한 보도를 했다.

14 한글날은 한글의 반포를 기념하기 위해 (　　　　　　)한 국경일이다.

15 밑줄 친 단어의 쓰임이 적절하지 않은 것은?

① 우리 학교는 학생의 염색과 파마를 허용한다.
② 시험 시간에 부정행위가 적발되면 0점 처리된다.
③ 무단으로 훈련에 빠진 선수들을 중재하기로 했다.
④ 음주 운전을 막기 위한 실효성 있는 대책이 필요하다.
⑤ 치안이 불안정한 나라를 여행할 때는 특히 주의해야 한다.

16 〈보기〉의 빈칸에 들어갈 단어가 순서대로 바르게 나열된 것은?

보기

- 지나친 음주는 여러 가지 (　　　　　)을/를 낳는다.
- 기술의 진보와 (　　　　　)(으)로 큰 변화가 일어나고 있다.

① 결실, 개정　② 결실, 혁신　③ 병폐, 개정
④ 폐단, 방치　⑤ 폐단, 혁신

17 ~ 18 다음 단어가 들어간 예문을 찾거나, 스스로 새로운 문장을 만들어 써 보시오.

17 분쟁 ⇨ ____________________

18 엄수하다 ⇨ ____________________

문해력 완성 하기

01~03 다음 글을 읽고 물음에 답하시오.

2015년 경기도의 한 도시에 '루이비통닭'이라는 이름의 치킨집이 개업하였다. 이 가게는 세계적인 패션 명품 브랜드 '루이○○'과 유사한 로고를 간판과 포장 상자에 사용하여 인기를 끌었다. 그런데 '루이○○' 측에서 이 치킨집이 '부정 경쟁 방지법'을 위반했다고 고소하였다. 재판 결과 이 치킨집은 더 이상 '루이비통닭'이라는 이름을 쓸 수 없었다. 재판부가 '루이비통닭'이 '루이○○'이라는 브랜드의 가치를 훼손했다고 판결하였기 때문이다.

부정 경쟁 방지법은 특허청 등록 여부와 상관없이 널리 알려진 상표와 같거나 비슷한 상표를 함부로 사용하지 못하게 하려고 ㉠만든 법이다. 어떤 상표를 널리 알리는 데는 많은 시간과 비용이 든다. 그런데 이런 상표를 제삼자가 마음대로 사용해 버리면 그 상표를 개발한 회사의 재산과 경쟁력을 침해한 것과 같기 때문이다.

이와 비슷한 법으로 '상표법'이 있다. 상표법은 특허청에 등록된 상표를 제삼자가 함부로 사용하지 못하도록 보호하는 법이다. 다만, 그 상표를 사용하는 상품과 같거나 비슷한 상품만 보호한다. 예를 들어 '아사달'이라는 유명 운동화 브랜드가 있다고 가정할 때, 제삼자가 신발과 관련된 상품에는 '아사달'이라는 상표를 사용할 수 없지만 신발과 관련이 없는 상품에는 사용할 수 있다. 하지만 부정 경쟁 방지법은 이런 행위도 금지한다.

♥ **문단별 중심 내용**
[1문단] 부정 경쟁 방지법을 위반한 사례
[2문단] 부정 경쟁 방지법의 제정 목적
[3문단] 상표법의 제정 목적과 특징

01 이 글을 통해 알 수 있는 내용으로 적절하지 않은 것은?

① '부정 경쟁 방지법'은 '상표법'보다 더 폭넓은 범위에서 상표를 보호할 수 있다.
② 재판부는 '루이비통닭'이 유명 브랜드인 '루이○○'의 가치를 떨어뜨렸다고 보았다.
③ '상표법'만으로는 치킨집에 '루이비통닭'이라는 이름을 사용하는 것을 막을 수 없다.
④ '부정 경쟁 방지법'과 '상표법'은 모두 특허청에 등록되지 않은 상표는 보호하지 못한다.
⑤ 제삼자가 타인의 상표를 멋대로 사용하면 그 상표를 개발한 회사의 재산을 침범한 것이다.

02 ㉠과 바꿔 쓸 수 있는 말로 가장 적절한 것은?

① 교류한 ② 부과한 ③ 엄수한 ④ 제정한 ⑤ 허용한

창의적 적용

03 '부정 경쟁 방지법'과 '상표법'의 공통점을 〈조건〉에 맞게 서술하시오.

조건
1) '공정', '시장'이라는 두 단어를 활용할 것.
2) 주어와 서술어를 모두 갖춘 한 문장으로 쓸 것.

▶ 정답과 해설 35쪽

04~06 다음 글을 읽고 물음에 답하시오.

사회가 복잡해지고 개인의 권리가 강조되면서 다양한 분야에서 ㉠분쟁이 늘고 있다. 분쟁을 해결하기 위해 ㉡일반적으로 사용하는 방법은 법원의 재판이다. 재판이 시작되면 법관이 일정한 절차에 따라 분쟁 당사자 양측의 주장을 듣고 각 주장의 ㉢정당성을 따진 다음, 한쪽의 손을 들어 주는 판결을 내린다. 만약 당사자가 판결을 따르지 않으면 국가가 강제로 집행한다.

하지만 재판을 통하는 방법은 절차가 복잡하고, 기간이 오래 걸리며, 비용도 든다. 또한 당사자끼리 해결할 수 있는 사소한 문제마저 소송으로 해결하려는 ㉣폐단을 불러오기도 한다. 예를 들어 미국에서는 몸무게가 130㎏이 넘는 남성이 햄버거 가게의 좌석이 좁다고 소송을 제기하기도 하였고, 대학생 남매가 자기들에게 선물을 보내지 않는다는 이유로 어머니를 고소하기도 하였다.

이 때문에 간단한 분쟁의 경우에는 Ⓐ재판 대신 법원이 인정하는 사람이 양측 사이에 끼어들어 상호 양보를 이끌어 내는 방법을 사용하기도 한다. 이때 중재자는 객관적 입장에서 공정하게 합의를 ㉤유도해야 한다. 마치 서로 다툰 두 학생이 선생님의 의견에 따라 조금씩 양보하여 갈등을 끝내는 것과 같다. 일단 합의가 이루어지면 양측은 그 내용에 따라야 한다. 하지만 한쪽이 그것을 거부하면 정식 재판으로 이어진다.

♥ 문단별 중심 내용
[1문단] 법원의 재판 과정과 판결의 효력
[2문단] 재판을 통한 분쟁 해결의 문제점
[3문단] 중재자를 통한 합의의 해결 방법

04 이 글의 내용과 일치하지 않는 것은?

① 분쟁 해결을 위한 재판은 일정한 절차에 따라 진행된다.
② 분쟁이 늘면서 사소한 문제를 소송으로 해결하려 하기도 한다.
③ 재판은 법관이 당사자 중 한쪽의 주장이 정당하다고 판결한다.
④ 중재자를 통한 합의는 법관의 판결처럼 무조건 수용해야 한다.
⑤ 간단한 분쟁의 해결은 법관의 재판 과정을 거치지 않는 경우도 있다.

05 ㉠~㉤의 뜻풀이로 알맞지 않은 것은?

① ㉠: 말썽을 일으키어 시끄럽고 복잡하게 다툼.
② ㉡: 일부에 한정되지 아니하고 전체에 걸치는 것.
③ ㉢: 사리에 맞아 옳고 정의로운 성질.
④ ㉣: 어떤 일이나 행동에서 나타나는 옳지 못한 경향이나 해로운 현상.
⑤ ㉤: 올바르고 좋은 길로 이끎.

창의적 적용

06 Ⓐ의 효과를 '중재'와 '공정'이라는 단어를 포함하여 한 문장으로 서술하시오.

05회 생명 과학

공부한 날 ( )월 ( )일

어휘 체크

※ 잘 아는 어휘 ○표! 헷갈리거나 모르는 어휘 ×표! 학습 후 확실하게 이해했으면 ☆표!

공생	노폐물	매개	멸종	부작용
서식하다	영양소	전파하다	증발	진화
치유하다	투여하다	함유하다		

공생

共 함께 공 | 生 날 생

우리는 나 이외의 다른 사람과 ______ 하기 위해서 노력해야 한다.

뜻 알기 서로 도우며 함께 삶.

뜻 써 보기 ______

노폐물

老 늙을 노 | 廢 폐할 폐 | 物 만물 물

운동이 지나치면 근육에 ______ 이 쌓여 피로를 느끼게 된다.

뜻 알기 생체* 내에서 생성된 대사산물 중 생체에서 필요 없는 것. 날숨, 오줌, 땀, 대변 따위에 섞여 몸 밖으로 배출되거나 배설됨.

뜻 써 보기 ______

어휘 쏙 생체(生體) 생물의 몸. 또는 살아 있는 몸.

매개

媒 중매 매 | 介 끼일 개

화폐는 물품 교환을 ______ 하는 역할을 한다.

뜻 알기 둘 사이에서 양편의 관계를 맺어 줌.

뜻 써 보기 ______

멸종

滅 멸망할 멸 | 種 씨 종

무분별한 개발로 ______ 위기에 놓인 동물들이 많다.

뜻 알기 생물의 한 종류가 아주 없어짐.

뜻 써 보기 ______

부작용

副 버금 부 | 作 지을 작 | 用 쓸 용

1) 이 제도는 ______ 이 많아서 보완이 시급하다.

뜻 알기 어떤 일에 부수적으로 일어나는 바람직하지 못한 일.

뜻 써 보기 ______

2) 그 약을 복용했더니 ______ 으로 온몸에 반점이 생겼다.

뜻 알기 약이 지닌 그 본래의 작용 이외에 부수적으로 일어나는 작용.

뜻 써 보기 ______

서식하다

棲 깃들일 서 | 息 숨 쉴 식

바다에는 많은 종류의 동식물이 ______ 하고 있다.

뜻 알기 생물 따위가 일정한 곳에 자리를 잡고 살다.

뜻 써 보기 ______

영양소

營 경영할 영 | 養 기를 양 | 素 본디 소

이 식품에는 _____ 가 골고루 들어 있다.

뜻 알기 성장을 촉진하고 생리적 과정에 필요한 에너지를 공급하는 영양분이 있는 물질.

뜻 써 보기

전파하다

傳 전할 전 | 播 뿌릴 파

우리의 우수한 문화를 세계에 _____ 하려는 노력이 이루어지고 있다.

뜻 알기 전하여 널리 퍼뜨리다.

뜻 써 보기

증발

蒸 찔 증 | 發 필 발

1) 물은 열이 가해지면 수증기가 되어 공기 중으로 _____ 한다.

뜻 알기 어떤 물질이 액체 상태에서 기체 상태로 변하는 현상.

뜻 써 보기

2) 그 사건이 일어난 후 그는 _____ 했다.

뜻 알기 사람이나 물건이 갑자기 사라져 행방을 알지 못하게 됨.

뜻 써 보기

진화

進 나아갈 진 | 化 될 화

1) 오늘날 우리가 쓰는 달력은 오랜 _____ 를 거친 것이다.

뜻 알기 일이나 사물 따위가 점점 발달하여 감.

뜻 써 보기

2) 생물들은 대개 생존하는 데에 유리한 방향으로 _____ 를 거쳤다.

뜻 알기 생물이 생명의 기원 이후부터 점진적으로 변해 가는 현상.

뜻 써 보기

치유하다

治 다스릴 치 | 癒 병 나을 유

자연은 스트레스로 상한 마음을 _____ 하는 데 큰 도움이 된다.

뜻 알기 치료하여 병을 낫게 하다.

뜻 써 보기

투여하다

投 던질 투 | 與 더불 여

정부는 문화재 복원 사업에 많은 돈을 _____ 하였다.

뜻 알기 돈이나 노력 따위를 어떤 일에 들이다.

뜻 써 보기

함유하다

含 머금을 함 | 有 있을 유

다이어트를 하려면 지방이 많이 _____ 된 음식을 피해야 한다.

뜻 알기 물질이 어떤 성분을 포함하고 있다.

뜻 써 보기

사전적 의미

01 ~ 04 다음 단어와 그 뜻풀이를 바르게 연결하시오.

01 서식하다 • • ㉠ 치료하여 병을 낫게 하다.

02 치유하다 • • ㉡ 물질이 어떤 성분을 포함하고 있다.

03 투여하다 • • ㉢ 돈이나 노력 따위를 어떤 일에 들이다.

04 함유하다 • • ㉣ 생물 따위가 일정한 곳에 자리를 잡고 살다.

05 ~ 07 다음 단어의 뜻풀이에 알맞은 단어를 고르시오.

05 **공생** : 서로 (도우며 | 미워하며) 함께 삶.

06 **진화** : 일이나 사물 따위가 점점 (발달 | 퇴보)하여 감.

07 **증발** : 어떤 물질이 액체 상태에서 (고체 | 기체) 상태로 변하는 현상.

08 ~ 11 〈보기〉의 글자들을 조합하여 다음 뜻풀이에 알맞은 단어를 쓰시오.

보기

개 노 매 멸 물 부 용 작 종 폐

08 생물의 한 종류가 아주 없어짐. ( )

09 둘 사이에서 양편의 관계를 맺어 줌. ( )

10 어떤 일에 부수적으로 일어나는 바람직하지 못한 일. ( )

11 생체 내에서 생성된 대사산물 중 생체에서 필요 없는 것. ( )

12 ~ 15 빈칸에 들어갈 알맞은 단어를 〈보기〉에서 찾아 쓰시오.

보기

공생 멸종 생체 서식 노폐물 영양소

12 혈액 속의 ( )은/는 신장에서 걸러져 몸 밖으로 배출된다.

13 서로 경쟁하며 피해를 본 두 가게는 ( )하는 길을 찾기로 했다.

14 이 물고기는 매우 깨끗한 환경에서만 ( )하는 것으로 알려져 있다.

15 공룡이 ( )하여 지구상에서 사라진 원인으로는 여러 가지 설이 있다.

16 밑줄 친 단어의 쓰임이 적절하지 않은 것은?

① 쥐를 매개로 한 감염병이 발생했다.
② 감기약의 부작용으로 졸음이 몰려 왔다.
③ 햇빛이 유리창을 투여해 방으로 쏟아졌다.
④ 이 크림은 피부 표면의 수분 증발을 방지해 준다.
⑤ 이 책은 어류가 진화한 과정에 대해 설명하고 있다.

17 〈보기〉의 밑줄 친 단어와 바꿔 쓰기에 적절하지 않은 것은?

보기

그는 인터넷에 헛소문을 전파한 사람을 고소했다.

① 낸 ② 옮긴 ③ 부과한 ④ 유포한 ⑤ 퍼뜨린

18 ~ 19 다음 단어가 들어간 예문을 찾거나, 스스로 새로운 문장을 만들어 써 보시오.

18 영양소 ⇨ ____________________

19 함유하다 ⇨ ____________________

문해력 완성 하기

01~03 다음 글을 읽고 물음에 답하시오.

침팬지는 여러 면에서 인간과 닮았다. 30~40마리가 무리를 이루어 숲속에서 ㉠서식하는데, 인간과 생김새가 유사하고 인간처럼 도구를 사용하여 먹이를 구하기도 한다. 지능 지수도 높아서 4~5세 어린 아이 수준의 지능을 갖추고 있다. 유전자를 분석해 보면 인간과 1퍼센트 정도밖에 차이가 나지 않는다.

과학자들은 침팬지와 인간이 약 600만 년 전에 공통 조상에서 ㉡분리되었다고 본다. 즉 600만 년 전에는 같은 생물이었으나, 이후 인간과 침팬지로 서로 다르게 진화한 것이다. 그래서 유전자 구조가 비슷할 수밖에 없다. 그렇지만 인간과 침팬지는 또 많은 면에서 다르다. 특히 인간만이 언어를 사용하여 지식을 ㉢축적하고 전달할 수 있다는 점에서 큰 차이가 난다. 이에 대해 과학자들은 이렇게 말한다. "유전자 1퍼센트의 차이는 결코 작지 않다. 이 1퍼센트에는 언어와 관련된 능력을 비롯하여 침팬지를 인간으로 바꿀 수 있는 온갖 요소들이 충분히 ㉣저장될 수 있다."

요컨대 DNA 1퍼센트의 차이에 의해 높은 수준의 언어 능력을 타고나 자신을 계속 발전시키는 인간과 4~5세 수준에서 머무는 침팬지가 ㉤구분된다. 결국 유전자의 작은 차이로 말미암아 인간, 즉 호모 사피엔스는 지구 전체를 지배할 정도로 늘어난 반면 침팬지는 거의 멸종 위기에 처하게 된 것이다.

♥ 문단별 중심 내용
[1문단] 인간과 침팬지의 여러 유사점
[2문단] 비슷하면서도 많은 면에서 다른 인간과 침팬지
[3문단] 유전자의 작은 차이로 인한 결과

01 이 글의 제목으로 가장 적절한 것은?

① 인간과 침팬지의 공통점과 차이점
② 인간과 점점 비슷해지고 있는 침팬지
③ 자연에서 멸종 상태에 이른 침팬지의 실태
④ 작은 차이에서 비롯된 인간과 침팬지의 구분
⑤ 진화 과정에서 공통 조상을 지닌 인간과 침팬지

02 문맥상 ㉠~㉤과 바꿔 쓰기에 적절하지 않은 것은?

① ㉠: 묵는데　② ㉡: 갈라졌다고　③ ㉢: 쌓고
④ ㉣: 갈무리될　⑤ ㉤: 나뉜다

창의적 적용

03 이 글의 글쓴이가 전달하려는 내용을 〈조건〉에 맞게 한 문장으로 정리하시오.

조건
1) '유전자', '진화'라는 두 단어를 활용할 것.
2) 띄어쓰기를 포함하여 40자 내외로 쓸 것.

▶ 정답과 해설 36쪽

04~06 다음 글을 읽고 물음에 답하시오.

세균이라고도 하는 박테리아는 바이러스와 달리 세포의 여러 기관을 모두 갖춘 단세포 미생물이다. 스스로 영양소를 섭취하고 [㉠]을 배출할 수 있기 때문에 먹이가 있는 곳이면 어디에서나 살아갈 수 있다. 과학자들은 사람의 체내에 몸을 구성하는 세포 수만큼의 박테리아가 살고 있을 것으로 짐작하고 있다. 사람의 배꼽에만 평균 70여 종의 박테리아가 존재한다는 연구 결과도 있다.

많은 사람들이 박테리아를 질병을 일으키는 존재로 여긴다. 실제로 여름철에 종종 발생하는 식중독이나 아프리카에서 주로 발생하는 콜레라 같은 전염병은 박테리아가 원인이다. 또한 중세 유럽에서 수천만 명의 목숨을 앗아간 흑사병, 근대 이전에 세계적으로 유행한 결핵 등도 박테리아 때문에 생긴 질병이다. 하지만 최근에 유행하는 전염병은 대부분 바이러스에 의한 것이다.

[A] 박테리아 중에는 인간에게 도움이 되는 것이 훨씬 많다. 체내에 존재하는 박테리아는 우리가 섭취한 음식을 분해하여 유용한 영양소로 바꿔 주기도 하고, 우리 몸의 면역력을 높이기도 한다. 때로는 외부에서 침입한 박테리아를 직접 죽이기도 한다. 이러한 박테리아들이 없다면 우리 신체의 작용은 눈에 띄게 악화할 것이다. 다만 체내에 특정 박테리아의 양이 너무 많아지면 [㉡]이 생길 수 있다.

♥ 문단별 중심 내용
[1문단] 스스로 대사 작용을 하는 박테리아
[2문단] 질병의 원인이 되는 박테리아
[3문단] 인간에게 유용한 역할을 하는 체내 박테리아

04 이 글의 내용에 대한 이해로 적절하지 않은 것은?

① 바이러스는 세포의 여러 기관을 다 갖추지 못한 미생물이군.
② 체내 박테리아는 몸속에서 거의 일정한 개체 수를 유지하는군.
③ 박테리아는 먹이가 있는 곳이면 어디에서든지 살아갈 수 있겠군.
④ 박테리아와 바이러스는 모두 인간에게 질병을 일으킬 수 있겠군.
⑤ 체내 박테리아는 외부에서 들어오는 박테리아를 퇴치하기도 하는군.

05 다음의 뜻풀이를 참고하여 ㉠과 ㉡에 들어갈 알맞은 단어를 쓰시오.

㉠ : (　　　　　) ⇒ 생체 내에서 생성된 대사산물 중 생체에서 필요 없는 것.
㉡ : (　　　　　) ⇒ 어떤 일에 부수적으로 일어나는 바람직하지 못한 일.

창의적 적용

06 [A]에 나타난 글쓴이의 생각을 〈조건〉에 맞게 한 문장으로 정리하시오.

조건

1) '공생'이라는 단어를 활용할 것.
2) '체내 박테리아'를 주어로 하는 완결된 문장으로 쓸 것.

06회 지구 과학

공부한 날 ◯월 ◯일

어휘 체크 ※ 잘 아는 어휘 ○표! 헷갈리거나 모르는 어휘 ×표! 학습 후 확실하게 이해했으면 ☆표!

교란 ☐☐	대기 ☐☐	발산 ☐☐	방치 ☐☐	부산물 ☐☐
분포 ☐☐	소멸하다 ☐☐	예측 ☐☐	오염 ☐☐	재생 ☐☐
정화 ☐☐	포착하다 ☐☐			

교란

攪 어지럽힐 교 | 亂 어지러울 란

지구 온난화로 인해 생태계의 ______ 이 우려된다.

뜻 알기 마음이나 상황 따위를 뒤흔들어서 어지럽고 혼란하게 함.

뜻 써 보기 ______

대기

大 큰 대 | 氣 기운 기

금성의 ______ 는 대부분 이산화 탄소로 이루어져 있다.

뜻 알기 천체(天體)의 표면을 둘러싸고 있는 기체.

뜻 써 보기 ______

발산

發 필 발 | 散 흩을 산

1) 그녀는 움직이는 동작마다 매력을 ______ 하고 있었다.

뜻 알기 감정 따위를 밖으로 드러내어 해소함. 또는 분위기 따위를 한껏 드러냄.

뜻 써 보기 ______

2) 공기 중으로 가스가 ______ 되었다.

뜻 알기 냄새, 빛, 열 따위가 사방으로 퍼져 나감.

뜻 써 보기 ______

방치

放 놓을 방 | 置 둘 치

쓰레기의 ______ 로 온 동네가 지저분해졌다.

뜻 알기 내버려 둠.

뜻 써 보기 ______

부산물

副 버금 부 | 産 낳을 산 | 物 만물 물

환경 오염은 급속한 공업화의 ______ 이다.

뜻 알기 어떤 일을 할 때에 부수적*으로 생기는 일이나 현상.

뜻 써 보기 ______

어휘 쏙 부수적(附隨的) 주된 것이나 기본적인 것에 붙어서 따르는 것.

분포

分 나눌 분 | 布 베 포

그 꽃은 우리나라 전역에 ______ 되어 있다.

뜻 알기 일정한 범위에 흩어져 퍼져 있음.

뜻 써 보기 ______

소멸하다
消 사라질 소 | 滅 멸망할 멸

인터넷의 발달로 인해 종이 신문이 점차 ______ 해 가고 있다.

뜻 알기 사라져 없어지다.

뜻 써 보기

예측
豫 미리 예 | 測 헤아릴 측

아무도 ______ 하지 못한 일이 일어났다.

뜻 알기 미리 헤아려 짐작함.

뜻 써 보기

오염
汚 더러울 오 | 染 물들일 염

이 지역은 지하수 ______ 이 심각한 상태이다.

뜻 알기 더럽게 물듦. 또는 더럽게 물들게 함.

뜻 써 보기

재생
再 다시 재 | 生 날 생

1) 오랜 투병 끝에 암을 이겨 낸 그는 ______ 의 기쁨으로 살아간다.

뜻 알기 죽게 되었다가 다시 살아남.

뜻 써 보기

2) 그는 범죄자였으나 지금은 ______ 의지를 가지고 열심히 산다.

뜻 알기 타락하거나 희망이 없어졌던 사람이 다시 올바른 길을 찾아 살아감.

뜻 써 보기

3) 우유 팩을 모아서 화장지로 ______ 하였다.

뜻 알기 낡거나 못 쓰게 된 물건을 가공하여 다시 쓰게 함.

뜻 써 보기

정화
淨 깨끗할 정 | 化 될 화

가로수는 공기의 ______ 에 매우 중요한 역할을 한다.

뜻 알기 불순*하거나 더러운 것을 깨끗하게 함.

뜻 써 보기

어휘 쏙 불순(不純) 물질 따위가 순수하지 아니함.

포착하다
捕 잡을 포 | 捉 잡을 착

1) 방송국 카메라는 축제를 즐기는 사람들의 모습을 ______ 하였다.

뜻 알기 놓치지 않고 꼭 붙잡다.

뜻 써 보기

2) 경찰은 명백한 증거를 ______ 했다고 밝혔다.

뜻 알기 어떤 기회나 정세를 알아차리다.

뜻 써 보기

사전적 의미

01 ~ 05 다음 뜻풀이에 해당하는 단어를 말상자에서 찾아 표시하시오.

01 내버려 둠.

02 미리 헤아려 짐작함.

03 일정한 범위에 흩어져 퍼져 있음.

04 천체의 표면을 둘러싸고 있는 기체.

05 냄새, 빛, 열 따위가 사방으로 퍼져 나감.

공	방	치	파	대	용
노	멸	함	서	기	야
몰	부	여	전	양	발
예	증	분	종	범	산
측	잔	유	포	과	기

06 ~ 08 다음 단어의 뜻풀이에 알맞은 단어를 고르시오.

06 재생 : (무너지게 | 죽게) 되었다가 다시 살아남.

07 포착하다 : 어떤 기회나 정세를 (알아차리다 | 이용하다).

08 부산물 : 어떤 일을 할 때에 (부수적 | 중심적)으로 생기는 일이나 현상.

09 ~ 11 제시된 초성을 참고하여 다음 뜻풀이에 알맞은 단어를 쓰시오.

09 사라져 없어지다. ㅅ ㅁ ㅎ ㄷ

10 불순하거나 더러운 것을 깨끗하게 함. ㅈ ㅎ

11 마음이나 상황 따위를 뒤흔들어서 어지럽고 혼란하게 함. ㄱ ㄹ

▶ 정답과 해설 37쪽

12 ~ 14 빈칸에 들어갈 알맞은 단어를 〈보기〉에서 찾아 쓰시오.

보기

대기　불순　오염　정화　부산물

12 유조선 사고로 기름이 유출되어 바다가 (　　　　　)되었다.

13 대량 생산과 대량 소비의 (　　　　　)(으)로 쓰레기 문제가 나타났다.

14 온실가스는 지구의 (　　　　　)에 영향을 미쳐 온실 효과를 일으킨다.

15 밑줄 친 단어의 쓰임이 적절하지 않은 것은?

① 숯을 활용해 수돗물을 정화했다.
② 감시용 레이더가 침입자를 포착했다.
③ 시위대는 구호를 외치며 분노를 발산했다.
④ 교통량을 분포하기 위해 새로 다리를 놓았다.
⑤ 플라스틱 병의 재생을 위해서는 분리수거를 잘해야 한다.

16 〈보기〉의 빈칸에 들어갈 단어가 순서대로 바르게 나열된 것은?

보기

• 특수 부대가 적의 후방을 (　　　　　)하는 임무를 맡았다.
• 고기나 생선을 실온에 오래 (　　　　　)해 두면 상한다.

① 교란, 방치　② 교란, 설치　③ 교섭, 방해
④ 교섭, 배치　⑤ 지원, 비치

17 ~ 18 다음 단어가 들어간 예문을 찾거나, 스스로 새로운 문장을 만들어 써 보시오.

17 소멸하다 ⇨ ______________________

18 예측 ⇨ ______________________

문해력 완성 하기

01~03 다음 글을 읽고 물음에 답하시오.

최근 전 세계에 지난 30년간의 기상과 아주 다른 기상 현상인 기상 이변이 [㉠]하고 있다. 아프리카 지역에 눈이 내리기도 하고, 그린란드의 정상에 기상 기록 이후 처음으로 눈이 아닌 비가 내리기도 했다. 인도와 미국 일부 주에서는 한낮 기온이 50도가 넘는 날씨가 이어졌으며, 중국과 유럽 일부 지역에서는 몇 달 동안 내릴 비가 단 몇 시간 사이에 내렸다.

이런 기상 이변은 인간의 환경 파괴가 가져온 지구 온난화 때문에 지구의 열 순환이 혼란스러워지면서 발생한 재앙이다. 세계 기상 기구(WMO)의 2022년 보고서에 따르면, 2002년부터 지금까지 평균 기온은 산업 혁명 이전보다 1℃나 높아졌으며, 2021년에는 지구의 온실가스 농도가 조사 이후 최대치를 기록했다. 지구의 대기에 온실가스가 많아지면 지구로 들어오는 햇빛은 받아들이고 열은 내보내지 않는 온실과 같은 작용을 하여 지구 온난화가 일어난다.

지구 온난화의 원인이 되는 온실가스는 대부분 인간이 배출하고 있다. 이를 [㉡]하면 앞으로 빙하와 만년설은 빠른 속도로 녹아 바다 높이가 올라갈 것이고, 극심한 가뭄과 홍수, 폭염이 인류를 괴롭힐 것이다. 따라서 더 이상의 환경 파괴를 막기 위해 모두가 힘을 모아야 한다.

♥ 문단별 중심 내용
[1문단] 기상 이변이 속출하는 상황
[2문단] 기상 이변의 원인
[3문단] 기상 이변을 막기 위한 노력 촉구

01 이 글의 내용 전개 방식으로 적절하지 않은 것은?

① 기상 이변 현상을 나열하여 문제 상황을 부각하고 있다.
② 예상되는 부정적 결과를 제시하여 경각심을 높이고 있다.
③ 신뢰성 있는 통계 자료를 인용하여 내용을 강화하고 있다.
④ 핵심 용어의 개념을 명료하게 밝혀 내용 이해를 돕고 있다.
⑤ 문제의 원인을 분석하고 구체적 해결 방안을 제시하고 있다.

02 다음의 뜻풀이를 참고하여 ㉠과 ㉡에 들어갈 알맞은 단어를 쓰시오.

㉠: (   ) ⇒ 어떤 일이나 현상이 자주 일어남.
㉡: (   ) ⇒ 내버려 둠.

창의적 적용

03 이 글을 바탕으로 다음의 빈칸에 들어갈 내용을 〈조건〉에 맞게 쓰시오.

인간이 대기 중에 온실가스를 배출한다.	⇨		⇨	전 세계에서 기상 이변이 속출한다.

조건
1) '교란'이라는 단어를 사용할 것.
2) '~면서 ~(한)다'라는 형식으로 내용을 제시할 것.

▶ 정답과 해설 37쪽

04~06 다음 글을 읽고 물음에 답하시오.

전 세계적으로 화석 연료를 사용하는 자동차의 운행이 늘어나면서 여러 가지 유해 물질이 들어 있는 배기가스가 지구의 공기를 오염시키고 있다. 일부 국가에서 화석 연료를 사용하는 자동차의 운행을 제한하고 있지만 전 세계적으로 볼 때는 대기 오염이 점점 심해지고 있다. 이는 우리의 건강을 위협하여 삶의 질을 떨어뜨린다.

이때 필요한 것이 숲이다. 나무는 대기 중의 먼지, 아황산 가스, 질소 화합물 등 인체에 해로운 물질을 잎을 통해 흡수하거나 잎 표면에 흡착시킴으로써 공기를 정화한다. 1년 동안 1헥타르의 침엽수림은 약 30~40톤의 먼지를 걸러 내며, 활엽수림은 약 68톤의 먼지를 걸러 낸다. 또한 숲을 이루는 나무들은 공기 중의 이산화 탄소를 마시고 신선함을 주는 산소를 내뿜는다. 잘 가꾸어진 숲 1헥타르는 1년에 약 16톤의 이산화 탄소를 흡수하고, 약 12톤의 산소를 만들어 낸다. 성인 44명이 1년간 숨 쉴 수 있는 산소를 공급해 주는 셈이다.

이런 기능 외에도 숲은 도시의 온도를 낮추고, 자동차가 달릴 때 나는 소음을 막아 쾌적한 환경을 조성해 준다. 게다가 주택이나 가구에 사용되는 목재를 생산하는 동시에 나물이나 버섯 같은 산림 부산물을 생산하기도 한다. 숲은 인간에게 유용한 자원의 보물 창고나 마찬가지다.

♥ 문단별 중심 내용
[1문단] 화석 연료 사용으로 인한 대기 오염
[2문단] 공기를 정화하고 산소를 만드는 숲
[3문단] 숲의 여러 가지 기능

04 이 글에 대한 이해로 적절하지 않은 것은?

① 숲이 없으면 한여름철에 도시가 더 덥게 느껴지겠군.
② 숲이 대기를 오염시키는 물질을 없애는 기능을 하는군.
③ 대기 오염을 줄이려면 자동차의 배기가스를 줄여야겠군.
④ 공기를 정화하는 데에는 활엽수보다 침엽수가 효과적이군.
⑤ 숲이 없으면 인간의 삶의 질이 지금보다 떨어질 수 있겠군.

05 이 글에서 ㉠과 ㉡의 뜻풀이에 해당하는 단어를 각각 찾아 쓰시오.

㉠: 더럽게 물듦. 또는 더럽게 물들게 함. ⇒ (   )
㉡: 불순하거나 더러운 것을 깨끗하게 함. ⇒ (   )

창의적 적용

06 이 글을 참고하여 숲의 가치를 〈조건〉에 맞게 한 문장으로 서술하시오.

조건

1) ‘정화’라는 단어를 반드시 사용할 것.
2) 직유법을 활용할 것.

07회 기술

공부한 날 ( )월 ( )일

어휘 체크

※ 잘 아는 어휘 ○표! 헷갈리거나 모르는 어휘 ×표! 학습 후 확실하게 이해했으면 ☆표!

견고하다	낙후	복구	분해	수월하다
악용	양상	지탱	첨단	추이
추진력	추출	향상되다		

견고하다

堅 굳을 견 | 固 굳을 고

1) 이 의자는 무척 (　　　) 하게 만들어졌다.

뜻 알기 굳고 단단하다.

뜻 써 보기

2) 은주의 뜻은 (　　　) 하여 아무도 꺾을 수가 없다.

뜻 알기 사상이나 의지 따위가 동요됨이 없이 확고하다.

뜻 써 보기

낙후

落 떨어질 낙 | 後 뒤 후

공업의 (　　　) 로 이 지역은 크게 발달하지 못하였다.

뜻 알기 기술이나 문화, 생활 따위의 수준이 일정한 기준에 미치지 못하고 뒤떨어짐.

뜻 써 보기

복구

復 회복할 복 | 舊 옛 구

온 국민이 지진으로 파괴된 도시를 (　　　) 하기 위해 힘을 모았다.

뜻 알기 손실 이전의 상태로 회복함.

뜻 써 보기

유의어 복원(復元) 원래대로 회복함.

분해

分 나눌 분 | 解 풀 해

그녀는 카메라를 (　　　) 해 가방에 넣었다.

뜻 알기 여러 부분이 결합되어 이루어진 것을 그 낱낱으로 나눔.

뜻 써 보기

수월하다

이 도서실은 정리가 잘되어 있어서 자료 찾기가 (　　　) 하다.

뜻 알기 까다롭거나 힘들지 않아 하기가 쉽다.

뜻 써 보기

악용

惡 악할 악 | 用 쓸 용

과학이 인류를 위협하는 수단으로 (　　　) 될 수도 있다.

뜻 알기 알맞지 않게 쓰거나 나쁜 일에 씀.

뜻 써 보기

양상
樣 모양 양 | 相 서로 상

현대 사회로 오면서 삶의 ____이 많이 달라졌다.

뜻 알기 사물이나 현상의 모양이나 상태.

뜻 써 보기

지탱
支 지탱할 지 | 撑 버틸 탱

버팀목이 무너져 가는 담을 ____하고 있다.

뜻 알기 오래 버티거나 배겨 냄.

뜻 써 보기

첨단
尖 뾰족할 첨 | 端 끝 단

가은이는 항상 유행의 ____을 걷는다.

뜻 알기 시대 사조*, 학문, 유행 따위의 맨 앞장.

뜻 써 보기

어휘 쏙 사조(思潮) 한 시대의 일반적인 사상의 흐름.

추이
推 밀 추 | 移 옮길 이

우리는 사건의 ____를 좀 더 지켜보기로 했다.

뜻 알기 일이나 형편이 시간의 경과*에 따라 변하여 나감. 또는 그런 경향.

뜻 써 보기

어휘 쏙 경과(經過) ① 시간이 지나감. ② 일이 되어 가는 과정.

추진력
推 밀 추 | 進 나아갈 진 | 力 힘 력

1) 이 자동차는 ____이 매우 강한 엔진을 사용했다.

뜻 알기 물체를 밀어 앞으로 내보내는 힘.

뜻 써 보기

2) 그는 시장으로 당선된 후 뛰어난 ____을 보여 주었다.

뜻 알기 목표를 향하여 밀고 나아가는 힘.

뜻 써 보기

추출
抽 뽑을 추 | 出 날 출

이 화장품은 포도씨에서 ____한 기름을 주성분으로 사용했다.

뜻 알기 전체 속에서 어떤 물건, 생각, 요소 따위를 뽑아냄.

뜻 써 보기

향상되다
向 향할 향 | 上 위 상

국민 경제가 발전하면서 식생활 수준이 ____되었다.

뜻 알기 실력, 수준, 기술 따위가 나아지다.

뜻 써 보기

사전적 의미

01 ~ 04 다음 단어와 그 뜻풀이를 바르게 연결하시오.

01 복구 • • ㉠ 오래 버티거나 배겨 냄.

02 분해 • • ㉡ 손실 이전의 상태로 회복함.

03 지탱 • • ㉢ 전체 속에서 어떤 물건, 생각, 요소 따위를 뽑아냄.

04 추출 • • ㉣ 여러 부분이 결합되어 이루어진 것을 그 낱낱으로 나눔.

05 ~ 07 다음 단어의 뜻풀이에 알맞은 단어를 고르시오.

05 수월하다 : 까다롭거나 힘들지 않아 하기가 (쉽다 | 귀찮다).

06 향상되다 : 실력, 수준, 기술 따위가 (나아지다 | 뒤떨어지다).

07 추이 : 일이나 형편이 (시간 | 공간)의 경과에 따라 변하여 나감. 또는 그런 경향.

08 ~ 11 〈보기〉의 글자들을 조합하여 다음 뜻풀이에 알맞은 단어를 쓰시오.

보기

낙 단 력 악 용 진 첨 추 후

08 물체를 밀어 앞으로 내보내는 힘. (　　　　)

09 알맞지 않게 쓰거나 나쁜 일에 씀. (　　　　)

10 시대 사조, 학문, 유행 따위의 맨 앞장. (　　　　)

11 기술이나 문화, 생활 따위의 수준이 일정한 기준에 미치지 못하고 뒤떨어짐. (　　　　)

12 ~ 15 빈칸에 들어갈 알맞은 단어를 〈보기〉에서 찾아 쓰시오.

보기

분해 복구 첨단 추이 향상 추진력

12 정비공이 고장이 난 자동차를 (   )하였다.

13 물가가 오르는 (   )에 서민들의 걱정이 깊었다.

14 새로 나온 청소기는 기존 제품보다 여러 기능이 (   )되었다.

15 치열한 국제 경쟁에서 살아남기 위해서는 (   ) 기술을 개발해야 한다.

16 밑줄 친 단어의 쓰임이 적절하지 않은 것은?

① 생활 수준은 높지만 의식은 낙후되어 있다.
② 방화로 훼손된 문화재의 복원이 진행되고 있다.
③ 흉년에 목숨을 지탱하기 위해 풀을 뜯어 먹었다.
④ 그가 개입하자 사태가 새로운 양상으로 흘러갔다.
⑤ 사람들이 힘을 모아 비리를 저지른 시장을 추출했다.

17 〈보기〉의 밑줄 친 단어와 바꿔 쓰기에 가장 적절한 것은?

보기

이 건물은 매우 단단하게 지어져 지진에도 무너지지 않았다.

① 견고(堅固)하게 ② 완고(頑固)하게 ③ 용이(容易)하게
④ 확고(確固)하게 ⑤ 확실(確實)하게

18 ~ 19 다음 단어가 들어간 예문을 찾거나, 스스로 새로운 문장을 만들어 써 보시오.

18 수월하다 ⇨ ______________________________

19 악용 ⇨ ______________________________

문해력 완성 하기

01~03 다음 글을 읽고 물음에 답하시오.

자율 주행차는 첨단 장치가 달린 자동차가 스스로 길을 찾고, 도로 상황에 맞게 주행하여 목적지에 도착하는 차를 말한다. 지금은 한정적인 자율 주행만 가능하지만, 발전의 추이를 볼 때 10년 이내에 사람의 도움이 필요 없는 자율 주행차가 나올 것으로 보인다. 일상에서 자율 주행차가 이용되면 무엇보다 교통사고가 확 줄어들 것이다. 교통사고의 90% 이상이 운전자의 잘못으로 발생하기 때문이다. 또한 장애인이나 노약자 같은 사람들의 이동이 훨씬 수월해질 것이다.

하지만 자율 주행차는 기술만으로는 해결할 수 없는 윤리적 문제를 지니고 있다. 도저히 피할 수 없는 상황에서 누군가의 희생을 선택해야 하는 경우가 그것이다. 인간이 운전하는 경우라면 위험 상황에서 본능적으로 운전자 자신을 우선시하는 결정을 내리게 될 것이다. 하지만 자율 주행차는 컴퓨터 장치에 입력된 대로 움직이므로 미리 어떻게 움직이라고 프로그램화해야 한다. 이 때 무엇이 옳은 결정인지는 누구도 쉽게 판단할 수 없다.

교통사고가 났을 때 책임 소재가 불분명해지는 문제도 있다. 자율 주행차는 운전하는 사람이 없다. 이 때문에 교통사고가 났을 때 그 차에 타고 있던 사람, 차를 제작한 회사, 차에 탑재된 인공 지능을 설계한 개발자 등 관련된 사람들 중 누구에게 사고 책임이 있는지 판단하기 어렵다.

♥ 문단별 중심 내용
[1문단] 자율 주행차의 개념 및 기대 효과
[2문단] 자율 주행차에 내재된 문제점 ①
[3문단] 자율 주행차에 내재된 문제점 ②

01 이 글의 제목으로 가장 적절한 것은?

① 자율 주행차의 개발 과정과 성과
② 자율 주행차의 기대 효과와 과제
③ 자율 주행차에 대한 찬성과 반대
④ 자율 주행차의 등장 배경과 전망
⑤ 자율 주행차의 문제와 해결 방안

02 이 글에서 ㉠과 ㉡의 뜻풀이에 해당하는 단어를 각각 찾아 쓰시오.

㉠ : 시대 사조, 학문, 유행 따위의 맨 앞장. ⇒ (　　　　　)
㉡ : 일이나 형편이 시간의 경과에 따라 변하여 나감. 또는 그런 경향. ⇒ (　　　　　)

창의적 적용

03 다음의 자료를 활용하여 뒷받침하기에 적절한 문단과 그 이유를 한 문장으로 쓰시오.(단, '수월하다'라는 단어를 활용할 것.)

A가 탄 자율 주행차가 2차선 도로에서 달리고 있는데, 갑자기 어린아이가 차 앞에 뛰어들다가 넘어졌다. 뒤에는 대형 트럭이 달려오고 있고, 옆 차선에는 다른 차량들이 빠르게 달리고 있다. 아이를 치거나, 아니면 급정거 또는 옆 차선으로 피해 아이를 구하는 대신 A가 죽거나 다쳐야 한다.

▶ 정답과 해설 38쪽

04~06 다음 글을 읽고 물음에 답하시오.

[A] 코닥(kodak)은 1990년대 미국 필름 카메라 시장의 90% 이상을 차지하고, 전 세계의 필름 카메라 시장을 장악한 회사였다. 직원도 15만 명이나 되었다. 그러나 디지털카메라가 등장하면서 빠르게 쇠퇴하여 지금은 명맥만 겨우 유지하고 있을 뿐이다. 이는 필름 카메라 시장이 견고할 것이라고 예상하여 디지털카메라 기술을 거부하였기 때문이다. 재미있는 사실은 코닥이 1975년에 세계 최초로 디지털카메라를 개발했다는 것이다. 그러나 코닥은 그 가치를 알지 못했다.

코닥의 사례는 우리에게 두 가지 교훈을 준다. 첫 번째 교훈은 새로운 기술을 제때 받아들여 활용해야 한다는 것이다. 그러지 못하면 그 분야에서 ㉠ 뒤떨어지게 되고, 한번 뒤떨어지면 빠르게 발전하는 기술을 따라잡기 어렵다. 이는 기업뿐만이 아니라 사람도 마찬가지다. 예를 들어 스마트폰이 일상화되기 시작했을 때 이를 멀리한 사람들은 이후 모바일 주문이나 모바일 뱅킹 등 일상생활의 여러 면에서 불편함을 겪어야 했다.

두 번째 교훈은 현재 상황이 지속될 것이라고 생각해서는 안 된다는 것이다. 필름 카메라를 대체했던 디지털카메라도 채 10여 년이 지나지 않아 스마트폰에 밀려 버렸다. 인공 지능이나 가상 현실 같은 기술은 우리의 예상보다 훨씬 빨리 발전한다. 비록 그 속도를 따라가지 못하더라도 변화에 대비하는 태도는 지녀야 한다.

♥ 문단별 중심 내용
[1문단] '코닥'의 몰락 사례
[2문단] '코닥'의 사례가 주는 교훈 ①
[3문단] '코닥'의 사례가 주는 교훈 ②

04 이 글의 내용 전개 방식으로 가장 적절한 것은?

① 대립되는 두 주장을 소개한 뒤에 절충하여 마무리하고 있다.
② 대상에 대해 널리 알려진 생각이 잘못된 것임을 밝히고 있다.
③ 현실의 문제를 분석한 뒤에 구체적인 해결책을 제시하고 있다.
④ 문제 상황이 발생한 원인을 시간의 흐름에 따라 살펴보고 있다.
⑤ 구체적 사건을 제시한 뒤에 그것이 시사하는 바를 분석하고 있다.

05 ㉠과 바꿔 쓸 수 있는 말로 가장 적절한 것은?

① 낙방(落榜)되고　② 낙후(落後)되고　③ 누락(漏落)되고
④ 탈락(脫落)되고　⑤ 함락(陷落)되고

창의적 적용

06 [A]에서 알 수 있는 '코닥'의 문제점을 〈조건〉에 맞게 서술하시오.

조건
1) '지탱', '활용', '오판'이라는 세 단어를 모두 사용할 것.
2) '코닥'을 주어로 하는 한 문장으로 쓸 것.

08회 문화 · 예술

공부한 날 ( )월 ( )일

어휘 체크 ※ 잘 아는 어휘 ○표! 헷갈리거나 모르는 어휘 ×표! 학습 후 확실하게 이해했으면 ☆표!

고유하다 ☐☐	독창적 ☐☐	모방 ☐☐	몰입 ☐☐	발휘 ☐☐
생동감 ☐☐	웅장하다 ☐☐	음미 ☐☐	응시 ☐☐	전시 ☐☐
추상적 ☐☐	향유 ☐☐	희소하다 ☐☐		

고유하다

固 굳을 고 | 有 있을 유

이 풍속은 우리 민족이 ______ 하게 간직해 온 것이다.

뜻 알기 본래부터 가지고 있어 특유하다.

뜻 써 보기 ______

독창적

獨 홀로 독 | 創 비롯할 창 | 的 과녁 적

한글은 매우 ______ 이고 과학적으로 만들어졌다.

뜻 알기 다른 것을 모방함이 없이 새로운 것을 처음으로 만들어 내거나 생각해 내는 것.

뜻 써 보기 ______

모방

模 본뜰 모 | 倣 본받을 방

어린이는 어른의 행동을 ______ 하는 것을 즐긴다.

뜻 알기 다른 것을 본뜨거나 본받음.

뜻 써 보기 ______

반의어 창조(創造) 전에 없던 것을 처음으로 만듦.

몰입

沒 빠질 몰 | 入 들 입

시험을 앞둔 혜원이는 공부에 ______ 했다.

뜻 알기 깊이 파고들거나 빠짐.

뜻 써 보기 ______

유의어 열중(熱中) 한 가지 일에 정신을 쏟음.

발휘

發 필 발 | 揮 휘두를 휘

이번 시합은 너의 실력을 ______ 할 좋은 기회이다.

뜻 알기 재능, 능력 따위를 떨치어 나타냄.

뜻 써 보기 ______

생동감

生 날 생 | 動 움직일 동 | 感 느낄 감

시장에서 사람들이 활기 있게 움직이는 모습을 보니 ______ 이 느껴진다.

뜻 알기 생기 있게 살아 움직이는 듯한 느낌.

뜻 써 보기 ______

웅장하다
雄 수컷 웅 | 壯 씩씩할 장

이 건물은 ______ 한 멋이 있다.

뜻 알기 규모 따위가 거대하고 성대하다.

뜻 써 보기 ______

유의어 으리으리하다 모양이나 규모가 압도될 만큼 굉장하다.

음미
吟 읊을 음 | 味 맛 미

우리는 눈을 감고 민서의 피아노 연주를 ______ 하였다.

뜻 알기 어떤 사물 또는 개념의 속 내용을 새겨서 느끼거나 생각함.

뜻 써 보기 ______

응시
凝 엉길 응 | 視 볼 시

그는 아무 말도 하지 않은 채 멍하니 바깥을 ______ 하고 있었다.

뜻 알기 눈길을 모아 한 곳을 똑바로 바라봄.

뜻 써 보기 ______

유의어 주시(注視) 어떤 목표물에 주의를 집중하여 봄.

전시
展 펼 전 | 示 보일 시

이번 달로 미술품 ______ 가 끝난다.

뜻 알기 여러 가지 물품을 한곳에 벌여 놓고 보임.

뜻 써 보기 ______

추상적
抽 뺄 추 | 象 꼴 상 | 的 과녁 적

그 작가의 소설은 너무 ______ 이어서 이해하기가 힘들다.

뜻 알기 어떤 사물이 직접 경험하거나 지각할* 수 있는 일정한 형태와 성질을 갖추고 있지 않은 것.

뜻 써 보기 ______

어휘 쏙 지각(知覺)하다 ① 알아서 깨닫다. ② 감각 기관을 통하여 대상을 인식하다.

향유
享 누릴 향 | 有 있을 유

대중들이 예술을 ______ 할 수 있는 기회를 많이 제공해야 한다.

뜻 알기 누리어 가짐.

뜻 써 보기 ______

희소하다
稀 드물 희 | 少 적을 소

이 물건은 ______ 하여 값이 꽤 나갈 것 같다.

뜻 알기 매우 드물고 적다.

뜻 써 보기 ______

문해력 기초 다지기

사전적 의미

01 ~ 05 다음 뜻풀이에 해당하는 단어를 말상자에서 찾아 표시하시오.

고	후	구	모	분	해
향	유	월	방	용	추
견	신	지	단	공	상
재	응	중	독	창	적
습	야	시	재	출	이

01 누리어 가짐.

02 다른 것을 본뜨거나 본받음.

03 눈길을 모아 한 곳을 똑바로 바라봄.

04 다른 것을 모방함이 없이 새로운 것을 처음으로 만들어 내거나 생각해 내는 것.

05 어떤 사물이 직접 경험하거나 지각할 수 있는 일정한 형태와 성질을 갖추고 있지 않은 것.

06 ~ 08 다음 단어의 뜻풀이에 알맞은 단어를 고르시오.

06 몰입 : (깊이 | 얕게) 파고들거나 빠짐.

07 생동감 : (생기 | 용기) 있게 살아 움직이는 듯한 느낌.

08 고유하다 : 본래부터 가지고 있어 (특유하다 | 평범하다).

09 ~ 11 제시된 초성을 참고하여 다음 뜻풀이에 알맞은 단어를 쓰시오.

09 규모 따위가 거대하고 성대하다. ㅇ ㅈ ㅎ ㄷ

10 재능, 능력 따위를 떨치어 나타냄. ㅂ ㅎ

11 어떤 사물 또는 개념의 속 내용을 새겨서 느끼거나 생각함. ㅇ ㅁ

12 ~ 14 빈칸에 들어갈 알맞은 단어를 <보기>에서 찾아 쓰시오.

보기

모방 응장 전시 향유 생동감

12 학생들이 만든 작품들을 모아 강당에서 (　　　　)을/를 열었다.

13 그들은 보다 인간다운 삶을 (　　　　)할 권리를 찾기 위해 싸웠다.

14 인물의 표정을 생생하게 묘사한 조각에서는 (　　　　)이/가 느껴졌다.

15 밑줄 친 단어의 쓰임이 적절하지 않은 것은?

① 아이들은 모두 선생님을 응시하고 있었다.
② 아이들 싸움이 결국 어른들 싸움으로 발휘되었다.
③ 각 나라의 사람들이 고유한 의상을 입고 입장했다.
④ 여러 사례를 일반화하여 추상적인 개념을 이끌어 냈다.
⑤ 이 소설은 기존에 볼 수 없던 독창적인 전개가 돋보인다.

16 <보기>의 빈칸에 들어갈 단어가 순서대로 바르게 나열된 것은?

보기

• 그는 독서에 (　　　　)하면 밥 먹는 것도 잊었다.
• 그 회사는 물고기의 눈 구조를 (　　　　)한 카메라를 개발했다.

① 관여, 창조　② 몰두, 이입　③ 몰입, 모방
④ 몰입, 창조　⑤ 이입, 함유

17 ~ 18 다음 단어가 들어간 예문을 찾거나, 스스로 새로운 문장을 만들어 써 보시오.

17 음미 ⇨ ____________________

18 희소하다 ⇨ ____________________

01~03 다음 글을 읽고 물음에 답하시오.

스페인의 건축가 안토니 가우디는 현대 건축이 나아가야 할 방향을 보여 주었다는 평가를 받는다. 그가 지은 건축물은 기존 건축의 어떤 양식에도 얽매이지 않는 ㉠독창적인 것들이었다. 그중에서도 바르셀로나에 있는 사그라다 파밀리아 성당은 가우디가 일생을 바친 ㉡역작이다. '성가족 성당'이라는 뜻의 이 성당은 1882년에 가우디가 설계하고 감독해서 짓기 시작한 이후 지금까지 공사를 하고 있다. 가우디는 생전에 성당이 완공되는 것을 보지 못한 채 1926년에 세상을 뜨고 말았다.

이 건축물에서는 직선을 거의 찾아볼 수 없다. ㉢웅장한 외형을 비롯하여 내부의 벽과 천장 등 거의 모든 부분이 곡선으로 이루어져 있다. 성당의 외형은 밑부분이 마치 거대한 나무줄기들이 뭉쳐 있는 듯한 느낌을 준다. 성당 안도 마찬가지다. 플라타너스 나무의 모습을 덧입힌 기둥과 잎사귀를 본뜬 천장, 창문을 통해 들어오는 자연광 등으로 건물이 아니라 깊은 숲속에 들어와 있는 것 같은 착각이 들 정도이다. 가우디는 "나의 스승은 자연이다."라고 말할 정도로 자연에서 ㉣영감을 얻었으며, 자연을 통해 배운 모든 것을 이 성당에 유감없이 ㉤발휘하였다.

♥ 문단별 중심 내용
[1문단] 독창적인 건축물을 지은 가우디
[2문단] 사그라다 파밀리아 성당에 담긴 가우디의 건축관

01 이 글의 내용과 일치하지 않는 것은?

① 가우디는 사그라다 파밀리아 성당의 완공을 보지 못하고 죽었다.
② 가우디의 건축물은 당시의 일반적인 건축 양식을 따르지 않았다.
③ 사그라다 파밀리아 성당은 인공적 조명을 통해 지붕을 강조했다.
④ 사그라다 파밀리아 성당의 기둥은 나무의 모습을 본떠 만들었다.
⑤ 사그라다 파밀리아 성당은 착공한 지 백 년이 넘도록 계속 짓고 있다.

02 ㉠~㉤의 뜻풀이가 적절하지 않은 것은?

① ㉠: 다른 것을 모방함이 없이 새로운 것을 처음으로 만들어 내거나 생각해 내는 것.
② ㉡: 온 힘을 기울여 만든 작품.
③ ㉢: 본래부터 가지고 있어 특유한.
④ ㉣: 창조적인 일의 계기가 되는 기발한 착상이나 자극.
⑤ ㉤: 재능, 능력 따위를 떨치어 나타냄.

창의적 적용

03 '사그라다 파밀리아 성당'의 형태적 특징을 〈조건〉에 맞게 서술하시오.

조건
1) '모방'과 '곡선'이라는 두 단어를 모두 사용할 것.
2) 주어와 서술어를 모두 갖춘 한 문장으로 쓸 것.

▶ 정답과 해설 39쪽

04~06 다음 글을 읽고 물음에 답하시오.

1907년 파리에서 인상주의 화가 세잔의 추모전이 열렸다. 세잔은 화가로 유명해진 뒤에도 정물화 하나를 완성하기 위해 같은 그림을 100번 이상 그릴 정도로 거의 모든 시간을 그림 그리는 데 투자했다. 심지어 전쟁에 반대한다는 이유로 경찰에 쫓기면서도 그림을 그렸다. 세잔이 죽은 이듬해에 열린 추모전은 많은 화가들에게 영향을 주었는데, 그중에는 피카소도 있었다.

피카소는 전시 작품 중에서 특히 '생 빅투아르 산' 연작을 뚫어지게 ㉠ 바라보았다. 대상을 단순하게 파악하려고 했던 세잔의 특징이 잘 드러나는 작품이었다. 세잔의 회고전을 본 그해에 피카소는 〈아비뇽의 처녀들〉을 그렸다. 다섯 명의 여인을 그린 이 그림은 최초의 입체주의 작품으로 평가받는다. 하지만 회화에서 필수적으로 여겨지던 원근법과 명암법을 사용하지 않아 당시 화가들로부터 '혐오감을 주는 비상식적인 그림'이라는 평을 들었다.

[A] 하지만 피카소는 개의치 않고 다양한 기법을 시도했다. 그리고 마침내 대상을 다양한 각도로 쪼갠 뒤 평면에 조합해서 그리는 고유한 기법을 만들어 냈다. 이 때문에 그의 그림은 무엇을 그린 것인지 파악하기가 어렵다. 피카소의 그림은 이후에 대상을 구체적으로 묘사하지 않고 점이나 선, 면, 색깔 등으로만 화가의 의도를 표현하는 추상 미술의 발전으로 이어졌다.

♥ 문단별 중심 내용
[1문단] 피카소에게 영향을 준 세잔의 추모전
[2문단] 최초의 입체주의 그림과 그에 대한 평가
[3문단] 자신만의 고유한 기법을 창조한 피카소

04 이 글의 내용과 일치하지 않는 것은?

① 인상주의 화가인 세잔의 그림은 많은 화가에게 영향을 끼쳤다.
② 〈아비뇽의 처녀들〉은 원근법과 명암법을 사용하지 않고 그렸다.
③ 피카소가 그린 최초의 입체주의 그림은 화가들에게 호평을 받았다.
④ 피카소는 기존의 회화에서 찾을 수 없는 독창적 기법을 만들어 냈다.
⑤ 피카소의 그림은 대상을 직접 묘사하지 않는 추상 미술로 이어졌다.

05 ㉠과 바꿔 쓸 수 있는 말로 가장 적절한 것은?

① 모방(模倣)하였다
② 웅장(雄壯)하였다
③ 응시(凝視)하였다
④ 향유(享有)하였다
⑤ 희소(稀少)하였다

창의적 적용

06 [A]에서 알 수 있는 피카소 그림의 특징을 〈조건〉에 맞게 서술하시오.

조건
1) '구체적'과 '추상적'이라는 두 단어를 모두 사용할 것.
2) '피카소의 그림은'을 주어로 하는 한 문장으로 쓸 것.

Ⅱ

문학

09회 사람의 감정

10회 사람의 성격과 생김새

11회 사람의 행동

12회 인간관계

13회 시 · 공간적 배경

14회 상황과 분위기

15회 삶의 양상

16회 선조들의 생활과 표현

09회 사람의 감정

공부한 날 ( )월 ( )일

어휘 체크 ※ 잘 아는 어휘 ○표! 헷갈리거나 모르는 어휘 ×표! 학습 후 확실하게 이해했으면 ☆표!

격노	격정	결연하다	겸연쩍다	고깝다
고심	낙천적	대견하다	빈정거리다	사무치다
야속	절박하다	힐난		

격노
激 격할 격 | 怒 성낼 노

나는 뻔뻔한 선우의 태도에 ______ 했다.

뜻 알기 몹시 분하고 노여운 감정이 북받쳐 오름.

뜻 써 보기 ______

유의어 분노(憤怒) 몹시 분하게 여겨 성을 냄.

격정
激 격할 격 | 情 뜻 정

어린 시절 좋아했던 은주를 만나게 된 나는 ______ 에 사로잡혔다.

뜻 알기 강렬하고 갑작스러워 누르기 어려운 감정.

뜻 써 보기 ______

결연하다
決 결단할 결 | 然 그럴 연

우리는 그에게서 죽음을 두려워하지 않는 ______ 한 태도를 엿볼 수 있었다.

뜻 알기 마음가짐이나 행동에 있어 태도가 움직일 수 없을 만큼 확고하다*.

뜻 써 보기 ______

어휘 쏙 확고(確固)하다 태도나 상황 따위가 튼튼하고 굳다.

겸연쩍다
慊 찐덥지 않을 겸 | 然 그럴 연

주원이는 자신의 실수를 깨닫고 ______ 쩍은 듯 머리를 긁적였다.

뜻 알기 쑥스럽거나 미안하여 어색하다.

뜻 써 보기 ______

고깝다

나는 나를 무시하는 가은이의 말이 ______ 게 느껴졌다.

뜻 알기 섭섭하고 야속하여 마음이 언짢다*.

뜻 써 보기 ______

어휘 쏙 언짢다 마음에 들지 않거나 좋지 않다.

고심
苦 괴로울 고 | 心 마음 심

수찬이는 ______ 끝에 결정을 내렸다.

뜻 알기 몹시 애를 태우며 마음을 씀.

뜻 써 보기 ______

낙천적

樂 즐길 낙 | 天 하늘 천 | 的 과녁 적

민주는 어려운 일이 있어도 여유를 잃지 않는 ______ 인 성격을 지녔다.

뜻 알기 세상과 인생을 즐겁고 좋은 것으로 여기는 것.

뜻 써 보기 ______

반의어 염세적(厭世的) 세상을 싫어하고 모든 일을 어둡고 부정적인 것으로 보는 것.

대견하다

선생님은 우수한 성적을 거둔 학생들이 ______ 했다.

뜻 알기 흐뭇하고 자랑스럽다.

뜻 써 보기 ______

빈정거리다

네가 뭘 아느냐고 ______ 는 말에 기분이 몹시 상했다.

뜻 알기 남을 은근히 비웃는 태도로 자꾸 놀리다.

뜻 써 보기 ______

유의어 비꼬다 남의 마음에 거슬릴 정도로 빈정거리다.

사무치다

오랫동안 외국에 나가 계신 아버지가 ______ 게 그리웠다.

뜻 알기 깊이 스며들거나 멀리까지 미치다.

뜻 써 보기 ______

야속

野 들 야 | 俗 풍속 속

유림이는 ______ 하게도 내 부탁을 단호하게* 거절하였다.

뜻 알기 무정한 행동이나 그런 행동을 한 사람이 섭섭하게 여겨져 언짢음.

뜻 써 보기 ______

어휘 쏙 단호(斷乎)하다 결심이나 태도, 입장 따위가 과단성 있고 엄격하다.

절박하다

切 끊을 절 | 迫 핍박할 박

이곳의 난민들에게는 무엇보다 식량 문제가 ______ 하다.

뜻 알기 어떤 일이나 때가 가까이 닥쳐서 몹시 급하다.

뜻 써 보기 ______

유의어 긴박(緊迫)하다 매우 다급하고 절박하다.

힐난

詰 꾸짖을 힐 | 難 어려울 난

시청자들은 어이없게 결말을 맺은 드라마 작가에게 ______ 을 퍼부었다.

뜻 알기 트집을 잡아 지나치게 많이 따지고 듦.

뜻 써 보기 ______

유의어 비난(非難) 남의 잘못이나 결점을 책잡아서 나쁘게 말함.

문해력 기초 다지기

사전적 의미

01 ~ 04 다음 단어와 그 뜻풀이를 바르게 연결하시오.

01 결연하다 •	• ㉠ 흐뭇하고 자랑스럽다.
02 겸연쩍다 •	• ㉡ 쑥스럽거나 미안하여 어색하다.
03 대견하다 •	• ㉢ 어떤 일이나 때가 가까이 닥쳐서 몹시 급하다.
04 절박하다 •	• ㉣ 마음가짐이나 행동에 있어 태도가 움직일 수 없을 만큼 확고하다.

05 ~ 07 다음 단어의 뜻풀이에 알맞은 단어를 고르시오.

05 힐난 : (단점 | 트집)을 잡아 지나치게 많이 따지고 듦.

06 격정 : (강렬하고 | 차분하고) 갑작스러워 누르기 어려운 감정.

07 빈정거리다 : 남을 은근히 (괴롭히는 | 비웃는) 태도로 자꾸 놀리다.

08 ~ 11 〈보기〉의 글자들을 조합하여 다음 뜻풀이에 알맞은 단어를 쓰시오.

보기

격 고 낙 노 속 심 야 적 천

08 몹시 애를 태우며 마음을 씀. (　　　　)

09 몹시 분하고 노여운 감정이 북받쳐 오름. (　　　　)

10 세상과 인생을 즐겁고 좋은 것으로 여기는 것. (　　　　)

11 무정한 행동이나 그런 행동을 한 사람이 섭섭하게 여겨져 언짢음. (　　　　)

12 ~ 15 빈칸에 들어갈 알맞은 단어를 〈보기〉에서 찾아 쓰시오.

보기

격정 결연 고심 야속 절박 확고

12 사고로 크게 다친 그는 ( )하게 도와 달라고 외쳤다.

13 무용수들은 강렬한 음악에 맞춰 ( )적인 몸짓을 보였다.

14 물가가 날로 상승하자 당국이 대책 마련에 ( )하고 있다.

15 장군은 죽음을 각오한 ( )한 표정으로 병사들의 앞에 섰다.

16 밑줄 친 단어의 쓰임이 적절하지 않은 것은?

① 오랜만에 친척들을 만나니 겸연쩍었다.
② 팀장은 실수를 저지른 팀원을 계속 힐난했다.
③ 내 재산을 알고 달라진 그의 태도가 고까웠다.
④ 가슴에 사무치는 후회로 밤잠을 이루지 못했다.
⑤ 우리나라의 8강 진출에 격노하여 기쁨을 감추지 못했다.

17 〈보기〉의 밑줄 친 단어와 바꿔 쓰기에 가장 적절한 것은?

보기

언니는 네가 언제부터 내 걱정을 했냐며 빈정거렸다.

① 비꼬았다 ② 섭섭해했다 ③ 어색해했다
④ 언짢아했다 ⑤ 쑥스러워했다

18 ~ 19 다음 단어가 들어간 예문을 찾거나, 스스로 새로운 문장을 만들어 써 보시오.

18 대견하다 ⇨ ____________________

19 낙천적 ⇨ ____________________

문해력 완성 하기

01~03 다음 글을 읽고 물음에 답하시오.

고구려 평강왕은 어린 딸이 울 때마다 '네가 자주 울어서 시끄럽게 하니 바보 온달에게나 시집보내야겠다.'라고 놀렸다. 평강왕은 16세가 되자 딸을 귀족에게 시집보내려 하였다. 그런데 공주가 이를 거부했다.

[A] "대왕께서는 항상 '너는 반드시 온달의 아내가 될 것이다.'라고 하셨는데, 이제 와 무슨 까닭으로 말씀을 바꾸십니까? 보잘것없는 사람도 자신의 말을 지키려 하는데 어찌 대왕께서는 지키지 않으십니까?"

이 말을 들은 왕은 ㉠몹시 화를 내며 말했다.

"내 말을 따르지 않는데 어찌 내 딸이라고 하겠느냐? 네 가고 싶은 데로 가거라!"

이에 공주는 보물 팔찌 수십 개를 팔에 매고 궁궐을 나왔다. 그리고 사람들에게 온달의 집을 물었다. 나무를 하는 온달을 만난 공주가 자신의 뜻을 밝히니 온달은 화를 내며 '이는 어린 여자가 할 행동이 아니다. 너는 분명 여우나 귀신일 것이다.'라고 멀리하였다. 온달의 집 사립문 아래에서 밤을 샌 공주가 이튿날 아침 다시 온달의 집으로 가서 설득하니, 그의 어머니가 말했다.

"내 자식은 귀인의 배필이 되기에 모자라고, 내 집은 매우 가난해 살 곳이 못 됩니다."

"서로 마음만 맞는다면 어찌 가난이 문제가 되겠습니까?"

그리고 공주는 보물 팔찌를 팔아 땅과 집, 노비, 소와 가구 등을 사서 살림살이를 갖추었다.

– 작자 미상, 〈온달전〉

♥ 작품 감상

[해제] 평강 공주를 만난 온달이 입신양명을 이루는 과정을 인물 중심의 전기 형식으로 보여 주는 설화이다.

[주제] 온달의 입신출세와 평강 공주의 주체적 삶의 태도

01 이 글에 대한 이해로 적절하지 않은 것은?

① 공주는 궁궐을 나오면서 챙겨 온 패물로 살림을 마련하였다.
② 공주는 주체적이고 의지적으로 온달과의 결혼을 결심하였다.
③ 온달은 공주를 만났을 때 처음에는 사람이 아니라고 여겼다.
④ 온달의 어머니는 집안 사정을 들어 공주의 뜻을 거절하였다.
⑤ 평강왕은 공주가 어렸을 때 놀렸던 자기 행동을 후회하였다.

02 ㉠과 바꿔 쓸 수 있는 말로 가장 적절한 것은?

① 격노하며 ② 겸연쩍게 ③ 고심하며 ④ 극찬하며 ⑤ 빈정거리며

창의적 적용

03 [A]에서 드러나는 '공주'의 태도를 〈조건〉에 맞게 한 문장으로 쓰시오.

조건

1) 평강왕에 대한 공주의 반응을 중심으로 쓸 것.
2) '힐난'과 '신의'라는 두 단어를 사용할 것.

04~06 다음 시를 읽고 물음에 답하시오.

나무도 바윗돌도 없는 산에서 매에게 쫓기는 까투리의 마음과

[A] 넓은 바다 한가운데 일천 석(一千石) 실은 배가 노도 잃고, 닻도 잃고, 용총*도 끊어지고, 돛대도 꺾이고, 키도 빠지고, 바람 불어 물결 치고, 안개 뒤섞여 자욱한 날에 갈 길은 천리만리 남았는데, 사방이 깜깜하게 저물어 천지 적막하고 사나운 파도 이는데 수적(水賊)* 만난 도사공*의 마음과

엊그제 임 여읜 내 마음이야 어디에다 견주리오.

– 작자 미상의 사설시조

♥ 작품 감상

[해제] 임을 여읜 절망적 슬픔을 기발한 비교와 과장된 표현으로 나타내고 있는 사설시조이다.

[주제] 임을 여읜 절망적 슬픔

* 용총: 돛대에 매어 놓은 줄. 돛을 올리거나 내리는 데 씀.
* 수적(水賊): 바다나 큰 강에서 남의 재물을 강제로 빼앗아 가는 도둑. ≒ 해적.
* 도사공(都沙工): 뱃사공의 우두머리.

04 이 시에 대한 설명으로 가장 적절한 것은?

① 다양한 심상을 활용하여 대상을 생생하게 묘사하고 있다.
② 다른 대상과의 비교를 통해 화자의 심정을 강조하고 있다.
③ 자연물을 마치 사람처럼 표현하여 친근감을 드러내고 있다.
④ 가정적 상황을 제시하여 미래에 대한 기대를 나타내고 있다.
⑤ 자연과 인간을 대조하여 바람직한 삶의 태도를 제시하고 있다.

05 '까투리'와 '도사공'의 마음을 표현할 수 있는 말로 가장 적절한 것은?

① 고깝다 ② 결연하다 ③ 무안하다 ④ 야속하다 ⑤ 절박하다

창의적 적용

06 [A]에 나타난 '도사공'의 처지를 〈조건〉에 맞게 한 문장으로 쓰시오.

조건

1) '도사공'의 상황을 간략하게 제시할 것.
2) '설상가상(난처한 일이나 불행한 일이 잇따라 일어남.)'이라는 한자 성어를 사용할 것.

10회

사람의 성격과 생김새

공부한 날 ◯월 ◯일

어휘 체크 ※ 잘 아는 어휘 ○표! 헷갈리거나 모르는 어휘 ×표! 학습 후 확실하게 이해했으면 ☆표!

가련하다 ☐☐	간악 ☐☐	고귀하다 ☐☐	남루하다 ☐☐	능동적 ☐☐
매섭다 ☐☐	방자하다 ☐☐	순박하다 ☐☐	앳되다 ☐☐	억척스럽다 ☐☐
역력하다 ☐☐	잔망스럽다 ☐☐	후하다 ☐☐		

가련하다

可 옳을 가 | 憐 불쌍히 여길 련

정처 없이 떠도는 그의 처지가 ________ 하여 나도 모르게 눈물이 흘렀다.

뜻 알기 가엾고 불쌍하다.

뜻 써 보기 ________

간악

奸 간사할 간 | 惡 악할 악

그는 이 영화에서 한 가정을 파멸로 이끄는 ________ 한 인물로 등장한다.

뜻 알기 간사하고 악독함.

뜻 써 보기 ________

고귀하다

高 높을 고 | 貴 귀할 귀

인간은 누구나 ________ 한 존재이다.

뜻 알기 훌륭하고 귀중하다.

뜻 써 보기 ________

남루하다

襤 헌 누더기 남 | 褸 헌 누더기 루

그는 오랜 떠돌이 생활로 옷차림이 ________ 했다.

뜻 알기 옷 따위가 낡아 해지고 차림새가 너저분하다.

뜻 써 보기 ________

능동적

能 능할 능 | 動 움직일 동 | 的 과녁 적

예림이는 모든 일에 ________ 으로 참여하는 모범생이다.

뜻 알기 다른 것에 이끌리지 아니하고 스스로 일으키거나 움직이는 것.

뜻 써 보기 ________

반의어 수동적(受動的) 스스로 움직이지 않고 다른 것의 작용을 받아 움직이는 것.

매섭다

1) 엄마는 동생과 싸운 나를 ________ 운 눈초리로 쏘아보았다.

뜻 알기 남이 겁을 낼 만큼 성질이나 기세 따위가 매몰차고 날카롭다.

뜻 써 보기 ________

2) 겨울바람이 ________ 게 분다.

뜻 알기 정도가 매우 심하다.

뜻 써 보기 ________

방자하다
放 놓을 방 | 恣 마음대로 자

어른 앞에서는 ______ 하게 굴지 말고 예의를 갖춰야 한다.

뜻 알기 어려워하거나 조심스러워하는 태도가 없이 무례하고 건방지다.

뜻 써 보기

유의어 버릇없다 어른이나 남 앞에서 마땅히 지켜야 할 예의가 없다.

순박하다
淳 순박할 순 | 朴 순박할 박

여행길에 들른 시골의 ______ 한 인심에 마음이 흐뭇해졌다.

뜻 알기 거짓이나 꾸밈이 없이 순수하며 인정이 두텁다.

뜻 써 보기

앳되다

선생님은 나이에 비해 ______ 어 보인다.

뜻 알기 애티*가 있어 어려 보이다.

뜻 써 보기

어휘 쏙 애티 어린 태도나 모양.

억척스럽다

부모님은 우리를 남부럽지 않게 키우기 위해 ______ 게 일하셨다.

뜻 알기 어떤 어려움에도 굴하지 아니하고 몹시 모질고 끈덕지게 일을 해 나가는 태도가 있다.

뜻 써 보기

역력하다
歷 지낼 역 | 歷 지낼 력

건우는 얼굴에 뉘우치는 기색이 ______ 했다.

뜻 알기 자취나 기미, 기억 따위가 환히 알 수 있게 또렷하다.

뜻 써 보기

잔망스럽다
孱 잔약할 잔 | 妄 망령될 망

여섯 살인 내 동생은 ______ 게도 어른들 앞에서 못 하는 말이 없다.

뜻 알기 얄밉도록 맹랑한* 데가 있다.

뜻 써 보기

어휘 쏙 맹랑(孟浪)하다 하는 짓이 만만히 볼 수 없을 만큼 똘똘하고 깜찍하다.

후하다
厚 두터울 후

그 회사는 월급이 ______ 해서 직원들의 만족도가 높다.

뜻 알기 마음 씀씀이나 태도가 너그럽다.

뜻 써 보기

반의어 박(薄)하다 마음 씀이나 태도가 너그럽지 못하고 쌀쌀하다.

문해력 기초 다지기

사전적 의미

01 ~ 05 다음 뜻풀이에 해당하는 단어를 말상자에서 찾아 표시하시오.

01 간사하고 악독함.

02 애티가 있어 어려 보이다.

03 얄밉도록 맹랑한 데가 있다.

04 남이 겁을 낼 만큼 성질이나 기세 따위가 매몰차고 날카롭다.

05 다른 것에 이끌리지 아니하고 스스로 일으키거나 움직이는 것.

노	겸	앳	되	다	구
정	능	천	사	박	상
간	고	동	야	난	매
악	심	대	적	연	섭
방	잔	망	스	럽	다

06 ~ 08 다음 단어의 뜻풀이에 알맞은 단어를 고르시오.

06 가련하다 : 가엾고 (불쌍하다 | 사랑스럽다).

07 후하다 : 마음 씀씀이나 태도가 (너그럽다 | 모질다).

08 억척스럽다 : 어떤 어려움에도 굴하지 아니하고 몹시 모질고 (꼼꼼하게 | 끈덕지게) 일을 해 나가는 태도가 있다.

09 ~ 11 제시된 초성을 참고하여 다음 뜻풀이에 알맞은 단어를 쓰시오.

09 옷 따위가 낡아 해지고 차림새가 너저분하다. ㄴ ㄹ ㅎ ㄷ

10 거짓이나 꾸밈이 없이 순수하며 인정이 두텁다. ㅅ ㅂ ㅎ ㄷ

11 어려워하거나 조심스러워하는 태도가 없이 무례하고 건방지다. ㅂ ㅈ ㅎ ㄷ

12 ~ 14 빈칸에 들어갈 알맞은 단어를 〈보기〉에서 찾아 쓰시오.

보기
간악 맹랑 방자 순박 역력

12 그는 ( )한 꾀로 경쟁자를 함정에 빠트렸다.

13 집 안에 도둑이 든 흔적이 ( )하게 남아 있었다.

14 어린 나이에 성공한 그는 누구 앞에서나 ( )하게 굴었다.

15 밑줄 친 단어의 쓰임이 적절하지 않은 것은?

① 주인은 물건을 훔친 아이를 매섭게 몰아세웠다.
② 앳된 목소리와 달리 그의 얼굴은 나이가 들어 보였다.
③ 아버지는 언제나 집에 찾아온 손님들을 후하게 대접했다.
④ 직원들의 반대에도 사장은 억척스러운 의견을 굽히지 않았다.
⑤ 자신과 언니의 선물을 비교하는 모습이 잔망스러운 데가 있다.

16 〈보기〉의 빈칸에 들어갈 단어가 순서대로 바르게 나열된 것은?

보기
• 나라를 지키기 위해 희생한 조상들의 ( )한 정신을 기리자.
• 점원은 그의 ( )한 차림새를 보고 무시하는 눈빛을 보냈다.

① 고귀, 남루 ② 고귀, 단정 ③ 고루, 남루
④ 고루, 누추 ⑤ 미천, 단정

17 ~ 18 다음 단어가 들어간 예문을 찾거나, 스스로 새로운 문장을 만들어 써 보시오.

17 가련하다 ⇨ ______

18 능동적 ⇨ ______

01~03 다음 글을 읽고 물음에 답하시오.

[A] "소인이 대감의 정기를 받아 당당한 남자로 태어났고, 또 낳아서 길러 주신 어버이의 은혜를 입었는데도 아버지를 아버지라 못하고, 형을 형이라 못하오니 어찌 사람이라 하겠습니까?"

길동은 눈물을 흘리며 적삼을 적셨다. 홍 판서는 불쌍하다는 생각이 들었지만 그 마음을 위로하면 [㉠]해질까 염려되어 크게 꾸짖었다.

"재상 집안에 천한 종의 몸에서 태어난 자식이 너뿐이 아닌데, 너는 어찌 이다지도 [㉡]하단 말이냐? 또 이런 말을 하면 다시는 내 눈앞에 나타나지 못하게 하겠다."

길동은 감히 한마디도 더 하지 못하고 다만 땅에 엎드려 눈물만 흘렸다. 홍 판서가 물러가라고 하자, 길동은 자기 방으로 돌아와 몹시 슬퍼하였다. 길동이 본래 재주가 뛰어나고 그릇이 크고 넓은지라, 그 재주와 뜻을 펼칠 수 없는 처지 때문에 밤이면 잠을 이루지 못하였다.

하루는 길동이 어머니의 방에 가 울면서 말했다.

"전생의 연분으로 소자가 어머님의 자식으로 태어났으니 그 은혜가 지극하옵니다. 그러나 소자의 팔자가 사나워서 천한 몸이 되었으니 한이 깊사옵니다. 남의 천대를 받으며 사는 것이 옳지 않은지라, 소자는 설움을 누르지 못하여 어머님의 품을 떠나려 하오니, 엎드려 바라건대 어머님께서는 소자를 염려하지 마시고 귀한 몸 잘 돌보십시오."

– 허균, 〈홍길동전〉

♥ **작품 감상**

[해제] 서자 출신의 주인공이 사회적 차별에 맞서 소원을 성취하는 과정을 그린 고전 소설이다.

[주제] 적서 차별의 철폐와 인간 평등에 대한 염원

01 이 글을 통해 짐작할 수 있는 당시의 사회상으로 적절하지 <u>않은</u> 것은?

① 재상의 자녀라도 천한 신분이 될 수 있었다.
② 양반과 종 사이에서 자식이 태어나기도 했다.
③ 남자는 일정한 나이가 되면 집을 나가야 했다.
④ 양반 남자는 정식 아내 외에 첩을 둘 수 있었다.
⑤ 신분이 천하면 자신의 능력을 마음껏 펼치지 못했다.

02 ㉠과 ㉡에 공통적으로 들어갈 수 있는 말로 가장 적절한 것은?

① 간악　② 과묵　③ 방자　④ 순박　⑤ 고지식

창의적 적용

03 〈보기〉를 참고하여, [A]에 나타난 호칭의 특징을 한 문장으로 쓰시오.

보기

• **적서 차별**: 조선 시대에 있었던 신분 차별의 일종. 첩의 자식은 정식 자식으로 인정받지 못해, 과거에 응시하거나 재산을 상속받는 데 제약이 있었다. 한집안 내에서도 공식적으로는 아버지를 '아버지'라고 부르지 못하였다.

▶ 정답과 해설 41쪽

04~06 다음 글을 읽고 물음에 답하시오.

㉠반평생을 같이 지내 온 짐승이었다. 같은 주막에서 잠자고, 같은 달빛에 젖으면서 장에서 장으로 걸어다니는 동안에 이십 년의 세월이 사람과 짐승을 함께 늙게 하였다. 까스러진 목 뒤 털은 주인의 머리털과도 같이 바스러지고, 개진개진 젖은 눈은 주인의 눈과 같이 눈곱을 흘렸다. 〈중략〉 냄새만 맡고도 주인을 분간하였다. 호소하는 목소리로 야단스럽게 울며 반겨한다.

어린아이를 달래듯이 목덜미를 어루만져 주니 나귀는 코를 벌름거리고 입을 투르르거렸다. 콧물이 튀었다. 허 생원은 짐승 때문에 속도 무던히도 썩였다. 아이들의 장난이 심한 눈치여서 땀 밴 몸뚱아리가 부들부들 떨리고 좀체 흥분이 식지 않는 모양이었다. 굴레가 벗어지고 안장도 떨어졌다. 요 몹쓸 자식들 하고 허 생원은 호령을 하였으나, 패들은 벌써 줄행랑을 논 뒤요, 몇 남지 않은 아이들이 호령에 놀라 비슬비슬 멀어졌다.

[A]
"우리들 장난이 아니우. 암놈을 보고 저 혼자 발광이지."
코흘리개 한 녀석이 멀리서 소리를 쳤다.
"고 녀석, 말투가……."
"김 첨지 당나귀가 가 버리니까 왼통 흙을 차고 거품을 흘리면서 미친 소같이 날뛰는 걸 꼴이 우스워 우리는 보고만 있었다우."

– 이효석, 〈메밀꽃 필 무렵〉

♥ 작품 감상
[해제] 메밀꽃이 흐드러지게 피어 있는 달밤을 배경으로, 장돌뱅이들의 삶의 애환과 혈육에 대한 본연의 애정을 그려 낸 단편 소설이다.
[주제] 떠돌이 삶의 애환 속에 펼쳐지는 인간 본연의 애정

04 이 글의 '나귀'에 대한 설명으로 적절하지 않은 것은?

① '허 생원'처럼 볼품없는 겉모습을 지녔다.
② 과거에 '허 생원'의 속을 썩이기도 하였다.
③ '허 생원'과 '아이들' 간의 갈등을 해소한다.
④ '허 생원'과 함께 오랫동안 장을 돌아다녔다.
⑤ '아이들'의 장난 때문에 흥분해 있는 상태이다.

05 [A]에 나타난 '코흘리개'의 태도를 나타내는 말로 가장 적절한 것은?

① 보채다 ② 가련하다 ③ 대견하다 ④ 순박하다 ⑤ 잔망스럽다

창의적 적용

06 ㉠에 나타난, '나귀'를 대하는 '허 생원'의 태도를 〈조건〉에 맞게 서술하시오.

조건
1) '동고동락(괴로움도 즐거움도 함께함.)'이라는 한자 성어와 '동일시하다'라는 단어를 사용할 것.
2) '허 생원은'으로 시작하는 한 문장으로 쓸 것.

11회 사람의 행동

공부한 날 ( )월 ( )일

어휘 체크 ※ 잘 아는 어휘 ○표! 헷갈리거나 모르는 어휘 ×표! 학습 후 확실하게 이해했으면 ☆표!

갈무리 □□	견제 □□	경외하다 □□	골똘하다 □□	누설 □□
도모하다 □□	만회 □□	보채다 □□	빙자 □□	상기하다 □□
숙고 □□	탄식 □□	토로하다 □□		

갈무리

1) 내일 학교에 가져갈 준비물들을 잘 ______해 두어라.

뜻 알기 물건 따위를 잘 정리하거나 간수함.

뜻 써 보기 ______

2) 그 사건은 매끄럽게 ______ 되었다.

뜻 알기 일을 처리하여 마무리함.

뜻 써 보기 ______

견제

牽 끌 견 | 制 억제할 제

그는 마라톤 경기 내내 다른 선수들을 ______하며 달렸다.

뜻 알기 일정한 작용을 가함으로써 상대편이 지나치게 세력을 펴거나 자유롭게 행동하지 못하게 억누름.

뜻 써 보기 ______

경외하다

敬 공경할 경 | 畏 두려워할 외

거대한 폭포를 바라보며 자연의 위대함을 ______하게 되었다.

뜻 알기 공경하면서 두려워하다.

뜻 써 보기 ______

골똘하다

선생님께서는 왔다 갔다 하시며 무엇인가 ______하게 생각하셨다.

뜻 알기 한 가지 일에 온 정신을 쏟아 딴생각이 없다.

뜻 써 보기 ______

누설

漏 샐 누 | 泄 샐 설

1) 방사능의 ______로 일대가 크게 오염되었다.

뜻 알기 기체나 액체 따위가 밖으로 새어 나감.

뜻 써 보기 ______

2) 그는 자기 회사의 기밀을 경쟁사에 ______했다.

뜻 알기 비밀이 새어 나감.

뜻 써 보기 ______

유의어 누출(漏出) ① 액체나 기체 따위가 밖으로 새어 나옴. ② 비밀이나 정보 따위가 밖으로 새어 나감.

도모하다
圖 그림 도 | 謀 꾀할 모

그들은 비밀리에 모여 위기를 피할 길을 ______ 했다.

뜻 알기 어떤 일을 이루기 위하여 대책과 방법을 세우다.

뜻 써 보기

만회
挽 당길 만 | 回 돌아올 회

우리 팀은 실점을 ______ 하여 역전승을 거두었다.

뜻 알기 바로잡아 원래의 상태로 돌이키거나 원래의 상태를 되찾음.

뜻 써 보기

보채다

우진이가 산에 가자고 자꾸 ______ 는 바람에, 나는 하는 수 없이 그와 함께 집을 나섰다.

뜻 알기 어떠한 것을 요구하며 성가시게* 조르다.

뜻 써 보기

어휘 쏙 성가시다 자꾸 들볶거나 번거롭게 굴어 괴롭고 귀찮다.

빙자
憑 기댈 빙 | 藉 깔 자

민서는 가족 행사를 ______ 하여 독서 모임에 참석하지 않았다.

뜻 알기 말막음을 위하여 핑계로 내세움.

뜻 써 보기

상기하다
想 생각 상 | 起 일어날 기

선우는 불우했던* 어린 시절을 ______ 하며 열심히 일하겠다고 다짐했다.

뜻 알기 지난 일을 돌이켜 생각하여 내다.

뜻 써 보기

어휘 쏙 불우(不遇)하다 살림이나 처지가 딱하고 어렵다.

숙고
熟 익을 숙 | 考 생각할 고

나는 진로 문제에 대해 오랫동안 ______ 했다.

뜻 알기 곰곰 잘 생각함. 또는 그런 생각.

뜻 써 보기

탄식
歎 탄식할 탄 | 息 숨 쉴 식

서준이는 헛되이 보낸 여름 방학을 후회하며 ______ 하였다.

뜻 알기 한탄하여 한숨을 쉼. 또는 그 한숨.

뜻 써 보기

토로하다
吐 토할 토 | 露 드러낼 로

연경이는 선생님께 학교생활의 불만을 ______ 하였다.

뜻 알기 마음에 있는 것을 죄다 드러내어서 말하다.

뜻 써 보기

문해력 기초 다지기

사전적 의미

01 ~ 04 다음 단어와 그 뜻풀이를 바르게 연결하시오.

01 골똘하다 •	• ㉠ 지난 일을 돌이켜 생각하여 내다.
02 도모하다 •	• ㉡ 마음에 있는 것을 죄다 드러내어서 말하다.
03 상기하다 •	• ㉢ 한 가지 일에 온 정신을 쏟아 딴생각이 없다.
04 토로하다 •	• ㉣ 어떤 일을 이루기 위하여 대책과 방법을 세우다.

05 ~ 07 다음 단어의 뜻풀이에 알맞은 단어를 고르시오.

05 누설 : (비밀 | 자금)이 새어 나감.

06 빙자 : 말막음을 위하여 (근거 | 핑계)로 내세움.

07 경외하다 : 공경하면서 (두려워하다 | 부러워하다).

08 ~ 11 〈보기〉의 글자들을 조합하여 다음 뜻풀이에 알맞은 단어를 쓰시오.

보기

갈 견 리 만 무 식 제 탄 회

08 한탄하여 한숨을 쉼. 또는 그 한숨. (　　　　)

09 물건 따위를 잘 정리하거나 간수함. (　　　　)

10 바로잡아 원래의 상태로 돌이키거나 원래의 상태를 되찾음. (　　　　)

11 일정한 작용을 가함으로써 상대편이 지나치게 세력을 펴거나 자유롭게 행동하지 못하게 억누름. (　　　　)

12 ~ 15 빈칸에 들어갈 알맞은 단어를 〈보기〉에서 찾아 쓰시오.

보기

경외 누설 불우 빙자 상기 탄식

12 선수들은 엄격한 감독님을 ( )하는 태도로 대했다.

13 지난 학기보다 떨어진 성적을 보니 ( )이/가 절로 나왔다.

14 형사의 질문에 사건이 있었던 날의 일을 ( )하려고 애썼다.

15 형은 시험공부를 ( )해 집안일에는 전혀 신경 쓰지 않았다.

16 밑줄 친 단어의 쓰임이 적절하지 않은 것은?

① 갈무리하게 운동을 하여 몸살이 나고 말았다.
② 입법, 사법, 행정 기관은 서로 견제하는 기능을 한다.
③ 어머니는 물건을 고르실 때 하나하나 골똘하게 살펴보신다.
④ 지난주에 과소비한 것을 만회하기 위해 이번 주에는 돈을 쓰지 않았다.
⑤ 시간을 두고 숙고했지만 그 문제를 해결할 수 있는 방법을 찾지 못했다.

17 문맥상 〈보기〉의 밑줄 친 단어와 유의 관계인 것은?

보기

아이는 하루 종일 엄마에게 안아 달라고 보챘다.

① 성냈다 ② 졸랐다 ③ 화냈다 ④ 소리쳤다 ⑤ 타일렀다

18 ~ 19 다음 단어가 들어간 예문을 찾거나, 스스로 새로운 문장을 만들어 써 보시오.

18 도모하다 ⇨ ____________________

19 토로하다 ⇨ ____________________

문해력 완성 하기

01~03 다음 글을 읽고 물음에 답하시오.

영신과 주재소* 주임 사이에 주고받은 대화나 그 밖의 이야기는 기록하지 않는다. 그러나 호출한 요령만 따서 말하면, '첫째는 Ⓐ 예배당이 좁고 후락해서 위험하니 아동을 팔십 명 이외에는 한 사람도 더 받지 말라는 것과, 둘째는 기부금을 내라고 돌아다니며 너무 강제 비슷이 청하면 법률에 저촉이 된다.'는 것을 단단히 주의시키는 것이었다. 영신은 여러 가지로 변명도 하고 오는 아이들을 안 받을 수가 없다고 사정사정하였으나,

"상부의 명령이니까 말을 듣지 않으면 강습소를 폐쇄시키겠다."

라고 을러메어서 영신은 하는 수 없이 입술을 깨물고 주재소 문밖을 나왔다. 〈중략〉

아무튼, 어길 수 없는 명령이매, 내일부터 일백사십여 명 중에서 팔십 명만 남기고 오십여 명을 쫓아내야 한다. 저의 손으로 쫓아내야만 한다.

"난 못 하겠다! 차라리 예배당 문에 못질을 하는 한이 있더래도 내 손으로 차마 그 노릇은 못 하겠다!"

하고 영신은 부르짖으며 방바닥에 가 쓰러져 버렸다. 한참 동안이나 엎치락뒤치락하며 홀로 ㉠ 고민을 하였다.

– 심훈, 〈상록수〉

♥ 작품 감상

[해제] 일제 강점기에 헌신적으로 농촌 계몽 운동을 펼쳤던 젊은이들의 모습을 그려 낸 장편 소설이다.

[주제] 농촌 계몽을 위한 헌신적 의지

* 주재소(駐在所): 일제 강점기에, 순사가 머무르면서 사무를 맡아보던 경찰의 말단 기관.

01 이 글의 시점에 대한 설명으로 가장 적절한 것은?

① 작품 안에 등장하는 서술자가 다른 인물을 관찰하고 있다.
② 작품 안에 등장하는 서술자가 자신의 일을 서술하고 있다.
③ 작품 밖에 있는 서술자가 객관적으로 인물을 관찰하고 있다.
④ 작품 밖에 있는 서술자가 인물의 속마음까지 서술하고 있다.
⑤ 여러 서술자가 장면에 따라 교체되며 사건을 전달하고 있다.

02 ㉠과 바꿔 쓸 수 있는 말로 가장 적절한 것은?

① 상기하였다 ② 숙고하였다 ③ 역력하였다 ④ 절박하였다 ⑤ 토로하였다

창의적 적용

03 다음을 참고하여 Ⓐ에 담긴 진짜 목적을 〈조건〉에 맞게 한 문장으로 서술하시오.

〈상록수〉가 발표되었을 당시 일본은 조선 사람의 성을 일본식으로 바꾸게 하고, 조선인에 대한 교육을 차별하는 등 여러 가지 방법으로 조선의 민족정신을 말살하려는 정책을 시행하고 있었다.

조건

1) '빙자', '안전'이라는 두 단어를 활용할 것.

▶ 정답과 해설 42쪽

04~06 다음 시를 읽고 물음에 답하시오.

임은 갔습니다. ㉠아아, 사랑하는 나의 임은 갔습니다.
푸른 산빛을 깨치고 단풍나무 숲을 향하여 난 작은 길을 걸어서 차마 떨치고 갔습니다.
황금의 꽃같이 굳고 빛나던 옛 맹세는 차디찬 티끌이 되어서 한숨의 미풍*에 날아갔습니다.
날카로운 첫 키스의 추억은 나의 운명의 지침을 돌려놓고 뒷걸음쳐서 사라졌습니다.
나는 향기로운 임의 말소리에 귀먹고, 꽃다운 임의 얼굴에 눈멀었습니다.
사랑도 사람의 일이라 만날 때에 미리 떠날 것을 염려하고 경계하지 아니한 것은 아니지만, 이별은 뜻밖의 일이 되고 놀란 가슴은 새로운 슬픔에 터집니다.
그러나 이별을 쓸데없는 눈물의 원천을 만들고 마는 것은 스스로 사랑을 깨치는 것인 줄 아는 까닭에, 걷잡을 수 없는 슬픔의 힘을 옮겨서 새 희망의 정수박이*에 들어부었습니다.
우리는 만날 때에 떠날 것을 염려하는 것과 같이 떠날 때에 다시 만날 것을 믿습니다.
아아, 임은 갔지마는 나는 임을 보내지 아니하였습니다.
제 곡조*를 못 이기는 사랑의 노래는 임의 침묵을 휩싸고 돕니다.

– 한용운, 〈임의 침묵〉

♥ 작품 감상
[해제] 임과의 이별로 인한 슬픔을 불교적 진리를 통해 극복하고자 하는 화자의 소망을 노래한 현대시이다.
[주제] 임에 대한 영원한 사랑

* 미풍(微風): 약하게 부는 바람.
* 정수박이: '정수리(머리 위의 숫구멍이 있는 자리.)'의 비표준어.
* 곡조(曲調): 음악의 가락.

04 〈보기〉의 설명과 관련지을 수 있는 '임'의 상징적 의미로 가장 적절한 것은?

보기

이 시를 지은 한용운은 1919년 3·1 운동 때 민족 대표 33인의 한 사람으로, 독립 선언서를 작성하는 데 큰 역할을 했다. 이 때문에 일본 경찰에 체포되어 3년간 감옥 생활을 하였다.

① 연인 ② 조국 ③ 권력자 ④ 절대자 ⑤ 종교적 진리

05 ㉠에 담긴 화자의 심리로 가장 적절한 것은?

① 견제(牽制) ② 경외(敬畏) ③ 분노(忿怒) ④ 탄식(歎息) ⑤ 환희(歡喜)

창의적 적용

06 이 시에 나타난 화자의 정서와 태도를 다음과 같이 정리할 때, ⓐ와 ⓑ에 들어갈 내용을 정리하여 쓰시오.(단, ⓐ는 화자의 정서 변화, ⓑ는 시의 주제와 관련지어 쓸 것.)

이 시에서 화자는 (ⓐ)하면서 (ⓑ)의 마음을 토로하고 있다.

12회 인간관계

공부한 날 ( )월 ( )일

어휘 체크 ※ 잘 아는 어휘 ○표! 헷갈리거나 모르는 어휘 ×표! 학습 후 확실하게 이해했으면 ☆표!

각박하다	갈등	돈독하다	동반자	불화
수작	앙갚음	유대	으름장	일가
장인	종적			

각박하다

刻 새길 각 | 薄 엷을 박

사회가 ______ 해지면서 범죄가 날로 늘어나고 있다.

뜻 알기 인정이 없고 삭막하다.

뜻 써 보기 ______

갈등

葛 칡 갈 | 藤 등나무 등

1) 계층 간의 ______ 이 심해지면 사회의 혼란이 야기될 수 있다.

뜻 알기 칡과 등나무가 서로 얽히는 것과 같이, 개인이나 집단 사이에 목표나 이해관계가 달라 서로 적대시하거나 충돌함. 또는 그런 상태.

뜻 써 보기 ______

2) 이 작품은 부부 사이의 ______ 을 그린 소설이다.

뜻 알기 소설이나 희곡에서, 등장인물 사이에 일어나는 대립과 충돌 또는 등장인물과 환경 사이의 모순과 대립을 이르는 말.

뜻 써 보기 ______

돈독하다

敦 도타울 돈 | 篤 도타울 독

그 집 아이들은 유난히 우애가 ______ 했다.

뜻 알기 서로의 관계에 사랑이나 인정이 많고 깊으며 성실하다.

뜻 써 보기 ______

동반자

同 한가지 동 | 伴 짝 반 | 者 사람 자

그와 나는 평생을 함께할 인생의 ______ 이다.

뜻 알기 어떤 행동을 할 때 짝이 되어 함께하는 사람.

뜻 써 보기 ______

불화

不 아닐 불 | 和 화목할 화

가정 내의 ______ 는 청소년들에게 정서적으로 좋지 않은 영향을 끼친다.

뜻 알기 서로 화합하지 못함. 또는 서로 사이좋게 지내지 못함.

뜻 써 보기 ______

유의어 반목(反目) 서로서로 시기하고 미워함.

반의어 친화(親和) 사이좋게 잘 어울림.

수작
酬 술 권할 수 | 酌 따를 작

1) 그는 길에서 만난 사람에게 ______ 을 건넸다.

뜻 알기 서로 말을 주고받음. 또는 그 말.

뜻 써 보기 ______

2) 네가 나를 속이려고 ______ 을 부리는구나.

뜻 알기 남의 말이나 행동, 계획을 낮잡아 이르는 말.

뜻 써 보기 ______

앙갚음

나는 그에게 내가 당한 수모를 반드시 ______ 할 것이다.

뜻 알기 남이 저에게 해를 준 대로 저도 그에게 해를 줌.

뜻 써 보기 ______

유의어 보복(報復) 남이 저에게 해를 준 대로 저도 그에게 해를 줌.

유대
紐 맺을 유 | 帶 띠 대

그 두 사람은 친형제 이상으로 ______ 가 깊다.

뜻 알기 끈과 띠라는 뜻으로, 둘 이상을 서로 연결하거나 결합하게 하는 것. 또는 그런 관계.

뜻 써 보기 ______

으름장

우리는 그의 ______ 에 잔뜩 겁을 먹었다.

뜻 알기 말과 행동으로 위협하는 짓.

뜻 써 보기 ______

일가
一 하나 일 | 家 집 가

1) 명절을 맞아 뿔뿔이 흩어져 살던 ______ 가 한자리에 모였다.

뜻 알기 한집에서 사는 가족.

뜻 써 보기 ______

2) 그는 동양화 분야에서 ______ 를 이룬 미술가이다.

뜻 알기 학문, 기술, 예술 등의 분야에서 독자적인 경지나 체계를 이룬 상태.

뜻 써 보기 ______

장인
丈 어른 장 | 人 사람 인

그는 ______ 이 되실 분을 뵙고 결혼 승낙을 받았다.

뜻 알기 아내의 아버지를 이르는 말.

뜻 써 보기 ______

종적
蹤 발자취 종 | 跡 자취 적

옆집 아저씨는 사업에 실패한 후 ______ 을 감추었다.

뜻 알기 없어지거나 떠난 뒤에 남는 자취나 형상.

뜻 써 보기 ______

문해력 기초 다지기

사전적 의미

01 ~ 05 다음 뜻풀이에 해당하는 단어를 말상자에서 찾아 표시하시오.

일	가	모	상	고	종
외	경	회	토	능	적
유	제	보	앙	귀	숙
대	골	기	자	갚	박
도	설	불	화	역	음

01 없어지거나 떠난 뒤에 남는 자취나 형상.

02 남이 저에게 해를 준 대로 저도 그에게 해를 줌.

03 서로 화합하지 못함. 또는 서로 사이좋게 지내지 못함.

04 학문, 기술, 예술 등의 분야에서 독자적인 경지나 체계를 이룬 상태.

05 끈과 띠라는 뜻으로, 둘 이상을 서로 연결하거나 결합하게 하는 것. 또는 그런 관계.

06 ~ 08 다음 단어의 뜻풀이에 알맞은 단어를 고르시오.

06 장인 : (남편 | 아내)의 아버지를 이르는 말.

07 으름장 : 말과 행동으로 (위로 | 위협)하는 짓.

08 수작 : 남의 말이나 행동, 계획을 (낮잡아 | 높여) 이르는 말.

09 ~ 11 제시된 초성을 참고하여 다음 뜻풀이에 알맞은 단어를 쓰시오.

09 인정이 없고 삭막하다. ㄱ ㅂ ㅎ ㄷ

10 어떤 행동을 할 때 짝이 되어 함께하는 사람. ㄷ ㅂ ㅈ

11 칡과 등나무가 서로 얽히는 것과 같이, 개인이나 집단 사이에 목표나 이해관계가 달라 서로 적대시하거나 충돌함. 또는 그런 상태. ㄱ ㄷ

▶ 정답과 해설 43쪽

12 ~ 14 빈칸에 들어갈 알맞은 단어를 <보기>에서 찾아 쓰시오.

보기

갈등 보복 수작 종적 친화

12 사기꾼들이 꾸민 뻔한 (   )에 말려들고 말았다.

13 가족들은 집을 나간 형의 (   )을/를 찾아 헤맸다.

14 게임 문제로 부모님과 (   )을/를 겪는 학생들이 많다.

15 밑줄 친 단어의 쓰임이 적절하지 않은 것은?

① 그는 꾸준히 노력한 끝에 제빵사로서 일가를 이루었다.
② 아이는 친구가 자신을 때리자 앙갚음으로 그를 밀쳤다.
③ 우연히 만난 사람과 동반자가 되어 함께 여행을 다녔다.
④ 정부는 노조의 파업을 엄격하게 처벌하겠다며 으름장을 놓았다.
⑤ 언니는 선생님의 아들과 결혼하여 선생님을 장인이라고 부르게 되었다.

16 <보기>의 빈칸에 들어갈 단어가 순서대로 바르게 나열된 것은?

보기

• 회원들 간의 다툼과 (   )로 모임이 깨지고 말았다.
• 두 나라는 앞으로도 긴밀한 (   ) 관계를 유지하기로 했다.

① 불화, 반목 ② 불화, 유대 ③ 조화, 반목
④ 조화, 보복 ⑤ 친화, 유대

17 ~ 18 다음 단어가 들어간 예문을 찾거나, 스스로 새로운 문장을 만들어 써 보시오.

17 각박하다 ⇨ ____________________

18 돈독하다 ⇨ ____________________

문해력 완성 하기

01~03 다음 글을 읽고 물음에 답하시오.

"구장님한테 갔다 그냥 온담 그래!"
하고 엊그제 산에서와 같이 되우 쫑알거린다. 딴은 내가 더 단단히 덤비지 않고 만 것이 좀 어리석었다, 속으로 그랬다. 나도 저쪽 벽을 향하여 외면하면서 내 말로 / "안 된다는 걸 그럼 어떡한담!"
하니까, / "수염을 잡아채지 그냥 둬, 이 바보야!" / 하고 또 얼굴이 빨개지면서 성을 내며 안으로 샐죽하니 튀들어가지 않느냐.

사실, 이때만큼 슬펐던 일이 또 있었는지 모른다. 다른 사람은 암만 못생겼다 해도 괜찮지만 내 아내 될 점순이가 병신으로 본다면 참 신세는 따분하다. 밥을 먹은 뒤 지게를 지고 일터로 가려 하다 도로 벗어 던지고 바깥마당 공석 위에 드러누워서, 나는 차라리 죽느니만 같지 못하다 생각했다.

내가 일 안 하면 장인님 저는 나이가 먹어 못 하고 결국 농사 못 짓고 만다. 뒷짐으로 트림을 꿀꺽 하고 대문 밖으로 나오다 날 보고서,
"이 자식아, 너 왜 또 이러니?" / "관격(배탈)이 났어유, 아이구 배야!"
"기껀 밥 처먹고 나서 무슨 관격이야? ㉠남의 농사 버려 주면 이 자식아, 징역 간다, 봐라!"
"가두 좋아유, 아이구 배야!"

– 김유정, 〈봄·봄〉

♥ 작품 감상
[해제] 결혼 문제를 두고 장인과 데릴사위 사이에서 벌어지는 싸움을 해학적으로 그린 단편 소설이다.
[주제] 순박한 데릴사위와 교활한 장인 간의 갈등

01 이 글을 읽으면서 떠올릴 수 있는 장면으로 적절하지 않은 것은?

① 점순이가 짜증을 내면서 '나'에게 따지는 장면
② '나'와 점순이가 서로 외면한 채 대화하는 장면
③ '나'가 마당에 드러누워서 신세를 한탄하는 장면
④ 장인이 혼자 호미를 들고 콩밭의 김을 매는 장면
⑤ 점순이가 얼굴이 빨개진 채 안으로 뛰어드는 장면

02 ㉠을 표현하기에 가장 적절한 말은?

① 누설 ② 빙자 ③ 앙갚음 ④ 오지랖 ⑤ 으름장

창의적 적용

03 〈보기〉의 설명을 참고하여, 이 글의 갈등 양상을 〈조건〉에 맞게 한 문장으로 서술하시오.

보기
소설의 갈등은 한 인물의 내면에서 일어나는 내적 갈등과 인물과 외부 요소 간에 일어나는 외적 갈등으로 구분할 수 있다.

조건
1) '충동질'이라는 단어를 사용하고, '나', '점순이', '장인'을 모두 언급할 것.

▶ 정답과 해설 43쪽

04~06 다음 글을 읽고 물음에 답하시오.

비장*은 누더기를 입고 앉은 것이 제 서방인 줄 알았으되, 춘풍이야 비장이 제 아내인 줄 어찌 알랴. 비장이 분한 마음을 가슴에 담고 추월의 방에 들어가니, 간사한 추월이 비장을 홀릴 [㉠]으로 진수성찬을 차려 들이거늘, 비장이 조금 먹는 체하다가 심부름하는 춘풍에게 내어 주며,

"너는 본디 걸인이냐? 어찌 이 지경이 되었느냐?"

춘풍이 엎드려 말하기를,

"소인도 경성 사람인데, 사정이야 어찌 다 여쭈오리까? 귀한 음식을 주시니 감사하옵나이다."

비장은 수일 후에 춘풍을 잡아들여 형틀에 올려 매고 명령했다.

"네 이놈 들어라. 나랏돈 수천 냥을 빌려 가 한 푼도 갚지 않으니 죄가 크다. 매우 쳐라."

십여 대를 치니 춘풍의 다리에 피가 흥건하거늘 차마 더 치지 못하고,

"춘풍아, 네 그 돈을 다 어찌하였느냐?" / 춘풍이 대답하되,

"평양에 장사 와서 일 년을 추월과 놀고 나니 한 푼도 남지 않았나이다."

비장이 이를 갈며 추월을 잡아들여 형틀에 올려 맨 뒤 곤장 십여 대를 호되게 치고 물었다.

"이 년, 네 죄를 모르느냐?"

– 작자 미상, 〈이춘풍전〉

♥ 작품 감상

[해제] 아내가 방탕한 남편을 혼내 주고 회개시키는 이야기를 통해 남성 중심 사회를 비판하는 고전 소설이다.

[주제] 남성 중심 사회의 비판과 진취적 여성상의 제시

* 비장(裨將): 조선 시대에, 감사와 사신 등 높은 벼슬아치를 따라다니며 일을 돕던 무관 벼슬.

04 이 글의 내용과 일치하지 <u>않는</u> 것은?

① 춘풍은 나랏돈을 빌려서 평양에 장사를 하러 왔다.

② 춘풍은 추월이에게 빠져 장사 밑천을 모두 날렸다.

③ 춘풍은 비장에게 모든 사정을 말하고 도움을 구했다.

④ 춘풍은 비장에게 잡혀가서 피가 나도록 매를 맞았다.

⑤ 춘풍은 비장이 자신의 아내라는 것을 눈치채지 못했다.

05 다음의 뜻풀이를 참고하여 ㉠에 들어갈 알맞은 단어를 쓰시오.

㉠ : (　　　　) ⇒ 남의 말이나 행동, 계획을 낮잡아 이르는 말.

창의적 적용

06 '비장'의 행위에 담긴 의도를 다음과 같이 정리할 때, 빈칸에 들어갈 내용을 한 문장으로 쓰시오. (단, '앙갚음'과 '남편'이라는 단어를 사용할 것.)

비장은 춘풍의 돈을 되찾으려는 목적에서 추월에게 모진 매질을 한다. 하지만 비장의 이런 행위에는 (　　　　　　　　　　　　　　　　　　　　　　　　　　　　)

13회 시·공간적 배경

공부한 날 ( )월 ( )일

어휘 체크

※ 잘 아는 어휘 ○표! 헷갈리거나 모르는 어휘 ×표! 학습 후 확실하게 이해했으면 ☆표!

거처	그믐	까마득하다	낙화	내
망망대해	냉전	순사	어스름	여울
윗목	진눈깨비	첩첩산중		

거처
居 살 거 | 處 곳 처

도시 생활에 지친 삼촌은 시골로 ______를 옮겼다.

뜻 알기 일정하게 자리를 잡고 사는 일. 또는 그 장소.

뜻 써 보기 ______

그믐

그 사건이 일어난 것은 유월 ______ 무렵이었다.

뜻 알기 음력으로 그달의 마지막 날. = 그믐날

뜻 써 보기 ______

까마득하다

1) 절벽 끝에서 아래를 내려다보니 ______했다.

뜻 알기 거리가 매우 멀어 보이는 것이나 들리는 것이 희미하다.

뜻 써 보기 ______

2) 그는 회사에서 해고되자 당장 먹고살 일이 ______했다.

뜻 알기 앞으로 어떻게 해야 할지 막막하다.

뜻 써 보기 ______

낙화
落 떨어질 낙 | 花 꽃 화

나는 바람에 흩날리는 ______의 모습을 넋을 잃고 바라보았다.

뜻 알기 떨어진 꽃. 또는 꽃이 떨어짐.

뜻 써 보기 ______

반의어 개화(開花) 풀이나 나무의 꽃이 핌.

내

우리 고향집은 고개를 넘고 ______를 두 개나 건너야 나온다.

뜻 알기 시내보다는 크지만 강보다는 작은 물줄기.

뜻 써 보기 ______

유의어 개천(開川) 시내보다는 크지만 강보다는 작은 물줄기.

망망대해
茫 아득할 망 | 茫 아득할 망 | 大 큰 대 | 海 바다 해

______가 끝없이 펼쳐져 있다.

뜻 알기 한없이 크고 넓은 바다.

뜻 써 보기 ______

냉전

冷 찰 냉 | 戰 싸울 전

1) 대결과 전쟁을 불러왔던 ______ 체제가 무너졌다.

뜻 알기 직접적으로 무력을 사용하지 않고, 경제 · 외교 · 정보 따위를 수단으로 하는 국제적 대립. 특히 제2차 세계 대전 이후 미국과 소련을 중심으로 한 자본주의와 공산주의의 대립을 뜻함.

뜻 써 보기 ______

2) 요즘 소희와 다인이는 ______ 상태에 있다.

뜻 알기 두 대상의 대립이나 갈등 구조를 비유적으로 이르는 말.

뜻 써 보기 ______

순사

巡 돌 순 | 査 조사할 사

외할아버지는 해방 전에 ______ 에게 잡혀 고초*를 겪은 적이 있으시다.

뜻 알기 일제 강점기에 둔, 경찰관의 가장 낮은 계급.

뜻 써 보기 ______

어휘 쏙 고초(苦楚) 괴로움과 어려움을 아울러 이르는 말.

어스름

창밖에는 어느새 저녁 ______ 이 깔리고 있었다.

뜻 알기 조금 어둑한 상태. 또는 그런 때.

뜻 써 보기 ______

여울

______ 의 얕은 곳을 따라 디딤돌이 띄엄띄엄 놓여 있었다.

뜻 알기 강이나 바다 따위의 바닥이 얕거나 폭이 좁아 물살이 세게 흐르는 곳.

뜻 써 보기 ______

윗목

어머니는 손님에게 ______ 은 차가우니 아랫목으로 앉으라고 권하셨다.

뜻 알기 온돌방에서 아궁이로부터 먼 쪽의 방바닥. 불길이 잘 닿지 않아 아랫목보다 상대적으로 차가운 쪽임.

뜻 써 보기 ______

진눈깨비

여행을 떠나기로 한 날에 하필 ______ 가 내리기 시작했다.

뜻 알기 비가 섞여 내리는 눈.

뜻 써 보기 ______

첩첩산중

疊 겹쳐질 첩 | 疊 겹쳐질 첩 | 山 뫼 산 | 中 가운데 중

우리는 ______ 에서 길을 잃고 헤맸다.

뜻 알기 여러 산이 겹치고 겹친 산속.

뜻 써 보기 ______

사전적 의미

01 ~ 04 다음 단어와 그 뜻풀이를 바르게 연결하시오.

01 여울 • • ㉠ 비가 섞여 내리는 눈.

02 망망대해 • • ㉡ 한없이 크고 넓은 바다.

03 진눈깨비 • • ㉢ 여러 산이 겹치고 겹친 산속.

04 첩첩산중 • • ㉣ 강이나 바다 따위의 바닥이 얕거나 폭이 좁아 물살이 세게 흐르는 곳.

05 ~ 07 다음 단어의 뜻풀이에 알맞은 단어를 고르시오.

05 윗목 : 온돌방에서 아궁이로부터 (가까운 | 먼) 쪽의 방바닥.

06 순사 : 일제 강점기에 둔, 경찰관의 가장 (낮은 | 높은) 계급.

07 냉전 : 직접적으로 무력을 사용하지 않고, 경제·외교·정보 따위를 수단으로 하는 국제적 (대립 | 협력).

08 ~ 11 〈보기〉의 글자들을 조합하여 다음 뜻풀이에 알맞은 단어를 쓰시오.

보기

거 그 낙 름 믐 스 어 처 화

08 음력으로 그달의 마지막 날. (   )

09 떨어진 꽃. 또는 꽃이 떨어짐. (   )

10 조금 어둑한 상태. 또는 그런 때. (   )

11 일정하게 자리를 잡고 사는 일. 또는 그 장소. (   )

12 ~ 15 빈칸에 들어갈 알맞은 단어를 〈보기〉에서 찾아 쓰시오.

보기

고초 거처 그믐 냉전 까마득 어스름

12 밀려 있는 학원 숙제를 보니 ( )하게 느껴졌다.

13 여당과 야당이 심하게 대립하면서 ( ) 상태가 되었다.

14 피란민들은 쉽게 ( )을/를 구하지 못하고 이리저리 떠돌았다.

15 아침 일찍 학교에 간 누나는 학원을 마치고 ( ) 무렵에 돌아왔다.

16 밑줄 친 단어의 쓰임이 적절하지 않은 것은?

① 바닷물이 빠져나간 망망대해를 거닐었다.
② 어지러운 낙화가 봄의 끝을 알리는 듯했다.
③ 일본인 순사들이 만세를 부르는 조선인들을 마구 후려쳤다.
④ 여울에 놓인 다리를 건너다 발을 헛디뎌 신발이 젖고 말았다.
⑤ 아랫목은 발이 뜨거울 만큼 뜨끈해졌지만 윗목은 여전히 찼다.

17 〈보기〉의 밑줄 친 단어와 바꿔 쓰기에 가장 적절한 것은?

보기

며칠 동안 쏟아진 비로 내의 물이 불어 있었다.

① 강 ② 개천 ③ 바다 ④ 여울 ⑤ 호수

18 ~ 19 다음 단어가 들어간 예문을 찾거나, 스스로 새로운 문장을 만들어 써 보시오.

18 진눈깨비 ⇨ ____________________

19 첩첩산중 ⇨ ____________________

01~03 다음 글을 읽고 물음에 답하시오.

다른 학교에서도 다 그랬을 테지만, 우리 학교에서도 그때 말로 '국어'라던 일본 말, 그 일본 말로만 말을 하게 하고, 엄마 아빠 할 적부터 배운 조선말은 아주 한마디도 쓰지 못하게 했다.

주재소의 순사, 면의 면 서기, 도 평의원을 한 송 주사, 또 군이나 도에서 연설하러 온 사람, 이런 사람들이나 조선 사람끼리 만나도 척척 일본 말로 인사를 하고 이야기를 했지, 다른 사람들이야 일본 사람과 만났을 때 말고는 다들 조선말로 말을 하고, 그래서 학교 문밖에만 나가면 만판 조선말로 말을 하는 사람들이요, 더구나 집에 돌아가면 어머니, 아버지, 언니, 누나, 아기 모두들 조선말로 말을 했다. 〈중략〉

학교에서고, 학교 밖에서고 조선말로 말을 하다 선생님한테 들키는 날이면 경치는 판이었다. 선생님들 중에서도 제일 심하게 밝히는 선생님이 뼘박 박 선생님이었다. 교장 선생님이나 다른 일본 선생님은 나무라기만 하고 마는 수가 있어도, 뼘박 박 선생님만은 절대로 용서가 없었다.

나도 여러 번 혼이 나 보았다. 한번은 상준이 녀석과 어떡하다 쌈이 붙었는데 둘이 서로 부둥켜안고 구르면서 이 자식아, 저 자식아, 죽어 봐, 때려 봐 하면서 한참 때리고 제기고 하는 참이었다.

그런데 느닷없이 / "고랏! 조생고데 겡까 스루야쓰가 이루까."(이놈아! 조선말로 쌈하는 녀석이 어딨어.) / 하면서 구둣발길로 넓적다리를 걷어차는 건, 정신없는 중에도 뼘박 박 선생님이었다.

– 채만식, 〈이상한 선생님〉

♥ 작품 감상

[해제] 기회주의적으로 행동하는 '박 선생님'이라는 인물을 어린아이의 시각에서 제시하고 있는 단편 소설이다.

[주제] 기회주의적 인물에 대한 비판

01 이 글에서 알 수 있는 당시 사회의 모습으로 알맞지 <u>않은</u> 것은?

① 조선 사람들이 조선말을 자유롭게 사용하지 못했다.
② 조선 사람들이 조선에서 일본 말을 '국어'로 사용했다.
③ 공무원 직업을 지닌 조선인들은 일본 말을 주로 사용했다.
④ 조선인 어른들은 일상생활에서 대부분 일본 말을 사용했다.
⑤ 선생님들은 학교 안팎에서 조선말을 사용하는 아이들을 혼냈다.

02 이 글의 시대적 배경을 알 수 있는 말로, 요즘의 '경찰'을 뜻하는 단어를 찾아 쓰시오.

창의적 적용

03 결말 부분인 〈보기〉의 내용을 참고하여, '박 선생님'의 인물됨을 그 근거와 함께 서술하시오.

보기

뼘박 박 선생님은 미국을 침이 마르도록 칭찬했다. 이 세상에 미국같이 훌륭한 나라가 없고, 미국 사람같이 훌륭한 백성이 없다고 했다. 우리 조선은 미국 덕분에 해방이 되었으니까 미국을 누구보다도 고맙게 여기고, 미국이 시키는 대로 순종해야 하느니라고 했다.

04~06 다음 시를 읽고 물음에 답하시오.

㉠까마득한 날에 / 하늘이 처음 열리고
어데 닭 우는 소리 들렸으랴.

모든 산맥들이 / 바다를 연모해 휘달릴 때도
차마 이곳을 범하던 못하였으리라.

끊임없는 광음*을 / 부지런한 계절이 피어선 지고
큰 강물이 비로소 길을 열었다.

지금 눈 내리고 / 매화 향기 홀로 아득하니
Ⓐ내 여기 가난한 노래의 씨를 뿌려라.

다시 천고의 뒤에 / 백마 타고 오는 초인이 있어
이 광야에서 목 놓아 부르게 하리라.

– 이육사, 〈광야〉

* 광음(光陰): 햇빛과 그늘, 즉 낮과 밤이라는 뜻으로, 시간이나 세월을 이르는 말.

♥ 작품 감상

[해제] '광야'라는 공간을 배경으로 조국 광복에 대한 신념과 의지를 노래하고 있는 현대시이다.

[주제] 조국 광복에 대한 신념과 의지

04 이 시에 대한 설명으로 적절하지 않은 것은?

① 강하고 의지적인 어조로 화자의 태도를 드러내고 있다.
② 말의 순서를 의도적으로 바꾸어 주제를 부각하고 있다.
③ 의문문을 활용하여 말하고자 하는 바를 강조하고 있다.
④ 계절적 배경을 통해 화자가 처한 상황을 암시하고 있다.
⑤ '과거 – 현재 – 미래'의 시간에 따라 시상을 전개하고 있다.

05 다음은 '까마득하다'의 여러 뜻풀이이다. ⓐ~ⓒ 중, ㉠의 뜻풀이로 알맞은 것은?

ⓐ 앞으로 어떻게 해야 할지 막막하다.
ⓑ 시간이 아주 오래되어 기억이 희미하다.
ⓒ 거리가 매우 멀어 보이는 것이나 들리는 것이 희미하다.

창의적 적용

06 〈보기〉를 참고하여, Ⓐ의 구체적 의미를 쓰시오. (단, '희생'이라는 단어를 사용할 것.)

보기

이육사는 시인인 동시에 독립운동을 펼쳤던 독립운동가였다. 그는 수없이 체포되어 수난을 겪으면서도 조국 독립을 위해 끝까지 싸웠다.

14회 상황과 분위기

공부한 날 ( )월 ( )일

어휘 체크

※ 잘 아는 어휘 ○표! 헷갈리거나 모르는 어휘 ×표! 학습 후 확실하게 이해했으면 ☆표!

가담	구슬프다	낭자하다	무료하다	서슬
속절없다	암담하다	암시	애처롭다	어슴푸레하다
을씨년스럽다	이변	황량하다		

가담

加 더할 가 | 擔 멜 담

우리는 삼촌을 따라 환경 보존 운동에 ______ 하였다.

뜻 알기 같은 편이 되어 일을 함께 하거나 도움.

뜻 써 보기 ______

구슬프다

빗소리에 섞여 그의 노랫소리가 더욱 ______ 게 들렸다.

뜻 알기 처량하고 슬프다.

뜻 써 보기 ______

낭자하다

狼 이리 낭 | 藉 깔 자

신발짝들이 사방에 ______ 하게 흩어져 있다.

뜻 알기 여기저기 흩어져 어지럽다.

뜻 써 보기 ______

무료하다

無 없을 무 | 聊 귀 울릴 료

모처럼 휴일에 할 일이 없어서 텔레비전을 보며 ______ 함을 달랬다.

뜻 알기 흥미 있는 일이 없어 심심하고 지루하다.

뜻 써 보기 ______

서슬

1) 어머니는 ______ 이 무척 날카로운 식칼을 골랐다.

뜻 알기 쇠붙이로 만든 연장이나 유리 조각 따위의 날카로운 부분.

뜻 써 보기 ______

2) 할머니의 ______ 에 놀란 우리는 모두 입을 다물고 말았다.

뜻 알기 강하고 날카로운 기세.

뜻 써 보기 ______

속절없다

진수는 여자친구와 헤어진 후 ______ 이 눈물만 흘렸다.

뜻 알기 단념*할 수밖에 달리 어찌할 도리가 없다.

뜻 써 보기 ______

어휘 쏙 단념(斷念) 품었던 생각을 아주 끊어 버림.

암담하다
暗 어두울 암 | 澹 맑을 담

그녀는 ________ 한 현실 속에서도 희망을 잃지 않으려고 애썼다.

뜻 알기 희망이 없고 절망적이다.

뜻 써 보기 ________________

암시
暗 어두울 암 | 示 보일 시

이 소설에서 흰옷은 죽음을 ________ 한다.

뜻 알기 명확히 드러내지 않고 넌지시 알림.

뜻 써 보기 ________________

애처롭다

강아지가 비에 젖은 모양이 ________ 게 보였다.

뜻 알기 가엾고 불쌍하여 마음이 슬프다.

뜻 써 보기 ________________

어슴푸레하다

1) 정신없이 일하다 보니 어느새 ________ 하게 날이 밝아 오고 있었다.

뜻 알기 빛이 약하거나 멀어서 어둑하고 희미하다.

뜻 써 보기 ________________

2) 수찬이의 말을 듣고 나니 ________ 한 기억이 되살아났다.

뜻 알기 기억이나 의식이 분명하지 못하고 희미하다.

뜻 써 보기 ________________

을씨년스럽다

날씨가 ________ 스러운 게 곧 눈이라도 쏟아질 것 같다.

뜻 알기 보기에 날씨나 분위기 따위가 몹시 스산하고 쓸쓸한 데가 있다.

뜻 써 보기 ________________

이변
異 다를 이 | 變 변할 변

이번 대회에서는 처음 출전한 선수가 우승을 차지하는 ________ 이 일어났다.

뜻 알기 예상하지 못한 사태나 괴이한 변고*.

뜻 써 보기 ________________

어휘 쏙 변고(變故) 갑작스러운 재앙이나 사고.

황량하다
荒 거칠 황 | 涼 서늘할 량

전쟁으로 사람들이 모두 떠난 마을은 무척 ________ 해 보였다.

뜻 알기 황폐하여* 거칠고 쓸쓸하다.

뜻 써 보기 ________________

어휘 쏙 황폐(荒廢)하다 집, 토지, 삼림 따위가 거칠어져 못 쓰게 되다.

문해력 기초 다지기

사전적 의미

01 ~ 05 다음 뜻풀이에 해당하는 단어를 말상자에서 찾아 표시하시오.

거	서	사	목	등	결
그	울	슬	진	암	시
가	무	대	첩	담	반
담	득	망	박	하	자
마	애	처	롭	다	화

01 강하고 날카로운 기세.

02 희망이 없고 절망적이다.

03 가엾고 불쌍하여 마음이 슬프다.

04 명확히 드러내지 않고 넌지시 알림.

05 같은 편이 되어 일을 함께 하거나 도움.

06 ~ 08 다음 단어의 뜻풀이에 알맞은 단어를 고르시오.

06 낭자하다 : 여기저기 흩어져 (어지럽다 | 정갈하다).

07 속절없다 : (단념 | 집착)할 수밖에 달리 어찌할 도리가 없다.

08 을씨년스럽다 : 보기에 날씨나 분위기 따위가 몹시 스산하고 (쓸쓸한 | 포근한) 데가 있다.

09 ~ 11 제시된 초성을 참고하여 다음 뜻풀이에 알맞은 단어를 쓰시오.

09 예상하지 못한 사태나 괴이한 변고. ㅇ ㅂ

10 흥미 있는 일이 없어 심심하고 지루하다. ㅁ ㄹ ㅎ ㄷ

11 빛이 약하거나 멀어서 어둑하고 희미하다. ㅇ ㅅ ㅍ ㄹ ㅎ ㄷ

12 ~ 14 빈칸에 들어갈 알맞은 단어를 〈보기〉에서 찾아 쓰시오.

보기

가담 낭자 암시 이변 황폐

12 책장이 넘어지면서 책들이 바닥에 ( )하게 널렸다.

13 평균 기온이 오르자 세계 곳곳에 기상 ( )이/가 일어나고 있다.

14 그날, 독립 만세 운동에 ( )하기 위해 수천 명이 거리로 나섰다.

15 밑줄 친 단어의 쓰임이 적절하지 않은 것은?

① 구름이 껴 달빛이 어슴푸레했다.
② 기분이 우울해서인지 새소리가 구슬프게만 들렸다.
③ 선생님은 친구를 도운 아이들을 애처롭다며 칭찬하셨다.
④ 사람이 없고 낙엽만 흩날리는 거리는 무척 을씨년스러웠다.
⑤ 시장은 잘못된 정책에 항의하는 주민들의 서슬에 밀려 결국 사과했다.

16 〈보기〉의 빈칸에 들어갈 단어가 순서대로 바르게 나열된 것은?

보기

• 전쟁으로 많은 이들이 ( )한 현실에 놓였다.
• 약속 시간보다 일찍 도착해 ( )하게 시간을 보냈다.

① 난감, 명료 ② 난처, 무난 ③ 담담, 무료
④ 암담, 무료 ⑤ 참담, 명료

17 ~ 18 다음 단어가 들어간 예문을 찾거나, 스스로 새로운 문장을 만들어 써 보시오.

17 황량하다 ⇨ ____________________

18 속절없다 ⇨ ____________________

문해력 완성 하기

01~03 다음 글을 읽고 물음에 답하시오.

㉠새침하게 흐린 품이 눈이 올 듯하더니, 눈은 아니 오고 얼다가 만 비가 추적추적 내리는 날이었다.

이날이야말로 동소문 안에서 인력거꾼 노릇을 하는 김 첨지에게는 오래간만에도 닥친 운수 좋은 날이었다. 〈중략〉

그야말로 재수가 옴 붙어서 근 열흘 동안 돈 구경도 못한 김 첨지는 십 전짜리 백동화 서 푼, 또는 다섯 푼이 찰깍하고 손바닥에 떨어질 때 거의 눈물을 흘릴 만큼 기뻤었다. 더구나 이날 이때에 이 팔십 전이라는 돈이 그에게 얼마나 유용한지 몰랐다. 컬컬한 목에 모주 한 잔도 적실 수 있거니와, 그보다도 앓는 아내에게 설렁탕 한 그릇도 사다 줄 수 있음이다.

그의 아내가 기침으로 쿨룩거리기는 벌써 달포가 넘었다. 조밥도 굶기를 먹다시피 하는 형편이니 물론 약 한 첩 써 본 일이 없다. 구태여 쓰려면 못 쓸 바도 아니로되, 그는 병이란 놈에게 약을 주어 보내면 재미를 붙여서 자꾸 온다는 자기의 신조에 어디까지 충실하였다. 따라서 의사에게 보인 적이 없으니 무슨 병인지는 알 수 없으나, 반듯이 누워 가지고 일어나기는커녕 모로도 못 눕는 걸 보면 중증은 중증인 듯. 병이 이대도록 심해지기는 열흘 전에 조밥을 먹고 체한 때문이다.

– 현진건, 〈운수 좋은 날〉

♥ 작품 감상

[해제] 가난한 인력거꾼 김 첨지의 하루를 통해 일제 강점기 조선인들의 비참한 삶을 사실적으로 보여 주는 단편 소설이다.

[주제] 일제 강점기 하층민의 비참한 삶

01 이 글의 내용과 일치하지 않는 것은?

① 김 첨지는 가난하여 약을 짓기 어려웠다.
② 김 첨지의 아내는 큰 병에 걸린 상태이다.
③ 김 첨지는 십여 일이나 돈을 벌지 못했다.
④ 김 첨지는 평소에 설렁탕과 모주를 즐겼다.
⑤ 김 첨지는 팔십 전을 보자 아내를 떠올렸다.

02 ㉠의 분위기를 표현하는 말로 가장 적절한 것은?

① 무료하다 ② 애처롭다 ③ 소란스럽다 ④ 어슴푸레하다 ⑤ 을씨년스럽다

창의적 적용

03 〈보기〉는 이 글의 전체 줄거리이다. 이를 참고하여, ㉠에 제시된 '비'의 역할을 '암시'라는 단어를 사용하여 한 문장으로 쓰시오.

보기

인력거꾼 김 첨지는 오랜만에 많은 돈을 벌어 아픈 아내에게 설렁탕을 사 줄 수 있게 된 것을 기뻐한다. 그러나 그가 설렁탕을 사 들고 집에 갔을 때 아내는 이미 죽어 있었다. 이를 본 김 첨지는 "괴상하게도 오늘은 운수가 좋더니만……."이라며 오열한다.

▶ 정답과 해설 45쪽

04~06 다음 글을 읽고 물음에 답하시오.

장끼란 놈 몸을 한 번 푸드덕 떨고 나서 또 하는 말이,

"맥은 그러하나 눈동자 살펴보게. 동자부처* 온전한가?"

까투리는 장끼의 눈동자를 살펴보고 나서는 한숨을 쉬면서,

"이제는 ㉠속절없네. ㉡저편 눈의 동자부처 첫새벽에 떠나가고, 이편 눈의 동자부처는 파랑 보자기에 봇짐 싸고 곰방대 불붙여 물고 먼 길 떠날 준비하네. 애고 애고, 이내 팔자 이다지도 기박한가. 지아비도 자주 죽네. 첫째 낭군 얻었다가 보라매에 채여 가고, 둘째 낭군 얻었다가 사냥개에 물려 가고, 셋째 낭군 얻었다가 포수에게 맞아 죽고, 이번 낭군 얻어서는 부부 사이도 좋거니와 아홉 아들 열두 딸을 남겨 놓고 아들딸 혼사도 채 못해서, 배고픔이 원수 되어 콩 하나 먹으려다 덫에 덜컥 치었으니 속절없이 영 이별하겠구나. 이내 팔자 험악하네. 불쌍하다 우리 낭군, 나이 많아 죽었는가, 병이 들어 죽었는가? 어찌하면 살려 낼꼬? 앞뒤 자녀 누가 결혼시키며 뱃속에 든 아이 누가 보살필꼬? 저렇게도 좋은 풍채 언제 다시 만나 볼꼬? 명사십리 해당화야 꽃 진다고 한탄 마라. 너는 내년 봄이 되면 또다시 피려니와 우리 낭군 이번 가면 다시 오기 어려워라. 미망*일세, 미망일세, 이내 몸이 미망일세."

– 작자 미상, 〈장끼전〉

♥ 작품 감상

[해제] 여자인 까투리의 말을 무시하다가 죽은 장끼의 모습을 통해 남성 중심의 사회 질서를 풍자하고 있는 우화 소설이다.

[주제] 남존여비와 개가 금지에 대한 비판과 풍자

* 동자(瞳子)부처: 눈동자에 비치어 나타난 사람의 형상.
* 미망(未亡): 남편은 죽었으나 따라 죽지 못하고 홀로 남아 있음.

04 이 글에 대한 이해로 적절하지 않은 것은?

① '장끼'는 '까투리'의 네 번째 남편이었군.
② '장끼'는 콩을 먹으려 하다가 덫에 치였군.
③ '장끼'에게는 결혼하지 않은 자식들이 있군.
④ '까투리'는 '장끼'를 따라서 죽을 결심을 했군.
⑤ '까투리'의 남편들은 모두 제명에 죽지 못했군.

05 ㉠과 바꿔 쓸 수 있는 말로 가장 적절한 것은?

① 낭자하네 ② 뜬금없네 ③ 어이없네 ④ 하릴없네 ⑤ 황량하네

창의적 적용

06 ㉡에 나타난 표현상의 특징과 그 효과를 〈조건〉에 맞게 한 문장으로 쓰시오.

조건

1) ㉡의 의미를 제시할 것.
2) '해학적'이라는 말을 사용할 것.

15회 삶의 양상

공부한 날 ( )월 ( )일

어휘 체크 ※ 잘 아는 어휘 ○표! 헷갈리거나 모르는 어휘 ×표! 학습 후 확실하게 이해했으면 ☆표!

간과하다 □□ 군림 □□ 궁색하다 □□ 권장 □□ 꼴 □□
대거리 □□ 미숙하다 □□ 용이하다 □□ 착수 □□ 척박하다 □□
철칙 □□ 체류 □□ 허물 □□

간과하다
看 볼 간 | 過 지날 과

우리는 이번 사태의 심각성을 결코 ______ 해서는 안 됩니다.

뜻 알기 큰 관심 없이 대강 보아 넘기다.

뜻 써 보기 ______

군림
君 임금 군 | 臨 임할 림

그 선수는 프로 야구계에서 최고의 홈런 타자로 ______ 하고 있다.

뜻 알기 어떤 분야에서 절대적인 세력을 가지고 남을 압도함을 비유적으로 이르는 말.

뜻 써 보기 ______

궁색하다
窮 다할 궁 | 塞 막힐 색

1) 부모님은 ______ 한 살림에도 불구하고 나를 대학까지 보내셨다.

뜻 알기 아주 가난하다.

뜻 써 보기 ______

2) 자신의 잘못에 대한 지호의 변명은 ______ 하기 짝이 없었다.

뜻 알기 말이나 태도, 행동의 이유나 근거 따위가 부족하다.

뜻 써 보기 ______

권장
勸 권할 권 | 奬 장려할 장

선생님은 우리들에게 독서를 ______ 하셨다.

뜻 알기 권하여 좋은 일에 힘쓰도록 북돋아 줌.

뜻 써 보기 ______

유의어 권유(勸誘) 어떤 일 따위를 하도록 권함.

꼴

그 ______ 로 어딜 그렇게 돌아다녔니?

뜻 알기 사람의 모양새나 행태를 낮잡아 이르는 말.

뜻 써 보기 ______

대거리

그가 자꾸 시비를 걸어서 나도 ______ 를 할 수밖에 없었다.

뜻 알기 상대편에게 맞서서 대듦. 또는 그런 말이나 행동.

뜻 써 보기 ______

미숙하다

未 아닐 미 | 熟 익을 숙

형은 아직 자동차 운전이 ______ 하다.

뜻 알기 일 따위에 익숙하지 못하여 서투르다.

뜻 써 보기 ______

반의어 능숙(能熟)하다 능하고 익숙하다.

용이하다

容 얼굴 용 | 易 쉬울 이

이 선풍기는 조립이 ______ 한 것이 장점이다.

뜻 알기 어렵지 아니하고 매우 쉽다.

뜻 써 보기 ______

유의어 수월하다 까다롭거나 힘들지 않아 하기가 쉽다.

착수

着 붙을 착 | 手 손 수

그 회사는 신제품 개발에 ______ 하였다.

뜻 알기 어떤 일에 손을 대어 시작함.

뜻 써 보기 ______

척박하다

瘠 파리할 척 | 薄 엷을 박

이 땅은 너무 ______ 해서 어떤 곡식도 거둘 수 없다.

뜻 알기 땅이 기름지지 못하고 몹시 메마르다.

뜻 써 보기 ______

철칙

鐵 쇠 철 | 則 법 칙

그는 자기가 정한 ______ 을 엄격히 지키는 사람이다.

뜻 알기 바꾸거나 어길 수 없는 중요한 법칙.

뜻 써 보기 ______

체류

滯 막힐 체 | 留 머무를 류

삼촌은 뉴욕에 ______ 중이다.

뜻 알기 객지*에 가서 머물러 있음.

뜻 써 보기 ______

어휘 쏙 객지(客地) 자기 집을 멀리 떠나 임시로 있는 곳.

허물

1) 우리는 남의 ______ 을 너그럽게 용서할 줄 알아야 한다.

뜻 알기 잘못 저지른 실수.

뜻 써 보기 ______

2) 아이들이 할아버지께 버릇없이 굴어도 큰 ______ 이 되지는 않는다.

뜻 알기 남에게 비웃음을 살 만한 거리.

뜻 써 보기 ______

문해력 기초 다지기

사전적 의미

01 ~ 04 다음 단어와 그 뜻풀이를 바르게 연결하시오.

01 체류 • • ㉠ 잘못 저지른 실수.

02 허물 • • ㉡ 객지에 가서 머물러 있음.

03 미숙하다 • • ㉢ 어렵지 아니하고 매우 쉽다.

04 용이하다 • • ㉣ 일 따위에 익숙하지 못하여 서투르다.

05 ~ 07 다음 단어의 뜻풀이에 알맞은 단어를 고르시오.

05 착수 : 어떤 일에 손을 대어 (마침 | 시작함).

06 간과하다 : 큰 관심 없이 (대강 | 자세히) 보아 넘기다.

07 궁색하다 : 말이나 태도, 행동의 이유나 근거 따위가 (부족하다 | 충분하다).

08 ~ 11 〈보기〉의 글자들을 조합하여 다음 뜻풀이에 알맞은 단어를 쓰시오.

보기

거 군 권 대 리 림 장 철 칙

08 바꾸거나 어길 수 없는 중요한 법칙. (   )

09 권하여 좋은 일에 힘쓰도록 북돋아 줌. (   )

10 상대편에게 맞서서 대듦. 또는 그런 말이나 행동. (   )

11 어떤 분야에서 절대적인 세력을 가지고 남을 압도함을 비유적으로 이르는 말. (   )

12 ~ 15 빈칸에 들어갈 알맞은 단어를 〈보기〉에서 찾아 쓰시오.

보기

간과　권장　능숙　착수　체류　허물

12 양치질의 중요성을 (　　　　　)한 채 지내다 충치 치료를 받게 되었다.

13 나이 많은 사람이 아이돌 노래를 좋아하는 것이 (　　　　　)은/는 아니다.

14 경찰이 수사에 (　　　　　)한 지 세 달이 지났지만 아직 범인을 잡지 못했다.

15 주차 공간이 부족하니 방문할 때 대중교통을 이용할 것을 (　　　　　)합니다.

16 밑줄 친 단어의 쓰임이 적절하지 않은 것은?

① 늦잠을 자 꾀죄죄한 꼴로 학교에 가려니 창피했다.
② 그는 책임감이 척박해서 맡은 일을 대충대충 처리했다.
③ 동생은 화를 내는 형에게 자신은 잘못이 없다며 대거리했다.
④ 나는 무슨 일이 있어도 약속을 지키는 것을 철칙으로 삼고 있다.
⑤ 석대는 단순한 반장이 아니라 아이들 위에 군림하는 인물이었다.

17 〈보기〉의 밑줄 친 단어와 바꿔 쓰기에 가장 적절한 것은?

보기

그 식당은 큰길에 있어서 찾기가 쉽다.

① 궁색하다　② 난감하다　③ 무료하다　④ 열악하다　⑤ 용이하다

18 ~ 19 다음 단어가 들어간 예문을 찾거나, 스스로 새로운 문장을 만들어 써 보시오.

18 궁색하다 ⇨ ______________________________

19 미숙하다 ⇨ ______________________________

문해력 완성 하기

01~03 다음 글을 읽고 물음에 답하시오.

[A] 허생은 남산 묵적골에 살았다. 그가 사는 ㉠두어 칸 초가는 비바람을 막지 못할 정도였다. 그러나 허생은 글만 읽었고, 그의 아내가 바느질품을 팔아서 겨우 입에 풀칠을 했다.

하루는 아내가 몹시 배가 고파서 울음 섞인 소리로 말했다.

"당신은 과거 시험을 보지 않으니, 도대체 글을 읽어 무엇합니까?"

허생은 웃으며 대답했다. / "나는 아직 책을 충분히 읽지 못했소."

"그럼 장인바치 일이라도 할 수 없나요?" / "장인바치 일은 배우지를 않았으니 어떻게 하겠소?"

"그럼 장사라도 할 수 없나요?" / "장사는 밑천이 없는 걸 어떻게 하겠소?"

아내는 왈칵 화를 내며 소리쳤다. / "밤낮으로 글만 읽더니 기껏 '어떻게 하겠소?' 소리만 배웠습니까? 장인바치 일도 못 한다, 장사도 못 한다면, 차라리 도둑질이라도 못 하나요?"

그러자 허생은 읽던 책을 덮으며 한탄했다.

"아깝다. 글 읽기로 십 년을 기약했는데, 인제 겨우 칠 년밖에 되지 않았거늘……."

그러고는 집을 나가 버렸다. 허생은 서울에서 번화한 곳으로 가서 지나가는 사람을 붙들고 물었다.

"서울에서 누가 제일 부자요?"

변 씨(卞氏)를 말해 주는 사람이 있어서, 허생은 곧장 변 씨를 찾아가 당당하게 말했다.

"내가 무얼 좀 해 보려고 하니, 만 냥을 꿔 주시오."

그런데 변 씨는 "그러시오." 하고 당장 만 냥을 내주었다.

– 박지원, 〈허생전〉

♥ 작품 감상

[해제] 허생이라는 인물을 통해 조선 후기 경제 상황의 취약성과 무능력한 사대부 계층을 비판하는 고전 소설이다.

[주제] 사대부 계층의 무능과 허위의식 비판

01 이 글의 내용과 일치하지 않는 것은?

① 아내는 남에게 바느질품을 팔아서 생계를 꾸렸다.
② 허생은 아내의 비난을 들은 뒤 책 읽기를 멈추었다.
③ 허생은 자신의 지식을 과시하며 변 씨에게 돈을 빌렸다.
④ 아내는 독서의 목적을 과거 시험을 보는 것으로 여겼다.
⑤ 아내는 허생이 무슨 일이라도 해서 돈을 벌어 오기를 바랐다.

02 ㉠을 표현하기에 가장 적절한 말은?

① 각박하다 ② 궁색하다 ③ 낭자하다 ④ 미숙하다 ⑤ 척박하다

창의적 적용

03 [A]에 나타난 허생의 태도에 대한 비판을 〈조건〉에 맞게 한 문장으로 쓰시오.

조건

1) '간과하다'와 '아내'라는 단어를 모두 활용할 것.

▶ 정답과 해설 46쪽

04~06 다음 시를 읽고 물음에 답하시오.

말에서 내려 인가를 찾아가 보니 / 아낙네 문간에 나와 맞이하네.
띠집* 처마 아래 손님을 앉게 하고 / 나를 위해 **밥과 반찬** 내어 오네.
남편은 어디에 나가 있냐 하니 / 아침에 따비*를 메고 산에 올라
㉠산밭을 일구느라 고생을 하며 / 저물도록 돌아오지 못한다네.
사방을 둘러봐도 이웃은 없고 / 개와 닭도 산기슭에 의지해 사네.
숲속에는 사나운 **호랑이** 많아 / 나물도 마음대로 못 뜯는다네.
슬프다 외딴 살이 어찌 좋으리 / 험하고 험한 산골짜기에서…….
평지에 살면 더없이 좋으련만 / 가고 싶어도 ㉡벼슬아치 두렵다네.

– 김창협, 〈산민(山民)〉

♥ 작품 감상
[해제] 산속에 들어가 사는 사람(산민)들의 열악한 삶의 모습을 통해 백성을 수탈하는 관리들을 고발하고 있는 한 시이다.
[주제] 관리들의 횡포로 인한 백성들의 고달픈 삶

* 띠집: 띠나 이엉 따위로 지붕을 인 초라한 집.
* 따비: 풀뿌리를 뽑거나 밭을 가는 데 쓰는 농기구.

04 이 시의 시어에 대한 설명으로 적절하지 않은 것은?

① '띠집'은 아낙네와 남편의 가난한 생활을 상징하는 소재이다.
② '밥과 반찬'은 '나'에 대한 아낙네의 인정을 보여 주는 소재이다.
③ '산밭'은 아낙네와 남편이 산속에서 생계를 유지하는 수단이다.
④ '호랑이'는 아낙네와 남편의 삶을 더욱 힘들게 하는 요소이다.
⑤ '벼슬아치'는 산속에서 힘들게 사는 생활마저 방해하는 존재이다.

05 ㉠에 대한 이해로 가장 적절한 것은?

① 평지로 돌아갈 돈을 모을 수 있는 땅이겠군.
② 앞날에 대한 기대를 지닐 수 있는 땅이겠군.
③ 지난날의 허물을 숨기기에 적당한 땅이겠군.
④ 편안하게 농사짓기 어려운 척박한 땅이겠군.
⑤ 새로운 생활을 시작하기에 용이한 땅이겠군.

창의적 적용

06 ㉡에 대한 평가를 〈조건〉에 맞게 한 문장으로 쓰시오.

조건
1) '백성'과 '군림'이라는 단어를 모두 활용할 것.
2) 이 시의 내용에서 평가의 근거를 찾아 제시할 것.

16회 선조들의 생활과 표현

공부한 날 ( )월 ( )일

어휘 체크 ※ 잘 아는 어휘 ○표! 헷갈리거나 모르는 어휘 ×표! 학습 후 확실하게 이해했으면 ☆표!

강호	관찰사	구천	규방	녹음
둔갑하다	등용	서얼	자초지종	절개
진토	청풍	풍류		

강호
江 강 강 | 湖 호수 호

그 선비는 혼란스러운 속세에서 벗어나 ______ 에 은거하고 있었다.

뜻 알기 강과 호수. 은자(隱者)*나 시인(詩人) 등이 현실을 도피하여 생활하던 시골이나 자연을 비유적으로 이르는 말.

뜻 써 보기 ______

어휘 쏙 은자(隱者) 산야에 묻혀 숨어 사는 사람. 또는 벼슬을 하지 않고 숨어 사는 사람.

관찰사
觀 볼 관 | 察 살필 찰 | 使 부릴 사

전라도 ______ 는 흉년이 들어 걱정하는 백성들을 위로하였다.

뜻 알기 조선 시대에 둔, 각 도의 으뜸 벼슬.

뜻 써 보기 ______

구천
九 아홉 구 | 泉 샘 천

시민들은 ______ 을 떠돌고 있는 원혼들을 달래기 위해 제사를 지냈다.

뜻 알기 땅속 깊은 밑바닥이란 뜻으로, 죽은 뒤에 넋이 돌아가는 곳을 이르는 말.

뜻 써 보기 ______

규방
閨 안방 규 | 房 방 방

옛 ______ 은 남자들이 쉽게 들어갈 수 없는 곳이었다.

뜻 알기 부녀자가 거처하는 방.

뜻 써 보기 ______

녹음
綠 푸를 녹 | 陰 그늘 음

______ 이 짙은 산에 온갖 새들이 지저귀고 있다.

뜻 알기 푸른 잎이 우거진 나무나 수풀. 또는 그 나무의 그늘.

뜻 써 보기 ______

둔갑하다
遁 달아날 둔 | 甲 갑옷 갑

1) 그 영화는 여우가 사람으로 ______ 하여 벌이는 사건을 다루고 있다.

뜻 알기 술법으로 자기 몸이 감추어지거나 다른 것으로 바뀌다.

뜻 써 보기 ______

2) 수입 쇠고기가 한우로 ______ 하여 버젓이 팔리고 있다.

뜻 알기 사물의 본디 형체나 성질이 바뀌거나 가리어지다.

뜻 써 보기 ______

등용
登 오를 등 | 用 쓸 용

왕은 유능한 사람을 관리로 ______ 하였다.

뜻 알기 인재를 뽑아서 씀.

뜻 써 보기 ______

서얼
庶 여러 서 | 孽 서자 얼

<홍길동전>은 ______ 에 대한 차별 문제를 다룬 작품이다.

뜻 알기 서자* 얼자*를 아울러 이르는 말.

뜻 써 보기 ______

어휘 쏙 서자(庶子) 양반과 양민 여성 사이에서 낳은 아들.

어휘 쏙 얼자(孽子) 양반과 천민 여성 사이에서 낳은 아들.

자초지종
自 스스로 자 | 初 처음 초 | 至 이를 지 | 終 마칠 종

윤우는 울면서 나에게 ______ 을 낱낱이 털어놓았다.

뜻 알기 처음부터 끝까지의 과정.

뜻 써 보기 ______

절개
節 마디 절 | 介 끼일 개

선비라면 ______ 를 지키기 위해 목숨을 버릴 수 있어야 한다.

뜻 알기 신념, 신의* 따위를 굽히지 아니하고 굳게 지키는 꿋꿋한 태도.

뜻 써 보기 ______

어휘 쏙 신의(信義) 믿음과 의리를 아울러 이르는 말.

진토
塵 티끌 진 | 土 흙 토

몸이 부서지고 백골이 ______ 가 된들 어찌 임금의 은혜를 잊겠는가.

뜻 알기 티끌과 흙을 통틀어 이르는 말.

뜻 써 보기 ______

청풍
淸 맑을 청 | 風 바람 풍

한 줄기 ______ 이 불어와 나의 지친 몸을 달래 주었다.

뜻 알기 부드럽고 맑은 바람.

뜻 써 보기 ______

풍류
風 바람 풍 | 流 흐를 류

그는 벼슬을 포기하고 자연에 묻혀 ______ 를 즐기는 삶을 살았다.

뜻 알기 멋스럽고 풍치*가 있는 일. 또는 그렇게 노는 일.

뜻 써 보기 ______

어휘 쏙 풍치(風致) ① 훌륭하고 멋진 경치. ② 격에 맞는 멋.

사전적 의미

01 ~ 05 다음 뜻풀이에 해당하는 단어를 말상자에서 찾아 표시하시오.

01 인재를 뽑아서 씀.

02 티끌과 흙을 통틀어 이르는 말.

03 조선 시대에 둔, 각 도의 으뜸 벼슬.

04 멋스럽고 풍치가 있는 일. 또는 그렇게 노는 일.

05 푸른 잎이 우거진 나무나 수풀. 또는 그 나무의 그늘.

과	관	름	내	녹	음
꼴	대	찰	화	박	처
풍	정	역	사	간	등
류	숙	오	이	고	용
거	진	토	미	척	허

06 ~ 08 다음 단어의 뜻풀이에 알맞은 단어를 고르시오.

06 규방 : (남자 | 부녀자)가 거처하는 방.

07 청풍 : (강하고 | 부드럽고) 맑은 바람.

08 둔갑하다 : (술법 | 재치)(으)로 자기 몸이 감추어지거나 다른 것으로 바뀌다.

09 ~ 11 제시된 초성을 참고하여 다음 뜻풀이에 알맞은 단어를 쓰시오.

09 처음부터 끝까지의 과정. ㅈ ㅊ ㅈ ㅈ

10 신념, 신의 따위를 굽히지 아니하고 굳게 지키는 꿋꿋한 태도. ㅈ ㄱ

11 땅속 깊은 밑바닥이란 뜻으로, 죽은 뒤에 넋이 돌아가는 곳을 이르는 말. ㄱ ㅊ

▶ 정답과 해설 47쪽

12 ~ 14 빈칸에 들어갈 알맞은 단어를 <보기>에서 찾아 쓰시오.

보기

규방 녹음 은자 진토 청풍

12 화창한 날씨에 창문을 여니 (   )이/가 불어왔다.

13 (   )이/가 짙어 가는 계절에 지리산으로 여행을 갔다.

14 누구나 죽고 나면 (   )이/가 되어 자연으로 돌아간다.

15 밑줄 친 단어의 쓰임이 적절하지 <u>않은</u> 것은?

① 윤선도는 <u>강호</u>에 묻혀 살며 시를 지었다.
② 조선 시대에 <u>서얼</u>은 제도적 차별을 받았다.
③ 정철은 <u>관찰사</u>로 지내며 백성들을 교화하고자 했다.
④ 이 박사는 친일파였던 과거를 지우며 <u>절개</u>를 보였다.
⑤ 죽어서 <u>구천</u>을 떠돌더라도 저를 보살펴 주신 은혜는 잊지 않겠습니다.

16 <보기>의 빈칸에 들어갈 단어가 순서대로 바르게 나열된 것은?

보기

• 세종 대왕은 능력 위주로 인재를 (   )하였다.
• 모조품을 진품으로 (   )시켜 팔아온 일당이 붙잡혔다.

① 남용, 둔갑 ② 남용, 변신 ③ 등용, 둔갑
④ 등용, 은둔 ⑤ 등장, 변신

17 ~ 18 다음 단어가 들어간 예문을 찾거나, 스스로 새로운 문장을 만들어 써 보시오.

17 자초지종 ⇨ ______________________________

18 풍류 ⇨ ______________________________

문해력 완성하기

01~03 다음 글을 읽고 물음에 답하시오.

"당신은 정말 천성이 착하고 인정이 두터운 사람이오. 나는 그런 당신에게 고맙기 그지없고, 전쟁 중에 당신을 두고 도망친 것이 부끄러워 견디지 못하겠소. 부인은 이승에서 나와 함께 살다가 백 년 후에 같이 세상을 떠나는 것이 어떻겠소?"

여인이 대답했다. / "낭군은 목숨이 아직 남아 있지만, 저는 이미 ㉠<u>저승</u>의 명단에 이름이 실려 있으니 이곳에 오래 머무를 수가 없습니다. 다행히 옥황상제께서 은혜를 베풀어 주셨기에 잠시마나 이승에 와서 낭군을 모실 수 있었던 것입니다. 그러나 이제 저승으로 돌아갈 시간이 되었습니다. 제가 계속 인간 세상에 미련을 가진다면, 저승의 법에 위반됩니다. 그 죄는 저만 아니라 낭군님에게까지 미칠 것입니다. 다만 전쟁 중에 죽은 저의 유골이 아직 벌판에 흩어져 있으니, 부디 낭군께서 거두어 비바람이나 맞지 않게 해 주십시오."

두 사람은 서로 바라보며 눈물만 줄줄 흘렸다.

"낭군님, 부디 안녕히 계십시오." / 여인은 말이 끝나자 차츰 희미해지더니 마침내 사라졌다.

이생은 슬퍼하다가 아내의 말대로 그녀의 해골을 거두어 부모의 무덤 곁에 장사를 지내 주었다.

그 후 이생은 아내를 하염없이 그리워하다가 병이 나서 앓더니 결국 몇 달 만에 세상을 떠났다. 이 이야기를 들은 사람들은 모두 가슴 아파하며 그들의 절개를 사모하지 않는 사람이 없었다.

– 김시습, 〈이생규장전〉

♥ 작품 감상

[해제] 최초의 한문 소설집 《금오신화》에 실린 작품으로, 귀신과 인간의 애절한 사랑을 다룬 고전 소설이다.

[주제] 죽음을 초월한 남녀 간의 사랑

01 이 글의 내용과 일치하지 <u>않는</u> 것은?

① '여인'이 이생을 떠난 지 몇 달 만에 이생도 죽고 말았다.
② '여인'은 자신 때문에 이생에게 해가 미칠 것을 염려했다.
③ '여인'은 자신의 유골을 벌판에 내버려 둔 이생을 원망했다.
④ 이생은 '여인'과 함께 살다가 같이 저승으로 가기를 바랐다.
⑤ 이생은 전쟁 중에 '여인'을 버려 두고 혼자 도망친 적이 있다.

02 문맥상 ㉠과 그 의미가 유사한 것은?

① 강산(江山)　② 구천(九泉)　③ 녹음(綠陰)　④ 진토(塵土)　⑤ 명승지(名勝地)

창의적 적용

03 '이생'과 '여인'이 영원히 이별할 수밖에 없는 근본적인 원인을 〈조건〉에 맞게 한 문장으로 쓰시오.

조건

1) '이승'과 '저승'이라는 두 단어를 모두 사용할 것.
2) '이생은 ~이지만, 여인은 ~이기 때문이다.'라는 형식으로 쓸 것.

▶ 정답과 해설 47쪽

04~06 다음 시를 읽고 물음에 답하시오.

[　　　]에 봄이 드니 미친 흥이 절로 난다.
막걸리 놓고 냇가에서 물고기가 안주로다.
이 몸이 한가함도 임금의 은혜로다.

[　　　]에 여름이 드니 초가집에 일이 없다.
믿음이 가는 강 물결은 보내나니 바람이다.
이 몸이 서늘함도 임금의 은혜로다.

[　　　]에 가을이 드니 고기마다 살져 있다.
작은 배에 그물 실어 흘러가게 던져 두고
이 몸이 소일함도 임금의 은혜로다.

[　　　]에 겨울이 드니 눈 깊이 한 자가 넘네.
삿갓 비스듬히 쓰고 도롱이로 옷을 삼아
이 몸이 춥지 아니함도 임금의 은혜로다.

– 맹사성, 〈강호사시가〉

♥ 작품 감상

[해제] 벼슬을 버리고 자연에 묻혀 사는 생활을 사계절의 변화와 관련시켜 노래한 우리나라 최초의 연시조이다.

[주제] 강호에서 자연을 즐기며 임금의 은혜에 감사함

04 이 시의 표현상 특징으로 적절하지 않은 것은?

① 시간의 흐름에 따라 시상을 전개하고 있다.
② 동일한 시구를 반복하여 통일성을 주고 있다.
③ 시각적 심상을 활용하여 경치를 묘사하고 있다.
④ 초장의 앞부분에서 계절적 배경을 제시하고 있다.
⑤ 자연물을 의인화하여 화자의 정서를 드러내고 있다.

05 이 시의 빈칸에 공통적으로 들어갈 말로 알맞은 것은?

① 강호(江湖)　② 거처(居處)　③ 규방(閨房)　④ 속세(俗世)　⑤ 청천(靑天)

창의적 적용

06 이 시에 나타난 화자의 태도를 〈조건〉에 맞게 한 문장으로 쓰시오.

조건
1) '풍류'와 '안빈낙도(安貧樂道)'라는 단어를 사용할 것.
(안빈낙도 : 가난한 생활을 하면서도 편안한 마음으로 도를 즐겨 지킴.)
2) '화자는'이라는 말로 시작할 것.

III

관용 표현, 헷갈리기 쉬운 말

17회 한자 성어 ①
18회 한자 성어 ②
19회 한자 성어 ③
20회 속담 ①
21회 속담 ②
22회 관용어 ①
23회 관용어 ②
24회 헷갈리기 쉬운 말 ①
25회 헷갈리기 쉬운 말 ②
26회 헷갈리기 쉬운 말 ③
27회 동음이의어
28회 다의어

17회 한자 성어 ①

공부한 날 ( )월 ( )일

어휘 체크

※ 잘 아는 한자 성어 ○표! 헷갈리거나 모르는 한자 성어 ×표! 학습 후 확실하게 이해했으면 ☆표!

관포지교 □□	막역지우 □□	죽마고우 □□	괄목상대 □□
일취월장 □□	개과천선 □□	권선징악 □□	사필귀정 □□
고립무원 □□	진퇴양난 □□	혈혈단신 □□	

★ 우정

관포지교

管 대롱 관 | 鮑 절인 어물 포 | 之 갈 지 | 交 사귈 교

예은이와 진주는 주위에서 (   ) 라고 할 만큼 우정이 깊다.

뜻 알기 관중과 포숙의 사귐이란 뜻으로, 우정이 아주 돈독한 친구 관계를 이르는 말.

뜻 써 보기 ______________________

막역지우

莫 없을 막 | 逆 거스를 역 | 之 갈 지 | 友 벗 우

나와 건우는 서로 속마음을 모두 털어놓을 수 있는 (   ) 이다.

뜻 알기 서로 거스름이 없는 친구라는 뜻으로, 허물없이 아주 친한 친구를 이르는 말.

뜻 써 보기 ______________________

죽마고우

竹 대 죽 | 馬 말 마 | 故 옛 고 | 友 벗 우

하준이는 어릴 때부터 친하게 지낸 나의 (   ) 이다.

뜻 알기 대말을 타고 놀던 벗이라는 뜻으로, 어릴 때부터 같이 놀며 자란 벗.

뜻 써 보기 ______________________

★ 발전하는 모습

괄목상대

刮 비빌 괄 | 目 눈 목 | 相 서로 상 | 對 대할 대

우진이는 매일 열심히 노력하더니 기타 연주 실력이 (   ) 했다.

뜻 알기 눈을 비비고 상대편을 본다는 뜻으로, 남의 학식이나 재주가 놀랄 만큼 부쩍 늚을 이르는 말.

뜻 써 보기 ______________________

일취월장

日 날 일 | 就 나아갈 취 | 月 달 월 | 將 장수 장

그가 한번 마음을 먹고 공부에 전념하니* (   ) 이었다.

뜻 알기 나날이 다달이 자라거나 발전함.

뜻 써 보기 ______________________

어휘 쏙 전념(專念)하다 오직 한 가지 일에만 마음을 쓰다.

★ 옳고 그름

개과천선

改 고칠 개 | 過 지날 과 | 遷 옮길 천 | 善 착할 선

그는 지난날의 잘못을 반성하고 ______ 하였다.

뜻 알기 지난날의 잘못이나 허물을 고쳐 올바르고 착하게 됨.

뜻 써 보기

권선징악

勸 권할 권 | 善 착할 선 | 懲 혼날 징 | 惡 악할 악

착한 흥부는 복을 받고 못된 놀부는 벌을 받는다는 이야기인 〈흥부전〉은 ______ 을 담고 있다.

뜻 알기 착한 일을 권장하고 악한 일을 징계*함.

뜻 써 보기

어휘 쏙 징계(懲戒) 부정이나 부당한 행위에 대하여 제재를 가함.

사필귀정

事 일 사 | 必 반드시 필 | 歸 돌아올 귀 | 正 바를 정

______ 이라더니, 못된 짓을 많이 하던 그는 결국 법의 처벌을 받게 되었다.

뜻 알기 모든 일은 반드시 바른길로 돌아감.

뜻 써 보기

★ 어려움, 외로움

고립무원

孤 외로울 고 | 立 설 립 | 無 없을 무 | 援 도울 원

친구들과 자주 다투던 민서는 어느새 기댈 곳 없는 ______ 의 처지가 되고 말았다.

뜻 알기 고립*되어 구원을 받을 데가 없음.

뜻 써 보기

어휘 쏙 고립(孤立) 다른 사람과 어울리어 사귀지 아니하거나 도움을 받지 못하여 외톨이로 됨.

진퇴양난

進 나아갈 진 | 退 물러날 퇴 | 兩 두 양 | 難 어려울 난

민수는 현우의 편을 들 수도, 지훈이의 편을 들 수도 없는 ______ 의 상황에 처했다.

뜻 알기 이러지도 저러지도 못하는 어려운 처지.

뜻 써 보기

유의어 진퇴유곡(進退維谷) 이러지도 저러지도 못하고 꼼짝할 수 없는 궁지.

혈혈단신

孑 외로울 혈 | 孑 외로울 혈 | 單 홑 단 | 身 몸 신

그는 전쟁 중에 부모와 형제를 모두 잃고 ______ 의 처지가 되었다.

뜻 알기 의지할 곳이 없는 외로운 홀몸.

뜻 써 보기

문해력 기초 다지기

사전적 의미

01 ~ 04 다음 뜻풀이에 해당하는 한자 성어를 〈보기〉에서 찾아 쓰시오.

보기

괄목상대 사필귀정 죽마고우 진퇴양난

01 모든 일은 반드시 바른길로 돌아감. ( )

02 이러지도 저러지도 못하는 어려운 처지. ( )

03 대말을 타고 놀던 벗이라는 뜻으로, 어릴 때부터 같이 놀며 자란 벗. ( )

04 눈을 비비고 상대편을 본다는 뜻으로, 남의 학식이나 재주가 놀랄 만큼 부쩍 늚을 이르는 말. ( )

05 ~ 06 제시된 초성을 활용하여 한자 성어의 뜻풀이를 완성하시오.

05 권선징악 : 착한 일을 권장하고 악한 일을 [ㅈ][ㄱ]함.

06 막역지우 : 서로 거스름이 없는 친구라는 뜻으로, [ㅎ][ㅁ]없이 아주 친한 친구를 이르는 말.

07 ~ 10 제시된 초성을 참고하여 다음 뜻풀이에 알맞은 한자 성어를 쓰시오.

07 의지할 곳이 없는 외로운 홀몸. [ㅎ][ㅎ][ㄷ][ㅅ]

08 나날이 다달이 자라거나 발전함. [ㅇ][ㅊ][ㅇ][ㅈ]

09 지난날의 잘못이나 허물을 고쳐 올바르고 착하게 됨. [ㄱ][ㄱ][ㅊ][ㅅ]

10 관중과 포숙의 사귐이란 뜻으로, 우정이 아주 돈독한 친구 관계를 이르는 말. [ㄱ][ㅍ][ㅈ][ㄱ]

▶ 정답과 해설 48쪽

11 ~ 13 제시된 초성을 참고하여 밑줄 친 부분과 의미가 통하는 한자 성어를 쓰시오.

11 그 사람은 젊은 시절 의지할 곳이 없는 외로운 홀몸으로 세상을 떠돌았다.

ㅎ	ㅎ	ㄷ	ㅅ

12 그는 결혼을 앞두고 나에게 허물없이 아주 친한 친구라며 두 사람을 소개했다.

ㅁ	ㅇ	ㅈ	ㅇ

13 모든 일은 반드시 바른길로 돌아가게 마련이라고 했으니, 네 결백함은 언젠가 밝혀질 거야.

ㅅ	ㅍ	ㄱ	ㅈ

14 밑줄 친 한자 성어의 쓰임이 적절하지 않은 것은?

① 그 둘은 만날 때마다 싸우니 관포지교라 할 만하다.
② 매일 꾸준히 공부했더니 영어 실력이 일취월장했다.
③ 죄를 짓고도 벌을 받지 않다니, 권선징악은 없는 것일까?
④ 어머니를 편들면 아버지가 서운해 하실 테니 진퇴양난이다.
⑤ 그는 이웃은 물론 가족과도 단절된 채 고립무원으로 살고 있다.

15 〈보기〉의 빈칸에 들어가기에 적절한 한자 성어는?

보기

그의 연기력은 10년 전 신인 때와 비교해 보면 (   )(이)라 할 만큼 발전했다.

① 괄목상대(刮目相對) ② 설상가상(雪上加霜) ③ 안분지족(安分知足)
④ 조변석개(朝變夕改) ⑤ 진퇴유곡(進退維谷)

16 ~ 17 다음 한자 성어가 들어간 예문을 찾거나, 스스로 새로운 문장을 만들어 써 보시오.

16 죽마고우 ⇨ ______________________________

17 개과천선 ⇨ ______________________________

문해력 완성 하기

01~03 다음 글을 읽고 물음에 답하시오.

> 사흘 동안 계속해서 잔치를 하는데, 차리기는 하나가 하루씩 혼자 맡아서 차리기로 했다. 가령 첫날은 소새가 잔치를 차리면 둘째 날은 왕치가, 그리고 마지막 날은 개미가…… 이렇게. 왕치는 그렇게 잔치를 하루씩 혼자 맡아서 차린다는 데는 속으로 뜨악 걱정스러웠으나, 그렇다고 체면에 나는 못합네 할 수는 없는 터라, 어물어물 코대답을 해 두었다. Ⓐ둘이가 먼저 차리거든 우선 먹어 놓고 볼 일이라는 떡심이었다. 반생을 이런 떡심으로 부지해 왔으니, 별로 새삼스러울 것도 없었다. 〈중략〉
>
> 하릴없이 물가로 와 보았다. 붕어가 뛰고 메기가 놀고, 역시 그럼직한 것이 없는 게 아니나, 잡을 재주가 없었다. 그럭저럭 해는 점심때도 지나, 오래지 않아 날이 저물게 되었다. ㉠그대로 빈손으로 돌아가자니 차마 체면이 서지 않았다. 그렇다고서 언제까지고 이렇게 헤매기만 할 수도 없었다.
>
> 답답했다. 엉엉 앉아서 울었다. 막 그럴 즈음, 어저께 소새가 잡아 가지고 온 그런 잉어가 한 놈, 싯누런 몽뚱이를 굼싯거리면서 물 위로 떠올랐다. 왕치는 분연히, 울기를 그치고 팔을 부르걷었다.
>
> "그래, 사내대장부가 세상에 나서, 온 이래야 옳지 않겠나?"
>
> 그러면서 그 잉어를 잡을 결심으로, 후르륵 날아, 마침 솟구치는 잉어의 콧등에 오똑 앉았다. 잉어야 그러잖아도 속이 출출한 판인데, 이게 웬 떡이냐고 날름 혀로 차서는, 씹고 무엇 하고 할 것도 없이 그대로 꼴깍 삼켜 버렸다.
>
> – 채만식, 〈왕치와 소새와 개미와〉

♥ 작품 감상

[해제] '왕치(방아깨비)', '소새(딱따구리)', '개미'의 생김새가 지금처럼 된 이유를 보여 주는 우화 소설이다.

[주제] 염치없는 인간에 대한 풍자

01 이 글에 대한 설명으로 적절하지 않은 것은?

① 동물을 사람처럼 표현하여 이야기를 전개하고 있다.
② 의성어와 의태어를 사용하여 상황을 제시하고 있다.
③ 서술자가 등장인물의 속마음까지 직접 서술하고 있다.
④ 공간적 배경을 자세히 묘사하여 사실성을 높이고 있다.
⑤ 시간의 자연스러운 흐름에 따라 사건을 진행하고 있다.

02 ㉠의 상황을 표현하기에 가장 적절한 한자 성어는?

① 괄목상대(刮目相對) ② 금상첨화(錦上添花) ③ 소탐대실(小貪大失)
④ 진퇴양난(進退兩難) ⑤ 혈혈단신(孑孑單身)

창의적 적용

03 이 글의 '왕치'가 어떤 사람을 풍자하고 있는지 정리할 때, 다음의 빈칸에 들어갈 말을 쓰시오.

우화 소설에 나오는 동식물은 실제로는 사람을 상징한다.	⇨	Ⓐ에서 왕치는 일하기 싫어하고 염치가 없는 모습을 보이고 있다.	⇨	결국 이 글에 나타난 왕치는 (　　　　)

▶ 정답과 해설 48쪽

04~06 다음 글을 읽고 물음에 답하시오.

진짜 옹가는 가짜 옹가에게 처자식과 집, 세간을 모두 빼앗긴 채 곤장을 맞고 마을에서 쫓겨났다. 갈 곳이 없어진 그는 산속으로 들어갔다.

'가짜 옹가 놈에게 모든 것을 빼앗겼으니 이렇게 산들 무엇하리?'

진짜 옹가가 슬피 우는데 절벽 위에 백발의 도사가 나타나 꾸짖었다.

"뉘우쳐도 늦었느니라. 다 너의 악행 때문에 내가 하늘을 대신해 내린 벌이거늘 누구를 원망하며 누구를 탓하리오!"

진짜 옹가는 도사 앞에 급히 나아가 절을 하며 빌었다.

"돌이켜 보면 이 몸의 죄는 천만번 죽어도 마땅하나, 제발 늙은 모친과 착한 아내, 어린 자식을 마지막으로 한 번만 보게 해 주십시오. 이 소원을 풀고 나면 죽어도 여한이 없겠습니다."

온갖 정성 다 기울여 애걸하니, 도사가 소리 높여 말했다.

"천지간에 몹쓸 놈아! 앞으로도 팔십 넘어 병든 모친 구박하여 냉돌방에 두겠느냐? 계속 못된 짓 하겠느냐? 너 같은 몹쓸 놈은 응당 죽여 마땅하되, 네가 뉘우치고 너의 처자가 불쌍하기에 용서해 주겠노라. 집으로 돌아가면 [㉠]하여라."

진짜 옹가가 집으로 돌아오니, 방 안에 있던 가짜 옹가는 사라지고 그 자리에 난데없는 짚 인형이 놓여 있었다. 이후 진짜 옹가는 이전과 달리 착하고 인정 많은 사람이 되었다.

– 작자 미상, 〈옹고집전〉

♥ 작품 감상

[해제] 기본적 윤리와 인정을 상실한 옹고집이라는 인간을 가짜 옹고집을 등장시켜 혼내 주는 고전 소설이다.

[주제] 인간의 참된 도리에 대한 교훈

04 이 글의 내용과 일치하지 않는 것은?

① 진짜 옹가는 나이가 많고 병든 어머니를 제대로 돌보지 않았다.
② 진짜 옹가가 마을에서 쫓겨나게 된 것은 도사가 꾸민 일이었다.
③ 도사는 다른 사람을 가짜 옹가로 꾸며서 진짜 옹가를 벌하였다.
④ 도사의 용서를 받고 집으로 돌아온 진짜 옹가는 과거와 달라졌다.
⑤ 진짜 옹가는 모든 것을 빼앗기고 나서야 자신의 잘못을 뉘우쳤다.

05 ㉠에 들어갈 말로 가장 적절한 것은?

① 개과천선(改過遷善) ② 고립무원(孤立無援) ③ 구사일생(九死一生)
④ 사필귀정(事必歸正) ⑤ 안하무인(眼下無人)

창의적 적용

06 이 글을 통해 전달하려는 삶의 교훈을 〈조건〉에 맞게 한 문장으로 쓰시오.

조건

1) '권선징악'과 '일취월장' 중 하나를 선택하여 쓸 것.
2) 판단의 근거를 함께 제시할 것.

18회 한자 성어 ②

공부한 날 ( )월 ( )일

어휘 체크

※ 잘 아는 한자 성어 ○표! 헷갈리거나 모르는 한자 성어 ×표! 학습 후 확실하게 이해했으면 ☆표!

독서삼매	온고지신	주경야독	각골난망
반포지효	금상첨화	설상가상	점입가경
동병상련	학수고대	혼비백산	

★ 학문, 독서

독서삼매

讀 읽을 독 | 書 글 서 | 三 석 삼 | 昧 어두울 매

유나는 ( )에 빠져 초인종이 울리는 소리도 듣지 못했다.

뜻 알기 다른 생각은 전혀 아니 하고 오직 책 읽기에만 골몰하는* 경지.

뜻 써 보기

어휘 쏙 골몰(汨沒)하다 다른 생각을 할 여유도 없이 한 가지 일에만 파묻히다.

온고지신

溫 따뜻할 온 | 故 옛 고 | 知 알 지 | 新 새로울 신

우리는 고전을 읽고 ( )하여 그 속에 깃든 정신을 올바르게 이어 나가야 한다.

뜻 알기 옛것을 익히고 그것을 미루어서 새것을 앎.

뜻 써 보기

주경야독

晝 낮 주 | 耕 밭 갈 경 | 夜 밤 야 | 讀 읽을 독

그는 어려운 환경에 좌절하지 않고 ( )하여 대학에 합격했다.

뜻 알기 낮에는 농사짓고, 밤에는 글을 읽는다는 뜻으로, 어려운 여건 속에서도 꿋꿋이 공부함을 이르는 말.

뜻 써 보기

★ 은혜

각골난망

刻 새길 각 | 骨 뼈 골 | 難 어려울 난 | 忘 잊을 망

그동안 보살펴 주신 선생님의 은혜는 실로 ( )입니다.

뜻 알기 남에게 입은 은혜가 뼈에 새길 만큼 커서 잊히지 아니함.

뜻 써 보기

반포지효

反 돌이킬 반 | 哺 먹일 포 | 之 갈 지 | 孝 효도 효

부모를 ( )로 모시는 것은 자식의 마땅한 도리이다.

뜻 알기 까마귀 새끼가 자라서 늙은 어미에게 먹이를 물어다 주는 효(孝)라는 뜻으로, 자식이 자란 후에 어버이의 은혜를 갚는 효성을 이르는 말.

뜻 써 보기

★ 정도가 점점 심해짐

금상첨화
錦 비단 금 | 上 위 상 |
添 더할 첨 | 花 꽃 화

이 컴퓨터는 값도 싸고 성능까지 좋아서 ________ 이다.

뜻 알기 비단 위에 꽃을 더한다는 뜻으로, 좋은 일 위에 또 좋은 일이 더하여짐을 이르는 말.

뜻 써 보기 ________

설상가상
雪 눈 설 | 上 위 상 |
加 더할 가 | 霜 서리 상

시간도 없는데 ________ 으로 길까지 막혔다.

뜻 알기 눈 위에 서리가 덮인다는 뜻으로, 난처한* 일이나 불행한 일이 잇따라 일어남을 이르는 말.

뜻 써 보기 ________

어휘 쏙 난처(難處)하다 이럴 수도 없고 저럴 수도 없어 처신하기 곤란하다.

점입가경
漸 점점 점 | 入 들 입 |
佳 아름다울 가 | 境 지경 경

시장을 차지하기 위한 두 회사의 경쟁이 ________ 으로 치닫고 있다.

뜻 알기 들어갈수록 점점 재미가 있음. 또는 시간이 지날수록 하는 짓이나 몰골이 더욱 꼴불견*임을 이르는 말.

뜻 써 보기 ________

어휘 쏙 꼴불견(꼴不見) 하는 짓이나 겉모습이 차마 볼 수 없을 정도로 우습고 거슬림.

★ 심리, 심정

동병상련
同 한가지 동 | 病 병들 병 |
相 서로 상 | 憐 불쌍히 여길 련

홀어머니 밑에서 어렵게 자란 지원이는 아빠가 일찍 돌아가신 그 아이에게서 ________ 을 느꼈다.

뜻 알기 같은 병을 앓는 사람끼리 서로 가엾게 여긴다는 뜻으로, 어려운 처지에 있는 사람끼리 서로 가엾게 여김을 이르는 말.

뜻 써 보기 ________

학수고대
鶴 학 학 | 首 머리 수 |
苦 괴로울 고 | 待 기다릴 대

어머니는 아들이 돌아오기를 ________ 하고 있다.

뜻 알기 학의 목처럼 목을 길게 빼고 간절히 기다림.

뜻 써 보기 ________

혼비백산
魂 넋 혼 | 飛 날 비 |
魄 넋 백 | 散 흩을 산

병사들은 좌우에서 기습을 받고 놀라 ________ 했다.

뜻 알기 혼백이 어지러이 흩어진다는 뜻으로, 몹시 놀라 넋을 잃음을 이르는 말.

뜻 써 보기 ________

문해력 기초 다지기

사전적 의미

01 ~ 04 다음 뜻풀이에 해당하는 한자 성어를 〈보기〉에서 찾아 쓰시오.

보기

금상첨화 반포지효 온고지신 학수고대

01 옛것을 익히고 그것을 미루어서 새것을 앎. ( )

02 학의 목처럼 목을 길게 빼고 간절히 기다림. ( )

03 비단 위에 꽃을 더한다는 뜻으로, 좋은 일 위에 또 좋은 일이 더하여짐을 이르는 말. ( )

04 까마귀 새끼가 자라서 늙은 어미에게 먹이를 물어다 주는 효라는 뜻으로, 자식이 자란 후에 어버이의 은혜를 갚는 효성을 이르는 말. ( )

05 ~ 06 제시된 초성을 활용하여 한자 성어의 뜻풀이를 완성하시오.

05 각골난망 : 남에게 입은 [ㅇ][ㅎ]가 뼈에 새길 만큼 커서 잊히지 아니함.

06 주경야독 : 낮에는 농사짓고, 밤에는 글을 읽는다는 뜻으로, 어려운 여건 속에서도 꿋꿋이 [ㄱ][ㅂ]함을 이르는 말.

07 ~ 10 제시된 초성을 참고하여 다음 뜻풀이에 알맞은 한자 성어를 쓰시오.

07 다른 생각은 전혀 아니 하고 오직 책 읽기에만 골몰하는 경지. [ㄷ][ㅅ][ㅅ][ㅁ]

08 혼백이 어지러이 흩어진다는 뜻으로, 몹시 놀라 넋을 잃음을 이르는 말. [ㅎ][ㅂ][ㅂ][ㅅ]

09 눈 위에 서리가 덮인다는 뜻으로, 난처한 일이나 불행한 일이 잇따라 일어남을 이르는 말. [ㅅ][ㅅ][ㄱ][ㅅ]

10 같은 병을 앓는 사람끼리 서로 가엾게 여긴다는 뜻으로, 어려운 처지에 있는 사람끼리 서로 가엾게 여김을 이르는 말. [ㄷ][ㅂ][ㅅ][ㄹ]

▶ 정답과 해설 49쪽

문맥적 의미

11 ~ 13 제시된 초성을 참고하여 밑줄 친 부분과 의미가 통하는 한자 성어를 쓰시오.

11 나는 합격 소식이 오기를 목을 길게 빼고 간절히 기다렸다. ㅎ ㅅ ㄱ ㄷ

12 잔치를 즐기던 관리들은 암행어사 출두에 몹시 놀라 넋을 잃고 허둥지둥했다. ㅎ ㅂ ㅂ ㅅ

13 도서관에서 시끄럽게 통화를 하던 그는 시간이 지날수록 하는 짓이 더욱 꼴불견이었다. ㅈ ㅇ ㄱ ㄱ

14 밑줄 친 한자 성어의 쓰임이 적절하지 않은 것은?

① 나는 독서삼매에 빠져 한밤중이 된 것도 몰랐다.
② 나와는 정반대인 친구의 상황에 동병상련을 느꼈다.
③ 소풍 날 날씨가 따뜻하고 공기도 맑으니 금상첨화이다.
④ 형은 온갖 아르바이트를 하며 주경야독으로 대학을 졸업했다.
⑤ 어머니는 아이의 목숨을 구해 준 은인에게 각골난망이라며 거듭 절했다.

15 〈보기〉의 빈칸에 들어가기에 적절한 한자 성어는?

보기

그는 학교를 졸업하고 돈을 벌기 시작하면서 부모님을 (   )로 모시고 동생들까지 뒷바라지했다고 한다.

① 관포지교(管鮑之交) ② 금상첨화(錦上添花) ③ 반포지효(反哺之孝)
④ 안빈낙도(安貧樂道) ⑤ 역지사지(易地思之)

16 ~ 17 다음 한자 성어가 들어간 예문을 찾거나, 스스로 새로운 문장을 만들어 써 보시오.

16 설상가상 ⇨ ______________________________

17 온고지신 ⇨ ______________________________

문해력 완성 하기

01~03 다음 글을 읽고 물음에 답하시오.

> 네 소원이 무엇이냐 하고 하느님이 내게 물으시면, 나는 서슴지 않고,
> "내 소원은 대한 독립이오."
> 하고 대답할 것이다. 그 다음 소원은 무엇이냐 하면, 나는 또
> "우리나라의 독립이오."
> 할 것이요, 또 그 다음 소원이 무엇이냐 하는 세 번째 물음에도, 나는 더욱 소리를 높여서,
> "나의 소원은 우리나라 대한의 완전한 자주독립이오."
> 하고 대답할 것이다.
>
> 동포 여러분! 나 김구의 소원은 이것 하나밖에는 없다. 내 과거의 칠십 평생을 이 소원을 위하여 살아왔고, 현재에도 이 소원 때문에 살고 있고, 미래에도 나는 이 소원을 이루려고 살 것이다.
>
> 독립이 없는 백성으로 칠십 평생에 설움과 부끄러움과 애탐을 받은 나에게는, 세상에 가장 좋은 것이, 완전하게 자주독립한 나라의 백성으로 살아 보다가 죽는 일이다. 나는 일찍이 ㉠우리 독립 정부의 문지기가 되기를 원하였거니와, 그것은 우리나라가 독립국만 되면, 나는 ㉡그 나라의 가장 미천한 자가 되어도 좋다는 뜻이다. 왜 그런고 하면, ㉢독립한 제 나라의 빈천(貧賤)이, 남의 밑에 사는 부귀(富貴)보다 기쁘고 영광스럽고 희망이 많기 때문이다. 옛날 일본에 갔던 박제상이,
> "내 차라리 ㉣신라의 개돼지가 될지언정 ㉤왜왕의 신하로 부귀를 누리지 않겠다."
> 한 것이 그의 진정이었던 것을 나는 안다.
>
> – 김구, 〈나의 소원〉

> ♥ 작품 감상
> [해제] 완전한 자주독립 국가에 대한 강렬한 소망과 그 필요성을 의지적인 어조로 주장하고 있는 논설문이다.
> [주제] 우리나라의 완전한 자주독립에 대한 염원

01 이 글의 내용을 고려할 때, ㉠~㉤ 중 의미하는 바가 나머지와 다른 것은?

① ㉠ ② ㉡ ③ ㉢ ④ ㉣ ⑤ ㉤

02 이 글에 나타난 글쓴이의 심정을 표현할 수 있는 말로 가장 적절한 것은?

① 각골난망(刻骨難忘) ② 동병상련(同病相憐) ③ 반신반의(半信半疑)
④ 좌불안석(坐不安席) ⑤ 학수고대(鶴首苦待)

창의적 적용

03 이 글에 나타난 글쓴이의 바람을 〈조건〉에 맞게 쓰시오.

> 조건
> 1) 이 글에서 '국가 따위가 다른 나라의 간섭을 받거나 다른 나라에 의존하지 아니하고 자주권을 행사하는 일.'을 뜻하는 4음절의 단어를 찾아 사용할 것.
> 2) 글쓴이의 이름을 주어로 하는 한 문장으로 쓸 것.

04~06 다음 시를 읽고 물음에 답하시오.

아버님 날 낳으시고 어머님 날 기르시니
두 분이 아니시면 이 몸이 살았을까?
하늘같이 끝없는 은혜를 어찌 다 갚을까. 〈제1수〉

형아 아우야 네 살을 만져 보아라.
누구에게 태어났기에 모습조차 같은 것인가?
같은 젖 먹고 자랐으니 딴마음을 먹지 마라. 〈제3수〉

네 아들 효경*을 읽더니 얼마나 배웠느냐? / 내 아들 소학*은 모레면 마치리라.
언제나 이 두 글 배워 어질게 됨을 보려뇨. 〈제7수〉

오늘도 날이 밝았다 호미 메고 가자꾸나. / 내 논 다 매거든 네 논도 매어 주마.
올 길에 뽕 따다가 누에 먹여 보자꾸나. 〈제13수〉

이고 진 저 늙은이 짐 풀어 나를 주오. / 나는 젊었으니 돌이라 무거울까?
늙기도 서럽거늘 짐조차 지실까. 〈제16수〉

– 정철, 〈훈민가〉

* 효경(孝經), 소학(小學): 유학(儒學)에서 어린 시절에 익혀야 하는 책.

♥ 작품 감상
[해제] 작가가 백성을 교화하기 위해 우리말을 주로 사용하여 유교적 윤리를 제시하고 있는 16수의 연시조이다.
[주제] 유교 윤리의 실천 권장

04 이 시에 대한 이해로 적절하지 않은 것은?

① 순우리말을 사용하여 내용을 쉽게 전달하고 있군.
② 청자에게 유교적 윤리를 실천할 것을 권하고 있군.
③ 청자와의 신분 차이를 드러내며 가르침을 주고 있군.
④ 의문문을 활용하여 말하고자 하는 바를 강조하고 있군.
⑤ 청유형의 말투를 자주 사용하여 설득력을 높이고 있군.

05 이 시에서 '반포지효(反哺之孝)'라는 한자 성어와 가장 관련이 깊은 부분은?

① 제1수 ② 제3수 ③ 제7수 ④ 제13수 ⑤ 제16수

창의적 적용

06 〈제7수〉의 내용을 다음과 같이 이해하여 정리할 때, 빈칸에 들어갈 내용을 쓰시오.

'주경야독(晝耕夜讀)'이라는 말도 있듯이, 우리 조상들은 학문을 중요하게 여겼다. 이런 점은 〈훈민가〉에서도 드러나는데, 〈제7수〉에서는 ( ) 하고 있다. 올바른 사람이 되려면 반드시 공부를 해야 한다고 여긴 것이다.

19회

한자 성어 ③

공부한 날 ( )월 ( )일

어휘 체크 ※ 잘 아는 한자 성어 ○표! 헷갈리거나 모르는 한자 성어 ×표! 학습 후 확실하게 이해했으면 ☆표!

심사숙고 □□	역지사지 □□	일편단심 □□	안분지족 □□
안빈낙도 □□	견물생심 □□	소탐대실 □□	아전인수 □□
일석이조 □□	적반하장 □□	조변석개 □□	

★ 사람의 마음, 생각

심사숙고

深 깊을 심 | 思 생각 사 | 熟 익을 숙 | 考 생각할 고

우리는 오랜 ______ 끝에 결정을 내렸다.

뜻 알기 깊이 잘 생각함.

뜻 써 보기 ______

역지사지

易 바꿀 역 | 地 땅 지 | 思 생각 사 | 之 갈 지

친구와 의견이 맞지 않는다면 ______의 태도로 상대편의 입장을 헤아려 볼 필요가 있다.

뜻 알기 처지를 바꾸어서 생각하여 봄.

뜻 써 보기 ______

일편단심

一 하나 일 | 片 조각 편 | 丹 붉을 단 | 心 마음 심

여러분의 조국을 향한 ______은 영원히 기억될 것입니다.

뜻 알기 한 조각의 붉은 마음이라는 뜻으로, 진심에서 우러나오는 변치 아니하는 마음을 이르는 말.

뜻 써 보기 ______

★ 삶에 대한 만족

안분지족

安 편안할 안 | 分 나눌 분 | 知 알 지 | 足 발 족

그는 넉넉하지는 않지만 가족과 함께하는 삶에 ______하며 살고 있다.

뜻 알기 편안한 마음으로 제 분수*를 지키며 만족할 줄을 앎.

뜻 써 보기 ______

어휘 쏙 분수(分數) 자기의 신분이나 처지에 알맞은 한도.

안빈낙도

安 편안할 안 | 貧 가난할 빈 | 樂 즐길 낙 | 道 길 도

삼촌은 바쁜 도시 생활에서 벗어나 시골에서 ______하며 살고 있다.

뜻 알기 가난한 생활을 하면서도 편안한 마음으로 도를 즐겨 지킴.

뜻 써 보기 ______

★ 욕심, 이기심

견물생심
見 볼 견 | 物 만물 물 | 生 날 생 | 心 마음 심

(　　　　　　)이라고, 친구의 최신 휴대 전화를 보니 나도 그 제품이 갖고 싶어졌다.

뜻 알기 어떠한 실물을 보게 되면 그것을 가지고 싶은 욕심이 생김.

뜻 써 보기 ______________________

소탐대실
小 작을 소 | 貪 탐할 탐 | 大 큰 대 | 失 잃을 실

눈앞의 이익에만 집착하면 (　　　　　　)의 잘못을 범할 수 있다.

뜻 알기 작은 것을 탐하다가 큰 것을 잃음.

뜻 써 보기 ______________________

아전인수
我 나 아 | 田 밭 전 | 引 끌 인 | 水 물 수

민수는 우리 모임의 규칙을 (　　　　　　) 격으로 해석하였다.

뜻 알기 자기 논에 물 대기라는 뜻으로, 자기에게만 이롭게 되도록 생각하거나 행동함을 이르는 말.

뜻 써 보기 ______________________

★ 이익, 입장

일석이조
一 하나 일 | 石 돌 석 | 二 두 이 | 鳥 새 조

강아지를 데리고 나가 산책하면 운동도 되고 부모님께 용돈도 받을 수 있어서 (　　　　　　)이다.

뜻 알기 돌 한 개를 던져 새 두 마리를 잡는다는 뜻으로, 동시에 두 가지 이득을 봄을 이르는 말.

뜻 써 보기 ______________________

유의어 일거양득(一擧兩得) 한 가지 일을 하여 두 가지 이익을 얻음.

적반하장
賊 도둑 적 | 反 돌이킬 반 | 荷 멜 하 | 杖 지팡이 장

사고를 낸 사람이 피해자에게 큰소리를 치다니, 정말 (　　　　　　)이 따로 없다.

뜻 알기 도둑이 도리어 매를 든다는 뜻으로, 잘못한 사람이 아무 잘못도 없는 사람을 나무람을 이르는 말.

뜻 써 보기 ______________________

조변석개
朝 아침 조 | 變 변할 변 | 夕 저녁 석 | 改 고칠 개

그 정치인은 그때그때의 이익에 따라 (　　　　　　)를 일삼는다.

뜻 알기 아침저녁으로 뜯어고친다는 뜻으로, 계획이나 결정 따위를 일관성이 없이 자주 고침을 이르는 말.

뜻 써 보기 ______________________

문해력 기초 다지기

사전적 의미

01 ~ 04 다음 뜻풀이에 해당하는 한자 성어를 〈보기〉에서 찾아 쓰시오.

보기

견물생심 아전인수 역지사지 적반하장

01 처지를 바꾸어서 생각하여 봄. ( )

02 어떠한 실물을 보게 되면 그것을 가지고 싶은 욕심이 생김. ( )

03 자기 논에 물 대기라는 뜻으로, 자기에게만 이롭게 되도록 생각하거나 행동함을 이르는 말. ( )

04 도둑이 도리어 매를 든다는 뜻으로, 잘못한 사람이 아무 잘못도 없는 사람을 나무람을 이르는 말. ( )

05 ~ 06 제시된 초성을 활용하여 한자 성어의 뜻풀이를 완성하시오.

05 안분지족 : 편안한 마음으로 제 [ㅂ][ㅅ]를 지키며 만족할 줄을 앎.

06 일석이조 : 돌 한 개를 던져 새 두 마리를 잡는다는 뜻으로, 동시에 두 가지 [ㅇ][ㄷ]을 봄을 이르는 말.

07 ~ 10 제시된 초성을 참고하여 다음 뜻풀이에 알맞은 한자 성어를 쓰시오.

07 작은 것을 탐하다가 큰 것을 잃음. [ㅅ][ㅌ][ㄷ][ㅅ]

08 가난한 생활을 하면서도 편안한 마음으로 도를 즐겨 지킴. [ㅇ][ㅂ][ㄴ][ㄷ]

09 한 조각의 붉은 마음이라는 뜻으로, 진심에서 우러나오는 변치 아니하는 마음을 이르는 말. [ㅇ][ㅍ][ㄷ][ㅅ]

10 아침저녁으로 뜯어고친다는 뜻으로, 계획이나 결정 따위를 일관성이 없이 자주 고침을 이르는 말. [ㅈ][ㅂ][ㅅ][ㄱ]

▶ 정답과 해설 50쪽

문맥적 의미

11~13 제시된 초성을 참고하여 밑줄 친 부분과 의미가 통하는 한자 성어를 쓰시오.

11 처지를 바꾸어서 생각해 보면 상대편의 입장을 이해할 수 있다. ㅇ ㅈ ㅅ ㅈ

12 두 후보는 여론 조사 결과를 놓고 서로 자기에게만 이롭게 되도록 해석했다. ㅇ ㅈ ㅇ ㅅ

13 그는 넉넉하지는 않지만, 편안한 마음으로 분수를 지키며 만족할 줄을 알고 살아가는 사람이다. ㅇ ㅂ ㅈ ㅈ

14 밑줄 친 한자 성어의 쓰임이 적절하지 않은 것은?

① 그는 복권에 당첨되자 안빈낙도하며 돈을 흥청망청 썼다.
② 나는 초등학생 때부터 일편단심으로 이 가수를 응원했다.
③ 학생들은 조변석개하는 입시 정책으로 혼란을 겪고 있다.
④ 불법 주차로 걸린 그는 적반하장으로 공무원에게 화를 냈다.
⑤ 견물생심이라고 눈앞에서 보물을 보게 되자 그만 손을 대게 되었다.

15 〈보기〉의 빈칸에 들어가기에 적절한 한자 성어는?

보기

차비가 아까워서 빗속을 걷다가 감기에 걸려 병원비가 더 나왔다면, 그것은 (　　　　)(이)라고 할 수 있다.

① 견물생심(見物生心)　② 괄목상대(刮目相對)　③ 동병상련(同病相憐)
④ 소탐대실(小貪大失)　⑤ 일취월장(日就月將)

16~17 다음 한자 성어가 들어간 예문을 찾거나, 스스로 새로운 문장을 만들어 써 보시오.

16 심사숙고 ⇨ ____________________

17 일석이조 ⇨ ____________________

문해력 완성 하기

01~03 다음 글을 읽고 물음에 답하시오.

> ♥ 작품 감상
> [해제] '광문'이라는 인물의 일화를 통해 당대의 현실을 풍자하면서 바람직한 인간형을 제시하는 고전 소설이다.
> [주제] 신의 있고 정직한 삶의 태도 칭송

광문은 시장에서 싸우는 사람을 만나면 자신도 옷을 홀랑 벗고 싸움판에 뛰어들었다. 그리고 뭐라고 마구 외치면서 땅에 금을 그어 마치 그들의 옳고 그름을 판정하는 듯한 시늉을 했다. 그러면 온 시장 사람들이 웃어 대고, 싸우던 사람들도 웃음이 터져 싸움을 풀고 가 버렸다.

광문은 나이가 마흔이 넘어서도 결혼하지 않아 머리를 땋고 다녔다. 남들이 장가가라고 권하면, 그는 이렇게 말했다.

[A] "당신도 알다시피 누구나 잘생긴 얼굴을 좋아하지 않나? 사내만 그런 것이 아니라 여자들도 마찬가지라네. 그런데 나는 본래 못생긴 얼굴인데다가 꾸미지도 않지. 그러니 아예 장가를 들 생각도 하지 않는다네."

광문은 저녁이 되면 아무 집이나 들어가 그 집의 창고나 문간에서 자고는 하였다. 그래서 남들이 집을 가지라고 권하면 또 이렇게 말했다.

"나는 부모 형제도 없고, 처자도 없는데 집을 가질 필요가 뭐 있겠나. 나는 아침이면 큰 소리로 노래를 부르며 시장 거리에 들어갔다가 날이 저물면 부잣집 문간에서 자는 게 보통인데, 서울 안에 집이 자그마치 팔만 채나 된다네. 내가 날마다 잠자는 집을 바꾼다고 해도 내가 죽을 때까지 다 돌아다닐 수 없을 정도야."

– 박지원, 〈광문자전〉

01 이 글에 대한 설명으로 가장 적절한 것은?

① 개인과 사회의 외적 갈등이 두드러지게 나타나 있다.
② 비현실적인 상황을 활용하여 긴장감을 조성하고 있다.
③ 다양한 일화를 나열하여 인물의 성격을 보여 주고 있다.
④ 구체적인 시간적 배경을 제시하여 사실성을 높이고 있다.
⑤ 작품 안의 서술자가 다른 인물을 관찰하여 전달하고 있다.

02 [A]에 나타난 '광문'의 태도를 나타낼 수 있는 말로 가장 적절한 것은?

① 견물생심(見物生心) ② 역지사지(易地思之) ③ 일편단심(一片丹心)
④ 적반하장(賊反荷杖) ⑤ 조변석개(朝變夕改)

창의적 적용

03 이 글에 나타난 '광문'의 태도를 〈조건〉에 맞게 한 문장으로 정리하시오.

조건

1) '소탐대실(小貪大失)', '안분지족(安分知足)', '일석이조(一石二鳥)' 중 하나를 선택하여 쓸 것.
2) 평가의 근거를 간략하게 제시할 것.

04~06 다음 글을 읽고 물음에 답하시오.

텔레비전 방송은 대체로 시청률에 민감하다. 시청률이 높은 프로그램은 방송 횟수를 원래 계획보다 늘리기도 하고, 시청률이 예상보다 낮은 프로그램은 서둘러 끝내 버리기도 한다. 이는 텔레비전 프로그램 제작자가 시청자들을 의식하면서 프로그램을 만들 수밖에 없다는 것을 의미한다. 그렇다면 텔레비전 프로그램 제작자는 Ⓐ 시청자의 수준을 어떻게 평가할까?

여기에는 극단적인 두 가지 평가가 있다. 우선 한쪽은 시청자를 매우 현명하고 합리적인 존재로 평가한다. 시청자들은 자기 나름의 판단 능력을 지니고 있으므로 자신에게 도움이 되는 프로그램을 선택한다는 것이다. 예능 프로그램 제작자들이 흔히 이런 주장을 펼친다. 그들은 상대적으로 높은 시청률을 근거로 제시하며, 자신들이 시청자들이 바라는 프로그램을 만들고 있다고 주장한다.

하지만 다른 한쪽에서는 시청자를 합리적인 판단력을 갖추지 못한 존재로 평가한다. 합리적인 판단 기준을 지니지 못한 채 방송사가 이끄는 대로 따라간다고 보는 것이다. 이렇게 주장하는 측은 웃음을 목적으로 하는 가벼운 예능 프로그램의 시청률이 높게 나오는 반면, 상대적으로 수준이 높은 교양 프로그램의 시청률은 낮게 나오는 것을 근거로 든다. 이처럼 ㉠ 양측은 예능 프로그램의 시청률이 높은 현상을 서로 자신에게 유리하게 해석하고 있다. 하지만 사실 시청률과 시청자의 수준은 아무런 관련이 없다.

♥ 문단별 중심 내용

[1문단] 시청률에 민감한 텔레비전 방송의 특성

[2문단] 시청자의 수준에 대한 긍정적 평가

[3문단] 시청자의 수준에 대한 부정적 평가

04 이 글에 대한 이해로 가장 적절한 것은?

① 교양 프로그램을 보는 것이 스트레스의 해소에 더 효과적이다.
② 텔레비전 프로그램 제작자는 시청률의 변화에 신경 쓰지 않는다.
③ 텔레비전 프로그램 제작자는 프로그램의 수준을 높이려 노력한다.
④ 예능 프로그램을 즐기는 사람들은 판단 수준이 낮아 비합리적이다.
⑤ 시청률을 근거로 삼아 시청자의 수준을 판단하는 것은 적절하지 않다.

05 ㉠을 표현하기에 가장 적절한 말은?

① 동병상련(同病相憐) ② 소탐대실(小貪大失) ③ 심사숙고(深思熟考)
④ 아전인수(我田引水) ⑤ 일석이조(一石二鳥)

창의적 적용

06 Ⓐ에 대한 프로그램 제작자의 두 가지 입장을 정리할 때, ㉮와 ㉯에 들어갈 내용을 쓰시오.

	주장	근거
입장 1	㉮	예능 프로그램의 시청률이 높게 나온다.
입장 2	시청자들은 비합리적인 존재이다.	㉯

20회 속담 ①

공부한 날 ( )월 ( )일

어휘 체크 ※ 잘 아는 속담 ○표! 헷갈리거나 모르는 속담 ×표! 학습 후 확실하게 이해했으면 ☆표!

아니 땐 굴뚝에 연기 날까 □□ 윗물이 맑아야 아랫물이 맑다 □□ 콩 심은 데 콩 나고 팥 심은 데 팥 난다 □□
될성부른 나무는 떡잎부터 알아본다 □□ 물이 깊어야 고기가 모인다 □□ 가는 말이 고와야 오는 말이 곱다 □□
고기는 씹어야 맛이요, 말은 해야 맛이라 □□ 말 한마디에 천 냥 빚도 갚는다 □□ 먼 사촌보다 가까운 이웃이 낫다 □□
백지장도 맞들면 낫다 □□ 한술 밥에 배부르랴 □□

★ 원인과 결과

아니 땐 굴뚝에 연기 날까

네가 무슨 잘못을 했으니까 유림이가 화가 났겠지. 아니 땐 ______ 에 연기 날까?

뜻 알기 원인이 없으면 결과가 있을 수 없음을 이르는 말.

뜻 써 보기 ______

윗물이 맑아야 아랫물이 맑다

______ 이 맑아야 아랫물이 맑다고, 언니인 네가 동생한테 모범을 보여야지.

뜻 알기 윗사람이 잘하면 아랫사람도 따라서 잘하게 된다는 말.

뜻 써 보기 ______

콩 심은 데 콩 나고 팥 심은 데 팥 난다

콩 심은 데 ______ 나고 팥 심은 데 ______ 나는 법이야. 그동안 열심히 공부했으니 곧 성적이 좋아지겠지.

뜻 알기 모든 일은 근본에 따라 거기에 걸맞은 결과가 나타나는 것임을 이르는 말.

뜻 써 보기 ______

★ 사람의 성품

될성부른 나무는 떡잎부터 알아본다

될성부른 나무는 ______ 부터 알아본다더니, 메이저 리그에 진출한 그 선수는 중학생 때부터 야구를 잘했다.

뜻 알기 잘될 사람은 어려서부터 남달리 장래성이 엿보인다는 말.

뜻 써 보기 ______

물이 깊어야 고기가 모인다

물이 깊어야 ______ 가 모인다고, 이번에 새로 뽑힌 회장이 성실하고 착해서인지 그 동아리는 올해 회원 수가 많이 늘었다.

뜻 알기 자기에게 덕망이 있어야 사람들이 따르게 됨을 이르는 말.

뜻 써 보기 ______

★ 말

가는 말이 고와야 오는 말이 곱다

가는 말이 고와야 ____이 곱다고, 동현이가 먼저 나한테 심한 말을 해서 나도 동현이에게 그런 말을 한 거야.

(뜻 알기) 자기가 남에게 말이나 행동을 좋게 하여야 남도 자기에게 좋게 한다는 말.

(뜻 써 보기) ____

고기는 씹어야 맛이요, 말은 해야 맛이라

____는 씹어야 맛이요, 말은 해야 맛이라고 하잖아. 네가 가지고 있는 불만을 모두 시원하게 얘기해 봐.

(뜻 알기) 고기의 참맛을 알려면 겉만 핥을 것이 아니라 자꾸 씹어야 하듯이, 하고 싶은 말이나 해야 할 말은 시원히 다 해 버려야 좋다는 말.

(뜻 써 보기) ____

말 한마디에 천 냥 빚도 갚는다

____에 천 냥 빚도 갚는다더니, 나의 진심 어린 사과에 그는 나의 실수를 용서해 주었다.

(뜻 알기) 말만 잘하면 어려운 일이나 불가능해 보이는 일도 해결할 수 있다는 말.

(뜻 써 보기) ____

★ 삶의 이치

먼 사촌보다 가까운 이웃이 낫다

먼 사촌보다 가까운 ____이 낫다고, 마을 사람들이 도와줘서 이번 홍수로 인한 피해를 빨리 복구할 수 있었다.

(뜻 알기) 이웃끼리 서로 친하게 지내다 보면 먼 곳에 있는 일가보다 더 친하게 되어 서로 도우며 살게 된다는 것을 이르는 말.

(뜻 써 보기) ____

백지장도 맞들면 낫다

____도 맞들면 낫다고, 우리 모두 힘을 합쳐 이 문제를 해결해 보자.

(뜻 알기) 쉬운 일이라도 협력하여 하면 훨씬 쉽다는 말.

(뜻 써 보기) ____

한술 밥에 배부르랴

아버지는 첫 사업에 실패한 삼촌에게, ____에 배부르겠느냐며 다시 도전해 보라고 하셨다.

(뜻 알기) 어떤 일이든지 단번에 만족할 수는 없다는 말.

(뜻 써 보기) ____

문해력 기초 다지기

사전적 의미

01 ~ 03 다음 속담과 그 뜻풀이를 바르게 연결하시오.

01 가는 말이 고와야 오는 말이 곱다 •

02 백지장도 맞들면 낫다 •

03 한술 밥에 배부르랴 •

• ㉠ 쉬운 일이라도 협력하여 하면 훨씬 쉽다는 말.

• ㉡ 어떤 일이든지 단번에 만족할 수는 없다는 말.

• ㉢ 자기가 남에게 말이나 행동을 좋게 하여야 남도 자기에게 좋게 한다는 말.

04 ~ 06 다음 뜻풀이에 해당하는 속담을 〈보기〉에서 찾아 기호를 쓰시오.

보기

㉠ 말 한마디에 천 냥 빚도 갚는다
㉡ 윗물이 맑아야 아랫물이 맑다
㉢ 콩 심은 데 콩 나고 팥 심은 데 팥 난다

04 윗사람이 잘하면 아랫사람도 따라서 잘하게 된다는 말. (　　　)

05 말만 잘하면 어려운 일이나 불가능해 보이는 일도 해결할 수 있다는 말. (　　　)

06 모든 일은 근본에 따라 거기에 걸맞은 결과가 나타나는 것임을 이르는 말. (　　　)

07 ~ 09 제시된 초성을 활용하여 속담의 뜻풀이를 완성하시오.

07 아니 땐 굴뚝에 연기 날까

⇨ [ㅇ][ㅇ]이 없으면 [ㄱ][ㄱ]가 있을 수 없음을 이르는 말.

08 물이 깊어야 고기가 모인다

⇨ 자기에게 [ㄷ][ㅁ]이 있어야 사람들이 따르게 됨을 이르는 말.

09 될성부른 나무는 떡잎부터 알아본다

⇨ 잘될 사람은 어려서부터 남달리 [ㅈ][ㄹ][ㅅ]이 엿보인다는 말.

10~12 제시된 초성을 활용하여 문맥에 맞게 속담을 완성하시오.

10 [ㅁ]이 깊어야 [ㄱ][ㄱ]가 모인다잖아. 팀장이 신뢰를 못 주니까 팀원들이 모두 나가 버렸어.

11 [ㄱ][ㄱ]는 씹어야 맛이요, [ㅁ]은 해야 맛이라고 했어. 끙끙 앓던 고민을 모두 털어놓으니 정말 속이 시원하네.

12 [ㅎ][ㅅ] [ㅂ]에 배부를 수는 없지. 처음 출전한 대회에서는 아쉬웠지만 노력하면 다음엔 더 좋은 결과를 얻을 거야.

13 다음 중 속담의 쓰임이 적절하지 <u>않은</u> 것은?

① '윗물이 맑아야 아랫물이 맑다'고, 후배들을 바꾸기 위해서는 선배들부터 변하자.
② '콩 심은 데 콩 나고 팥 심은 데 팥 난다'고 했으니, 노력한 만큼 성과를 거둘 수 있을 거야.
③ '말 한마디에 천 냥 빚도 갚는다'더니, 따뜻한 말 한마디에 아버지에 대한 서운함이 풀렸다.
④ '될성부른 나무는 떡잎부터 알아본다'고, 어릴 때 좀 부족해도 나중에 크게 성공할 수도 있다.
⑤ '먼 사촌보다 가까운 이웃이 낫다'고, 외로운 할머니에게 신경 써 준 것은 같은 동네 주민들이었다.

14 〈보기〉의 ㉠에 들어갈 속담으로 가장 적절한 것은?

보기

그는 자신에 대한 근거 없는 소문이 계속 퍼지자 사실과 다르다고 여러 번 밝혔지만, 사람들은 (　　㉠　　) 그의 해명을 믿지 않았다.

① 공든 탑이 무너지겠느냐며
② 지렁이도 밟으면 꿈틀한다며
③ 쥐구멍에도 볕 들 날 있다며
④ 물이 깊어야 고기가 모인다며
⑤ 아니 땐 굴뚝에 연기 나겠느냐며

15~16 다음 속담이 들어간 예문을 찾거나, 스스로 새로운 문장을 만들어 써 보시오.

15 가는 말이 고와야 오는 말이 곱다

⇨ ______________________________

16 백지장도 맞들면 낫다

⇨ ______________________________

문해력 완성 하기

01 ~ 03 다음 글을 읽고 물음에 답하시오.

'노블레스 오블리주'는 사회적으로 높은 지위에 있는 사람들이 지녀야 하는 도덕적 의무감을 일컫는 말이다. 높든 낮든 사람들은 모두 사회적 지위를 가지고 있다. 그런데 '노블레스 오블리주'는 지도층에 속하는 사람들의 지위를 강조한다. 전쟁이 났을 때 왕족이나 귀족이 앞장서서 싸운다거나 흉년이 들었을 때 부자가 집 안에 쌓아 둔 식량을 굶주리는 사람들에게 무료로 나누어 주는 일 등이 '노블레스 오블리주' 정신을 실천하는 것이다.

그렇다면 지도층만 도덕적 의무감이 중요하고 일반 국민의 도덕적 의무감은 중요하지 않다는 말인가? 물론 그럴 리도 없고 그렇지도 않다. 도덕적 의무감은 지위가 높든 낮든 다 중요하다. 그런데 왜 지도층의 도덕적 의무감을 특히 중요시하는가? 지도층의 도덕적 행위가 일반 국민들에게 모범이 되기 때문이다. 그래서 옛날에는 최고의 지위에 있는 ㉠ 왕이 늘 백성들에게 도덕적인 모범을 보이려고 노력했다.

사실 도덕적 실천에서 지도층이 꼭 절대적 기준이 되는 것은 아니다. 도덕적으로 완벽한 기준은 세상 어디에도 존재하지 않는다. 그러나 사회에 미치는 영향력이 큰 지도층이 '노블레스 오블리주' 정신을 실천하는 것이 건전한 사회를 만드는 데에 효과적이고 효율적인 것은 분명하다.

♥ 문단별 중심 내용
[1문단] '노블레스 오블리주'의 개념
[2문단] 지도층의 도덕적 의무감이 중요한 이유
[3문단] '노블레스 오블리주'의 사회적 의미

01 이 글에 대한 이해로 적절하지 않은 것은?

① 노블레스 오블리주의 실천은 건전한 사회의 바탕이 된다.
② 사회 지도층은 그 사회의 도덕성을 판단하는 기준이 된다.
③ 노블레스 오블리주는 사회 지도층에게 요구되는 덕목이다.
④ 모든 사람들에게 적용되는 도덕적 기준은 존재하지 않는다.
⑤ 높은 지위에 있는 사람들의 행위는 일반인들에게 모범이 된다.

02 '노블레스 오블리주'에 대한 글쓴이의 입장을 나타내는 속담으로 가장 적절한 것은?

① 한술 밥에 배부르랴
② 윗물이 맑아야 아랫물이 맑다
③ 먼 사촌보다 가까운 이웃이 낫다
④ 될성부른 나무는 떡잎부터 알아본다
⑤ 고기는 씹어야 맛이요, 말은 해야 맛이라

창의적 적용

03 ㉠의 이유를 <조건>에 맞게 한 문장으로 쓰시오.

조건
1) '모방하다'와 '창조하다' 중에서 하나를 선택하여 사용할 것.
2) ㉠으로 인한 긍정적 효과를 제시할 것.

▶ 정답과 해설 51쪽

04~06 다음 글을 읽고 물음에 답하시오.

그는 극도로 게으른 사람이었다. 동네 노인의 주선으로 소작밭깨나 얻어 주면, 종자나 뿌려 둔 뒤에는 쟁기질도 안 하고 김도 안 매고 그냥 버려두었다가는, 가을에 가서는 되는 대로 거두어서 '금년은 흉년이네.' 하고 땅 주인에게 가져도 안 가고 자기 혼자 먹어 버렸다. 그러니까 그는 한 밭을 이태를 연하여 부쳐 본 일이 없었다. 이리하여 몇 해를 지내는 동안 그는 그 동리에서는 밭을 못 얻으리만큼 인심과 신용을 잃고 말았다. 〈중략〉

게으른 그에게는 막벌이나마 역시 되지 않았다. 하루 종일 지게를 지고 연광정에 가서 대동강만 내려다보고 있으니, 어찌 막벌이인들 될까. 한 서너 달 막벌이를 하다가, 그들은 요행 어떤 집 행랑살이로 들어가게 되었다. 그러나 그 집에서도 얼마 안 하여 쫓겨나왔다. 복녀는 부지런히 주인집 일을 보았지만, 남편의 게으름은 어찌할 수가 없었다. 매일 복녀는 눈에 칼을 세워 가지고 남편을 채근하였지만, 그의 게으른 버릇은 개를 줄 수는 없었다.

[A]
"벳섬(볏섬) 좀 치워 달라우요." / "남 졸음 오는데, 님자 치우시관."
"내가 치우나요?" / "이십 년이나 밥 처먹구 그걸 못 치워."
"에이구, 칵 죽구나 말디." / "이년, 뭘!"

– 김동인, 〈감자〉

♥ 작품 감상

[해제] 주변 환경 때문에 도덕적으로 타락하고 비극적인 죽음을 맞게 되는 인물의 삶을 그린 현대 소설이다.

[주제] 불우한 환경으로 인해 타락해 가는 인간의 모습

04 이 글의 서술상 특징으로 가장 적절한 것은?

① 시간의 흐름이 현재에서 과거로 달라지고 있다.
② 인물의 생김새를 묘사하여 성격을 암시하고 있다.
③ 작품 속에 등장하는 서술자가 사건을 전달하고 있다.
④ 사투리를 사용하여 작중 상황에 현실감을 높이고 있다.
⑤ 개인과 사회 제도 간의 갈등이 두드러지게 드러나 있다.

05 다음의 뜻풀이를 참고하여, 빈칸에 [A]의 상황을 표현하기에 적절한 속담을 쓰시오.

( )
⇒ 자기가 남에게 말이나 행동을 좋게 하여야 남도 자기에게 좋게 한다는 말.

창의적 적용

06 다음은 '남편'에 대해 정리한 것이다. ㉠과 ㉡에 들어갈 내용을 각각 쓰시오.

원인		결과
㉠	⇨	소작하는 밭을 제대로 일구지 않아 밭을 얻지 못했고, 성실하게 일하지 않아 막벌이가 되지 않았으며, 행랑살이에서도 쫓겨남.

⇩

관련 속담 : (㉡)

21회 속담 ②

공부한 날 ◯월 ◯일

어휘 체크

※ 잘 아는 속담 ○표! 헷갈리거나 모르는 속담 ×표! 학습 후 확실하게 이해했으면 ☆표!

목마른 놈이 우물 판다	지렁이도 밟으면 꿈틀한다	호랑이에게 물려 가도 정신만 차리면 산다
쥐구멍에도 볕 들 날 있다	하늘이 무너져도 솟아날 구멍이 있다	공든 탑이 무너지랴
열 번 찍어 안 넘어가는 나무 없다	지성이면 감천	구르는 돌은 이끼가 안 낀다
낫 놓고 기역 자도 모른다	우물 안 개구리	

★ 사람의 심리와 행동

목마른 놈이 우물 판다

목마른 놈이 ______ 판다고, 별수 없이 배고픈 내가 밥을 해야겠네.

(뜻 알기) 제일 급하고 일이 필요한 사람이 그 일을 서둘러 하게 되어 있다는 말.

(뜻 써 보기) ______

지렁이도 밟으면 꿈틀한다

______도 밟으면 꿈틀한다는데, 선우가 아무리 착해도 그렇게 놀려 대면 크게 화를 낼지도 몰라.

(뜻 알기) 아무리 눌려 지내는 미천한 사람이나, 순하고 좋은 사람이라도 너무 업신여기면 가만있지 아니한다는 말.

(뜻 써 보기) ______

호랑이에게 물려 가도 정신만 차리면 산다

______에게 물려 가도 정신만 차리면 산다니까, 포기하지 않고 노력하면 이 위기를 극복할 수 있을 것이다.

(뜻 알기) 아무리 위급한 경우를 당하더라도 정신만 똑똑히 차리면 위기를 벗어날 수가 있다는 말.

(뜻 써 보기) ______

★ 희망

쥐구멍에도 볕 들 날 있다

______에도 볕 들 날 있다더니, 고생만 하던 소라에게 행운이 찾아왔다.

(뜻 알기) 몹시 고생을 하는 삶도 좋은 운수가 터질 날이 있다는 말.

(뜻 써 보기) ______

하늘이 무너져도 솟아날 구멍이 있다

하늘이 무너져도 솟아날 ______이 있다더니, 직장에서 해고되어 걱정했는데 때마침 좋은 일자리가 생겼다.

(뜻 알기) 아무리 어려운 경우에 처하더라도 살아 나갈 방도가 생긴다는 말.

(뜻 써 보기) ______

★ 노력, 정성

공든 탑이 무너지랴

______이 무너지랴라는 말처럼, 마을 사람들이 힘을 모아 쌓은 둑은 오랜 장맛비에도 끄떡없었다.

(뜻 알기) 공들여 쌓은 탑은 무너질 리 없다는 뜻으로, 힘을 다하고 정성을 다하여 한 일은 그 결과가 반드시 헛되지 아니함을 이르는 말.

(뜻 써 보기) ______

열 번 찍어 안 넘어가는 나무 없다

열 번 찍어 안 넘어가는 ______ 없다더니, 같이 여행을 가자는 서영이의 계속된 설득에 결국 민지의 마음이 바뀌었다.

(뜻 알기) 아무리 뜻이 굳은 사람이라도 여러 번 권하거나 꾀고 달래면 결국은 마음이 변한다는 말.

(뜻 써 보기) ______

지성이면 감천

지성이면 ______이라더니, 정성스러운 간호에 아버지의 병이 회복되었다.

(뜻 알기) 정성이 지극하면 하늘도 감동하게 된다는 뜻으로, 무슨 일에든 정성을 다하면 아주 어려운 일도 순조롭게 풀리어 좋은 결과를 맺는다는 말.

(뜻 써 보기) ______

구르는 돌은 이끼가 안 낀다

구르는 돌은 ______가 안 낀다고, 그 선수는 끊임없이 노력하여 결국 국가 대표에 선발되었다.

(뜻 알기) 부지런하고 꾸준히 노력하는 사람은 침체되지 않고 계속 발전한다는 말.

(뜻 써 보기) ______

★ 무지

낫 놓고 기역 자도 모른다

힌트를 그렇게 많이 줬는데 한 문제도 못 맞히다니, 정말 ______ 놓고 기역 자도 모르는구나.

(뜻 알기) 기역 자 모양으로 생긴 낫을 보면서도 기역 자를 모른다는 뜻으로, 아주 무식함을 이르는 말.

(뜻 써 보기) ______

우물 안 개구리

우물 안 ______로 살지 말고 여행을 다니면서 견문을 넓히도록 해라.

(뜻 알기) 견문이 좁고 세상 형편에 어두운 사람을 이르는 말.

(뜻 써 보기) ______

사전적 의미

01 ~ 03 다음 속담과 그 뜻풀이를 바르게 연결하시오.

01 목마른 놈이 우물 판다 •

02 지렁이도 밟으면 꿈틀한다 •

03 하늘이 무너져도 솟아날 구멍이 있다 •

• ㉠ 아무리 어려운 경우에 처하더라도 살아 나갈 방도가 생긴다는 말.

• ㉡ 제일 급하고 일이 필요한 사람이 그 일을 서둘러 하게 되어 있다는 말.

• ㉢ 아무리 눌려 지내는 미천한 사람이나, 순하고 좋은 사람이라도 너무 업신여기면 가만있지 아니한다는 말.

04 ~ 06 다음 뜻풀이에 해당하는 속담을 〈보기〉에서 찾아 기호를 쓰시오.

보기

㉠ 공든 탑이 무너지랴

㉡ 열 번 찍어 안 넘어가는 나무 없다

㉢ 우물 안 개구리

04 견문이 좁고 세상 형편에 어두운 사람을 이르는 말. (　　　)

05 힘을 다하고 정성을 다하여 한 일은 그 결과가 반드시 헛되지 아니함을 이르는 말. (　　　)

06 아무리 뜻이 굳은 사람이라도 여러 번 권하거나 꾀고 달래면 결국은 마음이 변한다는 말. (　　　)

07 ~ 09 제시된 초성을 활용하여 속담의 뜻풀이를 완성하시오.

07 쥐구멍에도 볕 들 날 있다

⇨ 몹시 [ㄱ][ㅅ]을 하는 삶도 좋은 운수가 터질 날이 있다는 말.

08 구르는 돌은 이끼가 안 낀다

⇨ 부지런하고 꾸준히 [ㄴ][ㄹ]하는 사람은 침체되지 않고 계속 [ㅂ][ㅈ]한다는 말.

09 호랑이에게 물려 가도 정신만 차리면 산다

⇨ 아무리 위급한 경우를 당하더라도 정신만 똑똑히 차리면 [ㅇ][ㄱ]를 벗어날 수가 있다는 말.

▶ 정답과 해설 52쪽

10 ~ 12 제시된 초성을 활용하여 문맥에 맞게 속담을 완성하시오.

10 [ㅈ][ㅅ]이면 [ㄱ][ㅊ]이라더니, 간절한 기도 끝에 그토록 바라던 아이가 들어섰다.

11 목마른 놈이 [ㅇ][ㅁ] 판다고, 동네에 필요한 복지 시설을 만들기 위해 주민들이 직접 나섰다.

12 [ㅎ][ㄴ]이 무너져도 솟아날 [ㄱ][ㅁ]이 있다더니, 태풍으로 큰 피해를 입은 마을에 이웃들의 도움의 손길이 이어졌다.

13 다음 중 속담의 쓰임이 적절하지 <u>않은</u> 것은?

① 쥐구멍에도 볕 들 날 있다고, 집안이 망하자 결혼을 약속했던 이도 떠나갔다.
② 그는 낫 놓고 기역 자도 모르는 설움에서 벗어나기 위해 뒤늦게 공부를 시작했다.
③ 지렁이도 밟으면 꿈틀한다고, 지주의 횡포를 참다못한 소작농들이 들고 일어났다.
④ 열 번 찍어 안 넘어가는 나무 없다지만, 그는 숱한 회유에도 흔들리지 않고 자신의 소신을 지켰다.
⑤ 호랑이에게 물려 가도 정신만 차리면 산다니까, 우리 포기하지 말고 힘을 합쳐 이 위기를 극복합시다.

14 〈보기〉의 ㉠에 들어갈 속담으로 가장 적절한 것은?

보기

그가 오래도록 최고의 배우로 평가받는 이유는, (㉠)(라)는 마음가짐으로 늘 새로운 모습을 보이기 위해 노력하기 때문이다.

① 한술 밥에 배부르랴
② 백지장도 맞들면 낫다
③ 지렁이도 밟으면 꿈틀한다
④ 구르는 돌은 이끼가 안 낀다
⑤ 될성부른 나무는 떡잎부터 알아본다

15 ~ 16 다음 속담이 들어간 예문을 찾거나, 스스로 새로운 문장을 만들어 써 보시오.

15 우물 안 개구리

⇨ ______________________________

16 공든 탑이 무너지랴

⇨ ______________________________

문해력 완성 하기

01~03 다음 글을 읽고 물음에 답하시오.

"자네, 돈벌이 좀 안 할려나? 이 밭에 금이 묻혔네, 금이……."

"뭐?" 하니까

바로 이 산 너머 큰골에 광산이 있다. 광부를 삼백여 명이나 부리는 노다지판인데 매일 나오는 금이 칠십 냥을 넘는다. 돈으로 치면 칠천 원, 그 금맥이 큰 산허리를 뚫고 이 콩밭으로 뻗어 나왔다는 것이다. 〈중략〉 그러나 영식이는 귀담아듣지 않았다. 금광이란 칼 물고 뜀뛰기다. 잘되면 다행이지만 못되면 신세만 망친다. 이렇게 들은 소리가 있어서였다. 그 담날도 와서 꾀다 갔다. 〈중략〉

그들은 밥상을 끼고 앉아서 즐겁게 술을 마셨다. 몇 잔이 들어가고 보니 영식이의 생각도 적이 돌아섰다. 딴은 일 년 고생하고 기껏 콩 몇 섬 얻어먹느니보다는 금을 캐는 것이 슬기로운 짓이다. 하루에 잘만 캔다면 한 해 줄곧 공들인 그 수확보다 훨씬 이익이다. 올봄 보낼 제 비룟값, 품삯, 빚진 칠 원 까닭에 나날이 졸리는 이 판이다. 이렇게 시시하게 살고 말 바에는 차라리 가로지나 세로지나 사내자식이 한번 해 볼 것이다. / "낼부터 우리 파 보세, 돈만 있으면야 그까짓 콩은……."

수재가 안달하며 재우쳐 보챌 제 선뜻 응낙하였다.

"그래 보세, 배라먹을 거 안됨 고만이지."

– 김유정, 〈금 따는 콩밭〉

♥ 작품 감상

[해제] 일제 강점기의 금광 열풍을 배경으로 성실하게 일하던 농민이 타락하는 과정을 그린 단편 소설이다.

[주제] 허황된 욕망을 추구하는 인간의 어리석음

01 이 글에 대한 설명으로 적절하지 <u>않은</u> 것은?

① 현실과 환상을 넘나들며 사건을 전개하고 있다.
② 인물의 말과 행동을 통해 성격을 드러내고 있다.
③ 서술자가 인물의 속마음까지 직접 서술하고 있다.
④ 속담을 활용하여 내용을 인상 깊게 표현하고 있다.
⑤ 비속어를 활용하여 상황을 생생하게 표현하고 있다.

02 이 글에 나타난 '영식'의 태도를 표현하기에 가장 적절한 속담은?

① 백지장도 맞들면 낫다
② 목마른 놈이 우물 판다
③ 구르는 돌은 이끼가 안 낀다
④ 열 번 찍어 안 넘어 가는 나무 없다
⑤ 하늘이 무너져도 솟아날 구멍이 있다

창의적 적용

03 '영식'에 대한 '수재'의 태도를 〈조건〉에 맞게 서술하시오.

조건

1) '감언이설'과 '이실직고' 중에서 하나를 선택하여 쓸 것.
2) 금광에 대한 정보의 성격을 포함하여 완결된 문장으로 쓸 것.

04~05 다음 글을 읽고 물음에 답하시오.

옛날 옛적에, 돈은 많지만 탐욕스럽고 파렴치한 농부가 살고 있었다. 이 농부의 이웃에 가난한 양치기가 살고 있었는데, 양치기는 암소 한 마리를 받기로 하고 농부를 위해 일을 해 주었다. 그런데 일이 끝나자 농부는 그런 약속을 한 적이 없다고 딱 잡아떼었다. 결국 양치기는 시장을 찾아가 하소연하였다. 그런데 젊은 시장은 뜬금없는 제안을 하였다.

"두 사람에게 수수께끼를 내겠소. 둘 중에서 훌륭하게 대답한 사람에게 암소를 주겠소. 동의하시오?"

농부와 양치기가 모두 제안을 받아들이자, 시장이 문제를 냈다.

"세상에서 가장 빠른 것은? 가장 단 것은? 가장 부유한 것은? 이 세 질문에 대한 답을 가져오시오."

농부는 집으로 돌아가 아내에게 시장이 낸 문제를 말했다. 그러자 농부의 아내가 대답했다.

[A] "쉬운 문제네요. 일단 세상에서 가장 빠른 건 우리 집 말이에요. 이 도시에서 우리 마차보다 빠른 건 아무것도 없었잖아요? 그리고 가장 단 것은 우리 집 꿀이에요. 우리 집 꿀보다 더 단 것 먹어 봤어요? 마지막으로 가장 부유한 것도 우리 집이에요. 지난 수십 년 동안 모은 금화로 가득 찬 우리 집 금고보다 더 부유한 것이 어디 있겠어요?"

아내의 말을 들은 농부는 뛸 듯이 기뻐했다.

"당신 말이 맞아! 이제 양치기에게 암소를 주지 않아도 되겠군!"

– 체코 설화, 〈현명한 아내 만카〉

♥ 작품 감상

[해제] '만카'라는 지혜로운 여인이 어려운 문제를 해결하고 행복한 삶을 누리게 된다는 내용의 체코 설화이다.

[주제] 문제를 해결하는 지혜로 행복을 성취하는 만카

04 [A]와 같이 말한 '농부의 아내'를 비판할 수 있는 말로 가장 적절한 것은?

① 낫 놓고 기역 자도 모르는군.
② 우물 안 개구리처럼 생각하는군.
③ 구더기 무서워서 장 못 담그는군.
④ 누워서 침 뱉기 같은 행동을 하는군.
⑤ 빈대 잡으려고 초가삼간 태우는 꼴이군.

창의적 적용

05 다음은 설화의 종류와 특징을 정리한 것이다. 이 글은 설화의 종류 중 무엇에 해당하는지 한 문장으로 서술하시오. (단, 판단의 근거를 두 가지 이상 제시할 것.)

분류	신화	전설	민담
성격	신성성	진실성	흥미성, 교훈성
배경	특별하고 신성한 장소	구체적 시간과 장소	막연한 시간과 장소
주인공	신이나 신적 존재	비범한 인물 또는 동물	평범한 인물
증거물	포괄적인 증거물	구체적인 증거물	증거물 없음
결말	위업 달성	대체로 비극적 결말	행복한 결말

22회 관용어 ①

공부한 날 ◯월 ◯일

어휘 체크

※ 잘 아는 관용어 ○표! 헷갈리거나 모르는 관용어 ×표! 학습 후 확실하게 이해했으면 ☆표!

손에 익다 □□	손을 맞잡다 □□	손이 크다 □□	발을 끊다 □□	발이 넓다 □□
발이 묶이다 □□	눈에 띄다 □□	눈에 익다 □□	눈이 높다 □□	
눈이 뒤집히다 □□	귀가 가렵다 □□	귀를 기울이다 □□	귀를 의심하다 □□	

★ 손

손에 익다

이제 일이 ______어서 일을 빠르고 정확하게 처리할 수 있다.

뜻 알기 일이 손에 익숙해지다.

뜻 써 보기 ______________________

손을 맞잡다

경찰과 교사들은 ______고 온 힘을 다해 학원 폭력을 줄이기로 했다.

뜻 알기 서로 뜻을 같이 하여 긴밀하게 협력하다.

뜻 써 보기 ______________________

손이 크다

______신 어머니는 친구가 오면 언제나 음식을 푸짐하게 차리셨다.

뜻 알기 씀씀이가 후하고 크다.

뜻 써 보기 ______________________

★ 발

발을 끊다

우진이는 선생님의 따끔한 충고를 듣고 나쁜 친구들과 ______었다.

뜻 알기 오가지 않거나 관계를 끊다.

뜻 써 보기 ______________________

발이 넓다

현우는 ______어서 이 동네에서 모르는 사람이 없을 정도다.

뜻 알기 사귀어 아는 사람이 많아 활동하는 범위가 넓다.

뜻 써 보기 ______________________

발이 묶이다

지혜는 집안일에 ______여 당분간은 공부를 할 수 없게 되었다.

뜻 알기 몸을 움직일 수 없거나 활동할 수 없는 형편이 되다.

뜻 써 보기 ______________________

★ 눈

눈에 띄다

예은이가 요즘 ＿＿＿＿ 게 성적이 좋아졌다.

뜻 알기 두드러지게 드러나다.

뜻 써 보기

눈에 익다

10년 만에 돌아온 고향은 여전히 ＿＿＿＿ 고 정겨웠다.

뜻 알기 여러 번 보아서 익숙하다.

뜻 써 보기

눈이 높다

1) 그 여자는 ＿＿＿＿ 아 웬만한 남자는 거들떠보지도 않는다.

뜻 알기 정도 이상의 좋은 것만 찾는 버릇이 있다.

뜻 써 보기

2) 그는 나이는 젊지만 예술품을 보는 ＿＿＿＿ 다.

뜻 알기 안목*이 높다.

뜻 써 보기

어휘 쏙 안목(眼目) 사물을 보고 분별하는 지식과 능력.

눈이 뒤집히다

준우는 모욕적인 말을 듣는 순간 ＿＿＿＿ 힐 정도로 화가 났다.

뜻 알기 충격적인 일을 당하거나 어떤 일에 집착하여 이성을 잃다.

뜻 써 보기

★ 귀

귀가 가렵다

우리가 자기 이야기를 하고 있으니 아마도 그는 지금 ＿＿＿＿ 겠지.

뜻 알기 남이 제 말을 한다고 느끼다.

뜻 써 보기

귀를 기울이다

참석자들은 토론 주제를 설명하는 사회자의 말에 ＿＿＿＿ 였다.

뜻 알기 남의 이야기나 의견에 관심을 가지고 주의를 모으다.

뜻 써 보기

귀를 의심하다

나는 용돈을 줄이겠다는 엄마의 말에 ＿＿＿＿ 하였다.

뜻 알기 믿기 어려운 이야기를 들어 잘못 들은 것이 아닌가 생각하다.

뜻 써 보기

문해력 기초 다지기

사전적 의미

01 ~ 04 다음 관용어와 그 뜻풀이를 바르게 연결하시오.

01 귀를 기울이다 • • ㉠ 두드러지게 드러나다.

02 눈에 띄다 • • ㉡ 일이 손에 익숙해지다.

03 발이 넓다 • • ㉢ 사귀어 아는 사람이 많아 활동하는 범위가 넓다.

04 손에 익다 • • ㉣ 남의 이야기나 의견에 관심을 가지고 주의를 모으다.

05 ~ 07 다음 뜻풀이에 해당하는 관용어를 〈보기〉에서 찾아 기호를 쓰시오.

보기

㉠ 눈이 높다 ㉡ 발이 묶이다 ㉢ 귀가 가렵다

05 남이 제 말을 한다고 느끼다. ( )

06 정도 이상의 좋은 것만 찾는 버릇이 있다. ( )

07 몸을 움직일 수 없거나 활동할 수 없는 형편이 되다. ( )

08 ~ 11 제시된 초성을 활용하여 관용어의 뜻풀이를 완성하시오.

08 손이 크다 ⇨ [ㅆ][ㅆ][ㅇ]가 후하고 크다.

09 눈에 익다 ⇨ 여러 번 보아서 [ㅇ][ㅅ]하다.

10 발을 끊다 ⇨ 오가지 않거나 [ㄱ][ㄱ]를 끊다.

11 손을 맞잡다 ⇨ 서로 뜻을 같이 하여 긴밀하게 [ㅎ][ㄹ]하다.

12 ~ 15 관용어의 쓰임을 고려하여 빈칸에 들어갈 알맞은 말을 쓰시오.

12 그는 ( )에 띄는 외모로 사람들의 시선을 끌었다.

13 사람들은 대통령 후보의 연설에 ( )을/를 기울였다.

14 이모는 ( )이/가 커서 늘 용돈과 선물을 많이 주셨다.

15 신입 사원은 일이 ( )에 익지 않아 자꾸 실수를 했다.

16 밑줄 친 관용어의 쓰임이 적절하지 않은 것은?

① 육아 문제로 발이 묶여 회사를 그만두고 말았다.
② 나는 눈이 높아서 그 그림의 가치를 알아보지 못했다.
③ 민수는 공부에 집중하기로 마음먹고 피시방에 발을 끊었다.
④ 세 나라가 손을 맞잡고 기상 이변 문제에 대응하기로 했다.
⑤ 학년이 바뀌어 새로운 반에 갔더니 눈에 익은 얼굴이 없었다.

17 관용어를 사용하여 〈보기〉의 문장을 완성할 때, ㉠과 ㉡에 들어갈 말이 바르게 나열된 것은?

보기
- 그는 아이가 뺑소니 사고를 당하자 눈이 (㉠) 범인을 쫓았다.
- 나는 친구의 고백에 귀를 (㉡) 정말이냐고 되물었다.

① 익어 – 기울이며
② 높아 – 기울이며
③ 높아 – 의심하며
④ 뒤집혀 – 의심하며
⑤ 뒤집혀 – 가려워하며

18 ~ 19 다음 관용어가 들어간 예문을 찾거나, 스스로 새로운 문장을 만들어 써 보시오.

18 귀가 가렵다 ⇨ ______

19 발이 넓다 ⇨ ______

문해력 완성 하기

01~03 다음 글을 읽고 물음에 답하시오.

㉠필연코 요년이 나의 약을 올리느라고 또 닭을 집어내다가 내가 내려올 길목에다 쌈을 시켜 놓고 저는 그 앞에 앉아서 천연스레 호드기를 불고 있음에 틀림없으리라. 나는 약이 오를 대로 올라서 ㉡두 눈에서 불과 함께 눈물이 펵 쏟아졌다. 나무 지게도 벗어 놀 새 없이 그대로 내동댕이치고는 지게막대기를 뻗치고 허둥지둥 달려들었다.

가까이 와 보니 과연 나의 짐작대로 우리 수탉이 피를 흘리고 거의 빈사지경에 이르렀다. 닭도 닭이려니와 그러함에도 불구하고 눈 하나 깜짝 없이 고대로 앉아서 호드기만 부는 그 꼴에 더욱 치가 떨린다. 동네에서도 소문이 났거니와 나도 한때는 걱실걱실히 일 잘하고 얼굴 예쁜 계집애인 줄 알았더니 ㉢시방 보니까 그 눈깔이 꼭 여우 새끼 같다.

ⓐ나는 대뜸 달려들어서 나도 모르는 사이에 큰 수탉을 단매로 때려 엎었다. 닭은 푹 엎어진 채 다리 하나 꼼짝 못하고 그대로 죽어 버렸다. 그리고 나는 멍하니 섰다가 ㉣점순이가 매섭게 눈을 홉뜨고 닥치는 바람에 뒤로 벌렁 나자빠졌다. / "이놈아! 너 왜 남의 닭을 때려죽이니?"

"그럼 어때?" / 하고 일어나다가, / "뭐 이 자식아! 누 집 닭인데?" / 하고 복장을 떼미는 바람에 다시 벌렁 자빠졌다. 그러고 나서 가만히 생각을 하니 분하기도 하고 무안스럽기도 하고, 또 한편 일을 저질렀으니 ㉤인젠 땅이 떨어지고 집도 내쫓기고 해야 될는지 모른다.

– 김유정, 〈동백꽃〉

> ♥ 작품 감상
> [해제] 산골 마을에 사는 청춘 남녀의 순박한 사랑을 해학적으로 그린 단편 소설이다.
> [주제] 산골 마을 청춘 남녀의 순박한 사랑

01 ㉠~㉤에 대한 설명으로 적절하지 않은 것은?

① ㉠: 점순이가 전에도 비슷한 행동을 했다는 것을 알 수 있다.
② ㉡: '나'의 감정이 격해진 모습을 익살스럽게 표현하고 있다.
③ ㉢: 점순이에 대한 미움의 감정을 비유적으로 표현하고 있다.
④ ㉣: '나'의 반응을 보고 점순이가 자기 행위를 반성하고 있다.
⑤ ㉤: '나'가 자기 때문에 가족에게 불이익이 생길 것을 걱정하고 있다.

02 ⓐ에 나타난 '나'의 심정을 표현하기에 적절한 관용어는?

① 눈에 밟히다 ② 배가 아프다 ③ 귀를 의심하다
④ 눈이 뒤집히다 ⑤ 간이 콩알만 해지다

창의적 적용

03 〈보기〉를 참고하여, 점순이가 '나'의 닭을 괴롭히는 까닭을 한 문장으로 쓰시오.

보기

나흘 전 점순이가 일하고 있는 '나'에게 다가와 삶은 감자를 주면서 먹으라고 했을 때, '나'는 매몰차게 거절했다. 그러자 점순이는 눈물을 보이더니, 그 뒤 '나'의 집 닭을 괴롭히기 시작했다.

▶ 정답과 해설 53쪽

04~06 다음 글을 읽고 물음에 답하시오.

> 도둑질을 전문으로 하는 자가 자신의 기술을 아들에게 모두 가르쳐 주었다. 아들은 처음에는 실수하기도 했으나 아버지의 조언으로 점차 ㉠<u>도둑질에 익숙해지기</u> 시작했다. 그러다 자만심이 들어 자기 기술이 아버지보다 훨씬 낫다고 생각하였다. 실제로 그는 도둑질을 할 때마다 아버지보다 앞서 들어가고 나올 때는 뒤에 나왔으며, 가볍고 가치 없는 것은 그냥 두고 무겁고 귀한 것만 골라 가지고 나왔다. 또 아들 도둑은 귀와 눈이 밝아 먼 곳에서 나는 소리도 잘 들었고, 어두운 곳에서도 먼 곳을 잘 살필 수 있었다. 그러자 다른 도둑들이 아들 도둑의 능력을 칭찬하였다. 마침내 아들 도둑은 아버지 도둑에게 이렇게 말했다.
>
> "저는 이제 물건을 훔치는 일에 대해서는 두려울 게 없습니다. 훗날 제가 아버지 나이가 되면 아마 보통 도둑은 따르지 못할 경지에 이를 것입니다."
>
> "훔치는 기술은 그렇겠지. 하지만 백번 잘하다가도 한 번 실수하면 큰 화가 생길 수 있다. 그러니 물건을 훔치다가 붙잡힐 지경이 되었을 때 도망쳐 나오는 지혜를 스스로 체득하지 않으면 안 된다. 내가 보기에 너는 아직 그런 경지에 다다르지 못하였다."
>
> 하지만 아들 도둑은 아버지의 말을 건성으로 들으며 속으로 인정하지 않았다.
>
> – 강희맹, 〈도자설〉
>
> ♥ 작품 감상
>
> [해제] 부자(父子) 도둑의 예를 들어 스스로 터득하는 지혜의 중요성을 알려 주는 고전 수필이다.
>
> [주제] 스스로 터득한 지혜의 중요성

04 이 글의 내용과 일치하지 <u>않는</u> 것은?

① 아들 도둑은 자신의 도둑질 기술에 자만심을 가졌다.
② 다른 도둑들은 아들 도둑의 도둑질 능력을 인정했다.
③ 아버지 도둑은 아들의 도둑질 기술이 부족하다고 여겼다.
④ 아버지 도둑은 붙잡힐 경우를 대비해야 한다고 생각했다.
⑤ 아들 도둑은 도둑질할 때 아버지 도둑보다 앞서 들어갔다.

05 ㉠과 바꿔 쓰기에 가장 적절한 것은?

① 도둑질이 손에 익기
② 도둑질에 발이 묶이기
③ 도둑질에 눈이 높아지기
④ 다른 도둑과 손을 맞잡기
⑤ 손이 크게 도둑질을 하기

창의적 적용

06 '아버지 도둑'과 '아들 도둑'의 태도를 〈조건〉에 맞게 한 문장으로 정리하시오.

조건

1) '귀가 가렵다'와 '귀를 기울이다' 중에서 하나를 선택하여 사용할 것.
2) '지혜'와 '기술'이라는 두 단어를 모두 사용할 것.
3) '아버지 도둑은 ~으나, 아들 도둑은 ~지 않았다.'라는 문장 형식으로 쓸 것.

23회 관용어 ②

공부한 날 ( )월 ( )일

어휘 체크 ※ 잘 아는 관용어 ○표! 헷갈리거나 모르는 관용어 ×표! 학습 후 확실하게 이해했으면 ☆표!

입을 맞추다 □□	입을 모으다 □□	입이 딱 벌어지다 □□	코가 꿰이다 □□	
코가 납작해지다 □□	코가 높다 □□	간이 떨리다 □□	간이 떨어지다 □□	간이 크다 □□
배가 아프다 □□	배를 불리다 □□	엉덩이가 근질근질하다 □□	엉덩이가 무겁다 □□	

★ 입

입을 맞추다

형과 나는 도서관에서 공부를 하고 온 것처럼 ______었다.

뜻 알기 서로의 말이 일치하도록 하다.

뜻 써 보기 ______

입을 모으다

무리한 다이어트는 건강을 해친다고 의사들은 ______아 이야기한다.

뜻 알기 여러 사람이 같은 의견을 말하다.

뜻 써 보기 ______

입이 딱 벌어지다

나는 윤서가 수학 시험에서 만점을 받았다는 소리를 듣고 ______졌다.

뜻 알기 매우 놀라거나 좋아하다.

뜻 써 보기 ______

★ 코

코가 꿰이다

동현이는 윤우에게 무슨 ______었는지 꼼짝도 못한다.

뜻 알기 약점이 잡히다.

뜻 써 보기 ______

코가 납작해지다

지훈이는 게임에서 나에게 진 후로 ______졌다.

뜻 알기 몹시 무안*을 당하거나 기가 죽어 위신이 뚝 떨어지다.

뜻 써 보기 ______

어휘 쏙 무안(無顔) 수줍거나 창피하여 볼 낯이 없음.

코가 높다

그는 인기를 얻게 되자 겸손했던 예전과 달리 ______아졌다.

뜻 알기 잘난 체하고 뽐내는 기세가 있다.

뜻 써 보기 ______

★ 간

간이 떨리다

주원이는 ______ 서 그 놀이기구를 탈 수가 없었다.

뜻 알기 마음속으로 몹시 겁이 나다.

뜻 써 보기 ______

간이 떨어지다

아현이가 갑자기 소리를 지르는 바람에 ______ 지는 줄 알았다.

뜻 알기 몹시 놀라다.

뜻 써 보기 ______

간이 크다

많은 사람 앞에서 떨지 않고 발표하다니, 너 보기보다 ______ 구나.

뜻 알기 겁이 없고 매우 대담하다.

뜻 써 보기 ______

★ 배

배가 아프다

그는 같이 본 시험에서 친구만 합격하자 무척이나 ______ 다.

뜻 알기 남이 잘되어 심술이 나다.

뜻 써 보기 ______

배를 불리다

사장은 직원들의 복지에는 관심 없고 자기 ______ 느라 정신이 없다.

뜻 알기 재물이나 이득을 많이 차지하여 사리사욕*을 채우다.

뜻 써 보기 ______

어휘 쏙 사리사욕(私利私慾) 개인적인 이익과 욕심.

★ 엉덩이

엉덩이가 근질근질하다

공부한 지 얼마나 지났다고 몸을 비비 꼬니. 벌써 ______ 하니?

뜻 알기 한군데 가만히 앉아 있지 못하고 자꾸 일어나 움직이고 싶어 하다.

뜻 써 보기 ______

엉덩이가 무겁다

반장은 공부를 할 때 ______ 다.

뜻 알기 한번 자리를 잡고 앉으면 좀처럼 일어나지 아니하다.

뜻 써 보기 ______

반의어 엉덩이가 가볍다 어느 한자리에 오래 머물지 못하고 바로 자리를 뜨다.

문해력 기초 다지기

사전적 의미

01 ~ 04 다음 관용어와 그 뜻풀이를 바르게 연결하시오.

01	입을 모으다 •	• ㉠ 마음속으로 몹시 겁이 나다.
02	간이 떨리다 •	• ㉡ 여러 사람이 같은 의견을 말하다.
03	코가 납작해지다 •	• ㉢ 한번 자리를 잡고 앉으면 좀처럼 일어나지 아니하다.
04	엉덩이가 무겁다 •	• ㉣ 몹시 무안을 당하거나 기가 죽어 위신이 뚝 떨어지다.

05 ~ 07 다음 뜻풀이에 해당하는 관용어를 〈보기〉에서 찾아 기호를 쓰시오.

보기

㉠ 코가 높다 ㉡ 입이 딱 벌어지다 ㉢ 엉덩이가 근질근질하다

05 매우 놀라거나 좋아하다. ( )

06 잘난 체하고 뽐내는 기세가 있다. ( )

07 한군데 가만히 앉아 있지 못하고 자꾸 일어나 움직이고 싶어 하다. ( )

08 ~ 11 제시된 초성을 활용하여 관용어의 뜻풀이를 완성하시오.

08 코가 꿰이다 ⇨ [ㅇ][ㅈ]이 잡히다.

09 간이 크다 ⇨ 겁이 없고 매우 [ㄷ][ㄷ]하다.

10 배가 아프다 ⇨ 남이 잘되어 [ㅅ][ㅅ]이 나다.

11 입을 맞추다 ⇨ 서로의 말이 [ㅇ][ㅊ]하도록 하다.

12 ~ 15 관용어의 쓰임을 고려하여 빈칸에 들어갈 알맞은 말을 쓰시오.

12 그는 자신만만하던 예측이 어긋나자 코가 (   )해졌다.

13 국민들은 정부의 잘못된 정책을 (   )을/를 모아 비판했다.

14 계곡 사이에 있는 낡은 다리를 건너려니 (   )이/가 떨렸다.

15 나보다 못하다고 생각했던 친구가 1등을 하니 (   )이/가 아팠다.

16 밑줄 친 관용어의 쓰임이 적절하지 않은 것은?

① 동생은 엉덩이가 무거워 가만히 앉아 있지를 못한다.
② 나는 짝에게 코가 꿰여 그의 부탁을 거절할 수 없었다.
③ 그는 갑작스레 부자가 된 뒤 코가 높아진 태도를 보였다.
④ 경찰은 범인 일당이 입을 맞추지 못하도록 각각 조사했다.
⑤ 탐욕스러운 사포는 백성들의 재물을 빼앗아 자신의 배를 불렸다.

17 관용어를 사용하여 〈보기〉의 문장을 완성할 때, ㉠과 ㉡에 들어갈 말이 바르게 나열된 것은?

보기

• 갑작스러운 천둥소리에 간이 (㉠   ) 줄 알았다.
• 신나는 노래에 엉덩이가 (㉡   ) 자리에서 일어섰다.

① 커지는 – 가벼워져
② 커지는 – 근질근질해져
③ 떨어지는 – 무거워져
④ 떨어지는 – 근질근질해져
⑤ 붓는 – 가벼워져

18 ~ 19 다음 관용어가 들어간 예문을 찾거나, 스스로 새로운 문장을 만들어 써 보시오.

18 간이 크다 ⇨ ____________________

19 입이 딱 벌어지다 ⇨ ____________________

문해력 완성 하기

01~03 다음 글을 읽고 물음에 답하시오.

> 사실 그다음 시간 교실을 들어갔을 때 문기는 ⓐ크게 놀랐다. 칠판 한가운데, '김문기는 ○○○했다.'가 커다랗게 쓰여 있다.
>
> 뒤미처 선생님이 들어왔다. 일은 간단히, 선생님이 한번 쳐다보고 누구 장난이냐 하고 쓱쓱 지워 버리고는 고만이었지만 선생님이 들어오고 그것을 지우기까지의 그동안 문기는 실로 앞이 캄캄했다. 〈중략〉
>
> 문기 집 가까이 이르렀다. 수만이는 문기 앞으로 다가서며 작은 음성으로 조졌다.
>
> "너 지금으로 가지고 나오지 않으면 낼은 가만 안 둔다. 도적질했다 하구 똑바루 써 놀 테야."
>
> 문기는 여전히 못 들은 척 걸음만 옮긴다. 자기 집 마당엘 들어섰다. 숙모는 뒤곁에서 화초 모종을 하는지 여기 심어라, 저기 심어라 하고 아랫집 심부름을 하는 아이와 이야기하는 소리가 날 뿐 집 안엔 아무도 없다.
>
> [A] 그리고 눈앞에 보이는 붙장(부엌 벽의 안쪽이나 바깥쪽에 붙여 만든 장.) 안 앞턱에 잔돈 얼마와 지전 몇 장이 놓여 있다. 그리고 문밖엔 지금 수만이가 돈을 가지고 나오기를 기다리고 섰다. 여기서 문기는 두 번째 허물을 범하고 말았다. / "진작 듣지."
> 하고 빙그레 웃는 수만이 얼굴에다 뺨을 때리듯 돈을 던져 주고 문기는 달아났다.
>
> – 현덕, 〈하늘은 맑건만〉

> ♥ 작품 감상
>
> [해제] 한 번의 잘못된 판단으로 더 큰 잘못을 저지르게 된 아이의 심리를 자세히 묘사하고 있는 단편 소설이다.
>
> [주제] 양심을 속이지 않고 정직하게 사는 삶의 중요성

01 다음은 이 글의 특징을 정리한 것이다. ㉠~㉢에 들어갈 말을 쓰시오.

> 이 글은 작품 밖에 위치한 (㉠)가 등장인물의 (㉡)까지 직접 제시하는 3인칭 (㉢) 작가 시점을 취하고 있다.

㉠: ( ) ㉡: ( ) ㉢: ( )

02 ⓐ와 바꿔 쓸 수 있는 말로 가장 적절한 것은?

① 간이 커질 뻔했다 ② 간이 떨어질 뻔했다 ③ 귀를 의심했다
④ 코가 납작해졌다 ⑤ 엉덩이가 근질근질해졌다

창의적 적용

03 [A]의 상황을 〈조건〉에 맞게 한 문장으로 정리하시오.

> 조건
>
> 1) '코가 꿰이다'와 '코가 높다' 중에서 하나를 선택하여 사용할 것.
> 2) '문기'가 한 행동을 이유와 함께 제시할 것.

▶ 정답과 해설 54쪽

04~06 **다음 글을 읽고 물음에 답하시오.**

"저 계집은 무슨 죄를 지었는고?"

"절개를 지킨다며 사또 명을 거역하고 악을 쓴 춘향이로소이다."

어사또 분부하되,

"너만 한 년이 수절한다고 나라의 관리를 욕보였으니 살기를 바랄 것이냐. 죽어 마땅하나 한 번 기회를 주마. 어디 내 수청도 거역할 테냐?"

이 어사가 짐짓 춘향의 마음을 떠보는 것인데, 춘향은 기가 콱 막힌다.

"내려오는 사또마다 참으로 잘났구나! 어사또 들으시오. 층층 절벽 높은 바위가 바람 분들 무너지며, 푸른 솔 푸른 대가 눈이 온들 변하리까? 그런 말 마시고 빨리 죽여 주오."

어사또 다시 분부하되, / "춘향은 얼굴을 들어 나를 보라."

하기에 춘향이 고개를 들어 동헌 위를 보니, 어젯밤 거지로 왔던 낭군이 어사또로 뚜렷이 앉아 있구나. Ⓐ<u>춘향은 깜짝 놀라 눈을 질끈 감았다가 떴다.</u>

어사또는 즉시 춘향을 동헌 위로 모시라고 명을 내렸다. 춘향은 웃음 반 울음 반으로,

"얼씨구나 좋을씨고, 어사 낭군 좋을씨고. 남원읍에 가을 들어 낙엽처럼 질 줄 알았더니 봄이 들어 봄바람에 핀 오얏꽃이 날 살리네. 꿈이냐 생시냐? 꿈이 깰까 염려로다."

뒤늦게 달려온 춘향 모도 입이 찢어져라 벙글벙글 어깨춤을 춘다. 어사또가 춘향 모녀를 서울로 데려갈새, 그 모습 찬란하니 세상 사람들이 ㉠<u>모두 하나같이</u> 칭찬하더라.

– 작자 미상, 〈춘향전〉

> ♥ 작품 감상
> [해제] 신분을 초월한 이몽룡과 성춘향의 사랑을 통해 당대 서민들의 의식을 잘 드러내고 있는 고전 소설이다.
> [주제] 신분을 초월한 남녀 간의 사랑

04 이와 같은 글의 일반적 특징으로 적절하지 <u>않은</u> 것은?

① 전지적 작가 시점으로 서술된다.
② 대부분 권선징악적 주제를 다룬다.
③ 주로 입체적이고 개성적인 인물들이 등장한다.
④ 주인공이 고난을 극복하고 행복한 결말을 맺는다.
⑤ 시간의 흐름에 따르는 평면적 구성 방식을 취한다.

05 ㉠과 바꿔 쓰기에 가장 적절한 것은?

① 간이 크게 ② 간을 졸이며 ③ 입을 모아 ④ 입이 짧게 ⑤ 입을 맞추어

창의적 적용

06 Ⓐ에서 춘향이가 느꼈을 심정을 〈조건〉에 맞게 한 문장으로 쓰시오.

조건

1) '입이 딱 벌어지다'와 '코가 납작해지다' 중에서 하나를 선택하여 쓸 것.
2) '춘향'을 주어로 하여 완결된 문장으로 쓸 것.

24회 헷갈리기 쉬운 말 ①

공부한 날 ( )월 ( )일

어휘 체크 ※ 의미 차이를 알면 ○표! 의미 차이를 모르면 ×표! 학습 후 확실하게 이해했으면 ☆표!

가르치다 vs 가리키다 ☐☐	거름 vs 걸음 ☐☐	거치다 vs 걷히다 ☐☐
낫다 vs 낳다 ☐☐	너머 vs 넘어 ☐☐	느리다 vs 늘리다 vs 늘이다 ☐☐

★ 가르치다 vs 가리키다

가르치다

대학생인 지아는 주말마다 동생에게 수학을 가르치고 있다.

뜻 알기 지식이나 기능, 이치 따위를 깨닫게 하거나 익히게 하다.

가리키다

그는 손가락으로 북쪽을 가리켰다.

뜻 알기 손가락 따위로 어떤 방향이나 대상을 집어서 보이거나 말하거나 알리다.

헷갈리지 말자! '가르치다'는 지식이나 기능 등을 익히게 하는 것이고, '가리키다'는 방향을 알리는 것입니다. 글자만 비슷할 뿐 전혀 다른 의미를 지닌 단어입니다.

★ 거름 vs 걸음

거름

나무가 잘 자라도록 거름을 주었다.

뜻 알기 식물이 잘 자라도록 땅을 기름지게 하기 위하여 주는 물질.

걸음

나는 약속 시간을 지키기 위해 빠른 걸음으로 걸었다.

뜻 알기 두 발을 번갈아 옮겨 놓는 동작.

헷갈리지 말자! '거름'은 식물에 뿌려 주는 영양 물질이고, '걸음'은 사람이 움직이는 동작을 말합니다. 즉 식물의 성장과 관련된 것은 '거름'이고, 사람의 발걸음과 관련된 것은 '걸음'입니다.

★ 거치다 vs 걷히다

거치다

비행기가 일본을 거쳐 미국으로 갔다.

뜻 알기 오가는 도중에 어디를 지나거나 들르다.

걷히다

먹구름이 걷히고 비가 그쳤다.

뜻 알기 구름이나 안개 따위가 흩어져 없어지다.

헷갈리지 말자! '거치다'는 '어디를 지나가다'의 의미이고, '걷히다'는 '구름 같은 것이 없어지다'의 의미입니다. 전혀 다른 상황에서 쓰는 단어이므로 잘 구별해야 합니다.

★ 낫다 vs 낳다

낫다	❶ 감기가 <u>낫는</u> 것 같더니 다시 심해졌다. 뜻 알기 병이나 상처 따위가 고쳐져 본래대로 되다. ❷ 서민들이 살기에는 겨울보다 여름이 <u>낫다</u>. 뜻 알기 보다 더 좋거나 앞서 있다.
낳다	누나는 결혼하고 나서 예쁜 딸 쌍둥이를 <u>낳았다</u>. 뜻 알기 배 속의 아이, 새끼, 알을 몸 밖으로 내놓다.

헷갈리지 말자! '낫다'는 동음이의어로 '병이 치료되다'의 의미나 '어떤 것보다 좋다'의 의미로 쓰는 말입니다. 반면 '낳다'는 '아이나 새끼를 출산하다'의 의미로 쓰는 말입니다.

★ 너머 vs 넘어

너머	저 고개 <u>너머</u>에 우리 집이 있다. 뜻 알기 높이나 경계로 가로막은 사물의 저쪽. 또는 그 공간.
넘어	도둑이 담을 <u>넘어</u> 들어온 것 같다. 뜻 알기 '높은 부분의 위를 지나가거나 경계를 건너 지나다.'라는 의미를 지닌 동사 '넘다'의 활용형.

헷갈리지 말자! '너머'는 동작의 의미 없이 공간이나 공간의 위치를 나타내고, '넘어'는 동작의 의미를 담고 있습니다. 즉 동작의 의미가 담겨 있는지를 생각하면 '너머'와 '넘어'를 쉽게 구분할 수 있습니다.

★ 느리다 vs 늘리다 vs 늘이다

느리다	더위에 지친 사람들은 모두 <u>느리게</u> 움직이고 있었다. 뜻 알기 어떤 동작을 하는 데 걸리는 시간이 길다.
늘리다	우리는 넓은 평수로 <u>늘려</u> 이사했다. 뜻 알기 물체의 넓이, 부피 따위를 본디보다 커지게 하다.
늘이다	아이는 새총에 달린 노란 고무줄을 길게 <u>늘였다가</u> 놓았다. 뜻 알기 본디보다 더 길어지게 하다.

헷갈리지 말자! '느리다'는 속도와 관련된 단어, '늘리다'는 양이나 부피와 관련된 단어, '늘이다'는 길이와 관련된 단어입니다. 자주 헷갈리는 단어들이므로 잘 구분해서 써야 합니다.

문해력 기초 다지기

사전적 의미

01 ~ 05 다음 단어와 그 뜻풀이를 바르게 연결하시오.

01 너머 •　　　　• ㉠ 본디보다 더 길어지게 하다.

02 넘어 •　　　　• ㉡ 물체의 넓이, 부피 따위를 본디보다 커지게 하다.

03 늘리다 •　　　　• ㉢ 높이나 경계로 가로막은 사물의 저쪽. 또는 그 공간.

04 늘이다 •　　　　• ㉣ 손가락 따위로 어떤 방향이나 대상을 집어서 보이거나 말하거나 알리다.

05 가리키다 •　　　　• ㉤ '높은 부분의 위를 지나가거나 경계를 건너 지나다.'라는 의미를 지닌 동사 '넘다'의 활용형.

06 ~ 08 다음 뜻풀이에 알맞은 단어를 고르시오.

06 [거름 | 걸음] : 식물이 잘 자라도록 땅을 기름지게 하기 위하여 주는 물질.

07 [낫다 | 낳다] : 병이나 상처 따위가 고쳐져 본래대로 되다.

08 [거치다 | 걷히다] : 구름이나 안개 따위가 흩어져 없어지다.

09 ~ 11 제시된 초성을 활용하여 단어의 뜻풀이를 완성하시오.

09 걸음 ⇨ 두 발을 [ㅂ][ㄱ][ㅇ] 옮겨 놓는 동작.

10 느리다 ⇨ 어떤 동작을 하는 데 걸리는 [ㅅ][ㄱ]이 길다.

11 가르치다 ⇨ 지식이나 기능, 이치 따위를 [ㄲ][ㄷ][ㄱ] 하거나 [ㅇ][ㅎ][ㄱ] 하다.

12 ~ 15 다음 문장에서 적절한 단어를 고르시오.

12 나는 교실 창문 (너머 | 넘어)로 운동장을 바라보았다.

13 장사가 잘 돼 가게의 규모를 (늘리기 | 늘이기)로 했다.

14 이번 여행에서는 여수를 (거쳐 | 걷혀) 남해까지 가기로 했다.

15 강연자는 화면의 한 부분을 (가르치며 | 가리키며) 설명을 이어 갔다.

16 밑줄 친 단어의 쓰임이 적절하지 않은 것은?

① 농구 실력은 나보다 동생이 낳았다.
② 내를 건너고 고개를 넘어 마을로 향했다.
③ 안개가 걷히자 산꼭대기가 또렷이 보였다.
④ 나는 국어를 가르치는 선생님이 되고 싶다.
⑤ 그는 옆집 할머니의 밭에 거름을 뿌려 주었다.

17 〈보기〉의 빈칸에 들어갈 말이 바르게 나열된 것은?

보기
• 입원한 친구에게 병이 빨리 (   )를 바란다고 문자를 보냈다.
• 방학 동안 키가 자라 교복 바지의 단을 (   ) 했다.

① 낫기 – 느려야　② 낫기 – 늘여야　③ 났기 – 늘려야
④ 낳기 – 늘여야　⑤ 낳기 – 늘려야

18 ~ 19 다음 단어가 들어간 예문을 찾거나, 스스로 새로운 문장을 만들어 써 보시오.

18 걸음 ⇨ ____________________

19 낳다 ⇨ ____________________

문해력 완성 하기

01~03 다음 글을 읽고 물음에 답하시오.

저들에게 힘을 주어야 하겠다. 지식을 주어야 하겠다. 그리해서 생활의 근거를 안전하게 하여 주어야 하겠다. / "과학(科學)! 과학!"

형식은 여관에 돌아와 앉아서 혼자 부르짖었다. 세 처녀는 형식을 본다.

"조선 사람에게 먼저 과학을 주어야겠어요. 지식을 주어야겠어요."

하고 주먹을 불끈 쥐며 자리에서 일어나 방 안으로 거닌다.

"여러분은 오늘 그 광경을 보고 어떻게 생각하십니까."

이 말에 세 사람은 어떻게 대답할 줄을 몰랐다. 한참 있다가 병욱이가,

"불쌍하게 생각했지요." / 하고 웃으며, / "그렇지 않아요?"

한다. 오늘 같이 활동하는 동안에 훨씬 친하여졌다.

"그렇지요, 불쌍하지요! 그러면 그 원인이 어디 있을까요?"

"물론 문명이 없는 데 있겠지요. 생활하여 갈 힘이 없는 데 있겠지요."

"그러면 어떻게 해야 저들을…… 저들이 아니라 우리들이외다…… 저들을 구제할까요?"

하고 형식은 병욱을 본다. 영채와 선형은 형식과 병욱의 얼굴을 번갈아 본다.

병욱은 자신 있는 듯이, / "힘을 주어야지요! 문명을 주어야지요!" / "그리하려면?"

"(　　㉠　　)! 인도해야지요!" / "어떻게요?" / "교육으로, 실행으로."

– 이광수, 〈무정〉

♥ 작품 감상

[해제] 개화한 조선 남녀들의 사랑을 중심으로 민족의 근대화를 이루려는 열망을 담은 장편 계몽 소설이다.

[주제] 민족의 계몽 의지와 자유연애 사상의 고취

01 '형식'의 말하기 방식에 대한 설명으로 가장 적절한 것은?

① 자신이 직접 경험한 일을 자세히 언급하여 공감을 유도하고 있다.
② 말하고자 하는 바를 다른 상황에 빗대어 상대의 이해를 돕고 있다.
③ 자신이 옳다고 생각하는 것을 상대에게 일방적으로 강요하고 있다.
④ 문제가 발생한 원인을 여러 가지로 분석하며 주장을 반복하고 있다.
⑤ 묻고 답하는 방식으로 자신이 생각하는 방향으로 이끌어 가고 있다.

02 다음의 ⓐ와 ⓑ 중, ㉠에 들어가기에 적절한 말을 고르시오.

ⓐ 가르쳐야지요　　　　ⓑ 가리켜야지요

창의적 적용

03 이 글에서 드러나는 '형식'의 주장을 〈조건〉에 맞게 한 문장으로 쓰시오.

조건

1) '계몽'(지식수준이 낮거나 인습에 젖은 사람을 가르쳐서 깨우침.)이라는 단어를 사용할 것.
2) 계몽의 주체와 대상을 모두 언급할 것.

▶ 정답과 해설 55쪽

04~06 다음 글을 읽고 물음에 답하시오.

겨울은 이 가난한 — 백두산 서북편 서간도 한 귀퉁이에 있는 이 가난한 촌락 '빼허[白河]'에도 찾아들었다. 겨울이 찾아들면 조그마한 강을 앞에 끼고 큰 산을 등진 빼허는 쓸쓸히 눈 속에 ㉠묻혀서 차디찬 좁은 하늘을 쳐다보게 된다. 눈보라는 북극의 특색이다. 빼허의 겨울에도 그러한 특색이 있다. 이것이 빼허의 생령들을 괴롭게 하는 것이다.

[A] 오늘도 눈보라가 친다. 북극의 얼음 세계나 ㉡걷혀 오는 듯한 차디찬 바람이 우— 하고 몰려오는 때면 산봉우리와 엉성한 가지 끝에 쌓였던 눈들이 한꺼번에 ㉢휘날려서 이 좁은 산골은 뿌연 눈안개 속에 들게 된다. 어떤 때는 바람에 빙판에 ㉣덮였던 눈이 산봉우리로 불리게 된다. 이렇게 교대적으로 산봉우리의 눈이 들로 내리고 빙판의 눈이 산봉우리로 올리달아서 서로 엇바뀌는 때면 그런대로 관계치 않으나, 하늬[天風]*와 강바람이 한꺼번에 불어서 강으로부터 올리닫는 눈과 봉우리로부터 내리닫는 눈이 서로 부닥치고 어우러지게 되면 눈보라와 바람 소리에 빼허의 좁은 골짜기는 터질 듯한 동요를 받는다.

등진 산과 앞으로 낀 강 사이에 게딱지처럼 끼어 있는 것이 이 빼허의 촌락이다. 통틀어서 다섯 호밖에 되지 않는 집이나마 밭을 따라서 이리저리 ㉤흩어져 있다.

– 최서해, 〈홍염〉

* 하늬[天風]: '북풍'의 평안도 방언. 또는 하늘 높이 부는 바람.

♥ 작품 감상
[해제] 일제 강점기에 간도 지역으로 이주해 비참하게 살아야 했던 조선인들의 삶을 보여 주는 단편 소설이다.
[주제] 일제 치하 만주로 이주한 조선인의 비참한 삶

04 이 글에서 확인할 수 있는 내용으로 적절하지 않은 것은?

① 계절적 배경 ② 공간적 배경 ③ 촌락민들의 생계 수단
④ 촌락을 이루는 집의 수 ⑤ 촌락이 위치한 지역의 특징

05 ㉠~㉤ 중, 문맥을 고려할 때 단어의 사용이 적절하지 않은 것은?

① ㉠ ② ㉡ ③ ㉢ ④ ㉣ ⑤ ㉤

창의적 적용

06 다음은 이 글의 결말을 요약한 것이다. 이를 고려할 때, [A]의 날씨 묘사가 지닌 기능을 〈조건〉에 맞게 한 문장으로 쓰시오.

서간도로 이주하여 중국인 지주의 소작인이 된 조선인 문 서방은 거듭되는 흉년으로 소작료를 내지 못해 중국인 지주에게 딸을 빼앗긴다. 문 서방의 아내는 이 일로 충격을 받아 죽고, 아내가 죽은 다음 날 문 서방은 중국인 지주의 집을 찾아가 불을 지르고 도끼로 그를 죽인다.

조건
1) '암울'과 '음산'이라는 단어를 모두 활용할 것.

25회 헷갈리기 쉬운 말 ②

공부한 날 ( )월 ( )일

어휘 체크

※ 의미 차이를 알면 ○표! 의미 차이를 모르면 ×표! 학습 후 확실하게 이해했으면 ☆표!

다르다 vs 틀리다 ☐☐	다리다 vs 달이다 ☐☐	두껍다 vs 두텁다 ☐☐
띠다 vs 띄다 ☐☐	바라다 vs 바래다 ☐☐	반드시 vs 반듯이 ☐☐

★ 다르다 vs 틀리다

다르다

언니와 나는 서로 입맛이 다르다.

뜻 알기 비교가 되는 두 대상이 서로 같지 아니하다.

틀리다

계산이 틀려서 손님에게 거스름돈을 잘못 내어 준 것 같다.

뜻 알기 셈이나 사실 따위가 그르게 되거나 어긋나다.

헷갈리지 말자! '다르다'는 '두 대상이 같지 않다'의 의미이고, '틀리다'는 '그르거나 어긋나다'의 의미입니다. '다르다'는 '같다'에 반대되는 말이고, '틀리다'는 '맞다'에 반대되는 말이라고 할 수 있습니다.

★ 다리다 vs 달이다

다리다

어머니가 다리미로 옷을 다리고 계셨다.

뜻 알기 옷 따위의 주름을 펴기 위하여 다리미나 인두로 문지르다.

달이다

아버지는 산에서 뜯어 온 약초를 정성껏 달이셨다.

뜻 알기 약재 따위에 물을 부어 우러나도록 끓이다.

헷갈리지 말자! '다리다'는 다리미로 옷의 주름을 펴는 것이고, '달이다'는 보약 따위를 끓이는 것입니다. '다리미'가 어떤 물건인지 알고 있다면 이것과 연관 지어 '다리다'를 기억하면 좋습니다.

★ 두껍다 vs 두텁다

두껍다

이 사과는 껍질이 너무 두껍다.

뜻 알기 두께가 보통의 정도보다 크다.

두텁다

두 사람의 친분은 매우 두텁다.

뜻 알기 신의, 믿음, 관계, 인정 따위가 굳고 깊다.

헷갈리지 말자! 보통 '두껍다'는 '사과'와 같이 눈에 보이는 구체적인 것을 표현할 때 사용하고, '두텁다'는 '친분'과 같이 눈에 보이지 않는 추상적인 것을 표현할 때 사용합니다.

★ 띄다 vs 띠다

띄다

1) 우리는 남의 눈에 띄지 않게 밤에 움직였다.

뜻 알기 눈에 보이다.

2) 지난 몇 년간 우리 사회는 눈에 띄는 발전을 이루었다.

뜻 알기 남보다 훨씬 두드러지다.

띠다

1) 노을이 비친 호수는 온통 붉은빛을 띠고 있다.

뜻 알기 빛깔이나 색채 따위를 가지다.

2) 유진이는 고양이를 보며 얼굴에 미소를 띠었다.

뜻 알기 감정이나 기운 따위를 나타내다.

헷갈리지 말자! '띄다'는 '눈에 보이거나 두드러지다'의 의미이고, '띠다'는 '어떤 성질을 가지거나 나타내다'의 의미입니다. 주로 '보이다'와 관련되면 '띄다'가, '가지고 있다'와 관련되면 '띠다'가 쓰입니다.

★ 바라다 vs 바래다

바라다

부모는 자식이 행복하기를 바란다.

뜻 알기 생각이나 바람대로 어떤 일이나 상태가 이루어지거나 그렇게 되었으면 하고 생각하다.

바래다

누렇게 바랜 벽지를 뜯어내고 새로 도배를 했다.

뜻 알기 볕이나 습기를 받아 색이 변하다.

헷갈리지 말자! '바라다'는 '성공을 바라다'와 같이 사용하고, '바래다'는 '색이 바래다'와 같이 사용합니다. 즉 '바라다'는 소망과 관련된 단어이고, '바래다'는 변화와 관련된 단어입니다.

★ 반드시 vs 반듯이

반드시

겉표지에 반드시 제목과 이름을 써 주세요.

뜻 알기 틀림없이 꼭.

반듯이

나는 모자를 반듯이 고쳐 썼다.

뜻 알기 비뚤어지거나 기울거나 굽지 아니하고 바르게.

헷갈리지 말자! '반드시'는 '꼭'과, '반듯이'는 '똑바로'와 비슷한 의미를 가진 단어입니다. 따라서 '반드시'는 그렇게 해야 한다는 뜻을 나타낼 때, '반듯이'는 바른 자세나 상태를 나타낼 때 사용합니다.

01 ~ 05 다음 단어와 그 뜻풀이를 바르게 연결하시오.

01 달이다 •	• ㉠ 틀림없이 꼭.
02 두껍다 •	• ㉡ 두께가 보통의 정도보다 크다.
03 틀리다 •	• ㉢ 약재 따위에 물을 부어 우러나도록 끓이다.
04 반드시 •	• ㉣ 셈이나 사실 따위가 그르게 되거나 어긋나다.
05 반듯이 •	• ㉤ 비뚤어지거나 기울거나 굽지 아니하고 바르게.

06 ~ 08 다음 뜻풀이에 알맞은 단어를 고르시오.

06 [띄다 | 띠다] : 감정이나 기운 따위를 나타내다.

07 [바라다 | 바래다] : 볕이나 습기를 받아 색이 변하다.

08 [두껍다 | 두텁다] : 신의, 믿음, 관계, 인정 따위가 굳고 깊다.

09 ~ 11 제시된 초성을 활용하여 단어의 뜻풀이를 완성하시오.

09 띄다 ⇨ [ㄴ]에 보이다.

10 다르다 ⇨ [ㅂ][ㄱ]가 되는 두 대상이 서로 [ㄱ][ㅈ] 아니하다.

11 다리다 ⇨ 옷 따위의 주름을 펴기 위하여 [ㄷ][ㄹ][ㅁ]나 인두로 문지르다.

▶ 정답과 해설 56쪽

12 ~ 15 다음 문장에서 적절한 단어를 고르시오.

12 그 둘은 형제지만 성격이 전혀 (다르다 | 틀리다).

13 나는 주말마다 교복 셔츠를 직접 (다린다 | 달인다).

14 친구의 (두꺼운 | 두터운) 믿음을 깨트려 속이 상했다.

15 가격이 오르자 상품 판매량이 눈에 (띄게 | 띠게) 줄었다.

16 밑줄 친 단어의 쓰임이 적절하지 않은 것은?

① 시합은 점점 더 열기를 띄기 시작했다.
② 몸에 좋다는 도라지를 달여 차로 마셨다.
③ 아기가 반듯이 누운 자세로 잠들어 있다.
④ 새벽에 내린 눈이 차 위에 두껍게 쌓여 있다.
⑤ 그는 친구의 사업이 성공하기를 진심으로 바라고 있다.

17 〈보기〉의 빈칸에 들어갈 말이 바르게 나열된 것은?

보기
- 이 운동화는 회색이면서 약간 분홍빛을 (   ) 있다.
- 책 표지는 색이 (   ) 원래의 모습을 잃었다.

① 띄고 – 바라　② 띄고 – 바래　③ 띠고 – 바라
④ 띠고 – 바래　⑤ 띄우고 – 바라

18 ~ 19 다음 단어가 들어간 예문을 찾거나, 스스로 새로운 문장을 만들어 써 보시오.

18 틀리다 ⇨ ______________________________

19 반드시 ⇨ ______________________________

문해력 완성 하기

01~03 다음 글을 읽고 물음에 답하시오.

유화 물감은 그 어떤 재료보다 덧칠하는 것이 쉬울 뿐 아니라 갖가지 질감을 표현하는 데도 뛰어난 효과를 보인다. 또한 물감이 마른 다음에도 마르기 전과 색의 차이가 없고 색의 변화도 거의 없다는 점, 필요에 따라 두껍게 바를 수도 있고 엷게 칠할 수도 있다는 점, 색깔의 짙음과 옅음이나 투명과 불투명 같은 표현에서 폭넓은 선택이 가능하다는 점도 유화 물감의 장점이다.

이렇게 폭넓은 표현의 가능성을 지닌 유화 물감은, 동양화를 그리는 먹[墨]이 대상을 압축하여 간결하게 표현하기 좋은 재료라는 점과 크게 대비된다. 먹과 달리 대상이 [㉠] 있는 색이나 질감 등을 사실적으로 묘사할 수 있게 함으로써 서양의 회화를 사실적인 묘사가 가능한 그림으로 만들었다.

그런데 서양의 회화는 왜 대상을 재현하려 했을까? 그것은 대상을 소유하고 싶은 욕망을 드러낸 것이기 때문이다. 즉 대상을 똑같이 그린 그림을 소유함으로써 그런 욕망을 해소한 것이다. 예를 들어 서양의 풍경화는 그곳에 호화로운 별장을 짓고 살고 싶게 만든다. 이와 달리 동양의 산수화는 자연 속에서 눈에 [㉡] 않게 있는 둥 없는 둥 조화를 이루며 살아가기를 권한다.

♥ 문단별 중심 내용
[1문단] 유화 물감의 여러 장점
[2문단] 대상을 사실적으로 그리기 좋은 유화 물감
[3문단] 서양 회화에서 대상을 재현한 이유

01 이 글에 대한 이해로 적절하지 않은 것은?

① 서양 회화는 동양화에 비해서 대상을 표현할 수 있는 방법이 다양하군.
② 유화 물감은 대상이 지닌 여러 질감을 사실적으로 표현하기에 적합하군.
③ 유화 물감으로 그린 그림은 시간이 많이 흘러도 색이 거의 변하지 않겠군.
④ 서양 회화의 유화 물감은 동양화의 먹보다 옅고 짙음을 표현하기 어렵겠군.
⑤ 서양인은 대상에 대한 소유욕을 그 대상을 재현한 그림으로 해소하려 했겠군.

02 ㉠과 ㉡에 들어갈 말을 바르게 짝지은 것은?

	㉠	㉡
①	띄고	띄지
②	띠고	띄지
③	띠고	띠지
④	띄고	띄우지
⑤	띄우고	띄지

창의적 적용

03 서양화와 동양화의 차이점을 〈조건〉에 맞게 정리하시오.

조건
1) 이 글에서 서양화와 동양화의 특징을 나타내는 2음절의 말을 각각 찾아 포함할 것.
2) '서양화는 대상을 ~하고, 동양화는 대상을 ~한다.'라는 문장 형식으로 쓸 것.

▶ 정답과 해설 56쪽

04~06 다음 글을 읽고 물음에 답하시오.

민주 국가에서 국가의 정책은 다수 국민의 지지를 받아야 정당성을 얻을 수 있다. 왜냐하면 민주 국가는 국가의 주권이 국민에게 있고, 국민의 뜻에 따라 운영되기 때문이다. 그러므로 어떤 정책이 소수의 이익만을 위해 결정된다면 다수가 불만을 가질 것이며, 정부가 이를 억지로 추진하더라도 국민의 거센 반발에 부딪히게 될 것이다.

옛날 아테네에서는 자유민이 모두 참여하여 정책을 결정했다. 그러나 오늘날은 과거와 상황이 ㉠틀리다. 한 나라 국민 전체의 뜻을 완벽하게 반영한다는 것 자체가 불가능하며, 국가의 정책 하나하나가 전문적인 영역이기 때문이다. 정책 결정에 국민 전체가 참여하자면 시간이 많이 걸려 효율성이 떨어지고, 설령 그렇게 결정하더라도 '다수'를 만족시킬 뿐이지 '모두'를 만족시키는 것은 ㉡아니다. 더구나 논의해야 할 문제들이 일반 상식을 뛰어넘기에 대부분의 국민들은 그에 대해 적절히 판단하기조차 ㉢힘들다. 따라서 오늘날에는 소수 전문가 집단이 정책을 마련하는 것이 더 효율적이다.

하지만 정책은 국민을 대표하는 전문가들이 마련하더라도, 국민의 생활이나 국가의 미래에 직접적인 영향을 미치는 중요한 정책을 시행할 것인가의 여부는 다수 국민의 뜻에 따라야 한다.

♥ 문단별 중심 내용
[1문단] 정책이 다수 국민의 지지를 받아야 하는 이유
[2문단] 국민의 정책 참여가 옛날과 다른 오늘날의 상황
[3문단] 다수 국민의 뜻에 따라 시행해야 하는 중요 정책

04 이 글의 내용과 일치하지 않는 것은?

① 국민 다수의 지지를 받지 못하는 정책은 정당성을 얻기 어렵다.
② 정책을 결정할 때 국민 전체가 참여하는 것은 효율적이지 않다.
③ 오늘날의 국가 정책은 전문적이라 일반 국민이 논의하기 어렵다.
④ 국가 정책을 마련할 때는 일단 국민 전체의 의견을 확인해야 한다.
⑤ 국민 전체의 뜻을 완벽하게 반영하는 정책을 만드는 것은 불가능하다.

05 ㉠~㉢ 중, 문맥상 적절하지 않은 단어를 찾아 바르게 고쳐 쓰시오.

적절하지 않은 단어		바르게 고쳐 쓴 단어
	⇨	

창의적 적용

06 '국가 정책'에 대한 글쓴이의 생각을 〈조건〉에 맞게 한 문장으로 서술하시오.

조건
1) '반드시'와 '반듯이' 중에서 하나를 선택하여 사용할 것.
2) '정책'과 '국민'의 관계에 대한 글쓴이의 입장을 중심으로 쓸 것.

26회 헷갈리기 쉬운 말 ③

공부한 날 ( )월 ( )일

어휘 체크

※ 의미 차이를 알면 ○표! 의미 차이를 모르면 ×표! 학습 후 확실하게 이해했으면 ☆표!

반복 vs 번복 □□	작다 vs 적다 □□	저리다 vs 절이다 □□
주리다 vs 줄이다 □□	부치다 vs 붙이다 □□	새다 vs 세다 vs 쇠다 □□

★ 반복 vs 번복

반복
反 돌이킬 반 | 復 돌아올 복

너는 왜 같은 말만 자꾸 반복하니?

뜻 알기 같은 일을 되풀이함.

번복
飜 뒤칠 번 | 覆 엎어질 복

정해진 방침을 우리 마음대로 번복할 수는 없다.

뜻 알기 진술이나 주장, 입장 따위를 이리저리 고쳐 뒤집음.

헷갈리지 말자! '반복'과 '번복'은 비슷해 보이지만 전혀 다른 뜻을 가진 단어입니다. '반복'은 무엇을 되풀이하는 것을 의미하고, '번복'은 입장 등을 바꾸거나 뒤집는 것을 의미합니다.

★ 작다 vs 적다

작다

우리 학교는 운동장이 작다.

뜻 알기 길이, 넓이, 부피 따위가 비교 대상이나 보통보다 덜하다.

적다

유진이는 무뚝뚝해서 친구가 적다.

뜻 알기 수효나 분량, 정도가 일정한 기준에 미치지 못하다.

헷갈리지 말자! 주로 크기를 뜻할 때는 '작다'를 사용하고, 양을 뜻할 때는 '적다'를 사용합니다. 따라서 '작다'의 반대말은 '크다'이고, '적다'의 반대말은 '많다'입니다.

★ 저리다 vs 절이다

저리다

오래 앉아 있었더니 다리가 저리다.

뜻 알기 몸의 일부가 오래 눌려서 피가 잘 통하지 못해 감각이 둔하고 아리다.

절이다

어머니는 김장을 하려고 배추 오십 포기를 소금에 절여 놓으셨다.

뜻 알기 소금기나 식초, 설탕 따위에 담가 간이 배어들게 하다.

헷갈리지 말자! '저리다'와 '절이다'를 잘못 사용하면 아주 이상한 문장이 됩니다. 팔이나 다리가 쑤시듯이 아플 때는 '저리다'를 사용하고, 채소나 생선에 간이 배어들게 할 때는 '절이다'를 사용합니다.

★ 주리다 vs 줄이다

주리다

할아버지는 어릴 적에 배를 주렸던 기억을 떠올리며 회상에 잠기셨다.

뜻 알기 제대로 먹지 못하여 배를 곯다.

줄이다

언니의 옷을 줄여 동생을 입혔다.

뜻 알기 물체의 길이나 넓이, 부피 따위를 본디보다 작게 하다.

헷갈리지 말자! '주리다'와 '줄이다'는 발음이 같지만 전혀 다른 뜻을 가지고 있습니다. '주리다'는 '먹지 못하다'의 의미로 사용하고, '줄이다'는 '작게 만들다'의 의미로 사용합니다.

★ 부치다 vs 붙이다

부치다

❶ 그는 긴 여행에 체력이 부쳐서 집에서 꼼짝하지 않고 쉬고 있었다.

뜻 알기 모자라거나 미치지 못하다.

❷ 나는 전학 간 친구에게 소포를 부쳤다.

뜻 알기 편지나 물건 따위를 일정한 수단이나 방법을 써서 상대에게로 보내다.

붙이다

가은이는 편지 봉투에 우표를 붙였다.

뜻 알기 맞닿아 떨어지지 않게 하다.

헷갈리지 말자! 다른 사람에게 편지를 보낼 때는 '부치다'를 사용하고, 편지를 보내기 위해 우표가 떨어지지 않게 할 때는 '붙이다'를 사용합니다. 헷갈리지 않게 유의하세요.

★ 새다 vs 세다 vs 쇠다

새다

물이 새지 않도록 수도꼭지를 꼭 잠가라.

뜻 알기 기체, 액체 따위가 틈이나 구멍으로 조금씩 빠져 나가거나 나오다.

세다

열을 셀 때까지 대답하지 않으면 더 이상 기회가 없다.

뜻 알기 사물의 수효를 헤아리거나 꼽다.

쇠다

추석을 쇠러 할머니 댁에 갔다.

뜻 알기 명절, 생일, 기념일 같은 날을 맞이하여 지내다.

헷갈리지 말자! 물이 빠져 나올 때는 '새다', 숫자를 헤아릴 때는 '세다', 명절을 지낼 때는 '쇠다'를 사용합니다. 각각의 뜻을 정확하게 알고 상황에 맞게 단어를 써야 합니다.

문해력 기초 다지기

사전적 의미

01 ~ 05 다음 단어와 그 뜻풀이를 바르게 연결하시오.

01 작다 • • ㉠ 맞닿아 떨어지지 않게 하다.

02 적다 • • ㉡ 수효나 분량, 정도가 일정한 기준에 미치지 못하다.

03 부치다 • • ㉢ 길이, 넓이, 부피 따위가 비교 대상이나 보통보다 덜하다.

04 붙이다 • • ㉣ 몸의 일부가 오래 눌려서 피가 잘 통하지 못해 감각이 둔하고 아리다.

05 저리다 • • ㉤ 편지나 물건 따위를 일정한 수단이나 방법을 써서 상대에게로 보내다.

06 ~ 08 다음 뜻풀이에 알맞은 단어를 고르시오.

06 [새다 | 쇠다] : 명절, 생일, 기념일 같은 날을 맞이하여 지내다.

07 [반복 | 번복] : 진술이나 주장, 입장 따위를 이리저리 고쳐 뒤집음.

08 [저리다 | 절이다] : 소금기나 식초, 설탕 따위에 담가 간이 배어들게 하다.

09 ~ 11 제시된 초성을 활용하여 단어의 뜻풀이를 완성하시오.

09 반복 ⇨ 같은 일을 [ㄷ][ㅍ][ㅇ]함.

10 세다 ⇨ 사물의 [ㅅ][ㅎ]를 헤아리거나 꼽다.

11 줄이다 ⇨ 물체의 길이나 넓이, 부피 따위를 본디보다 [ㅈ][ㄱ] 하다.

12 ~ 15 다음 문장에서 적절한 단어를 고르시오.

12 힘에 (부쳐서 | 붙여서) 짐을 나를 수 없었다.

13 회장이 손을 든 아이들의 수를 (새기 | 세기) 시작했다.

14 발표를 해 본 경험이 (작아서 | 적어서) 걱정이 되었다.

15 그는 은퇴 선언을 (반복 | 번복)한 뒤 새 노래를 발표했다.

16 밑줄 친 단어의 쓰임이 적절하지 않은 것은?

① 아버지의 생신은 음력으로 쇤다.
② 친구가 손을 너무 꽉 잡아서 손이 저렸다.
③ 먹을 것이 없어 숭늉으로 주린 배를 채웠다.
④ 아이는 같은 책을 반복해서 보고 또 보았다.
⑤ 상처에 약을 바르고 일회용 반창고를 부쳤다.

17 〈보기〉의 빈칸에 들어갈 말이 바르게 나열된 것은?

보기

- 옷을 잘 접어서 부피를 (　　　　) 뒤 서랍에 넣었다.
- 그는 기계로 가스가 (　　　　) 있지는 않은지 점검했다.

① 주린 – 새고　② 주린 – 세고　③ 줄인 – 새고
④ 줄인 – 세고　⑤ 줄인 – 쇠고

18 ~ 19 다음 단어가 들어간 예문을 찾거나, 스스로 새로운 문장을 만들어 써 보시오.

18 절이다 ⇨ ______________________

19 작다 ⇨ ______________________

01~03 다음 글을 읽고 물음에 답하시오.

"그것이 어째 없을까?"
아내가 장롱 문을 열고 무엇을 찾더니 입안말로 중얼거린다.
"무엇이 없어?"
나는 우두커니 책상머리에 앉아서 책장만 뒤적뒤적하다가 물어보았다.
"모본단* 저고리가 하나 남았는데……." / "……."
나는 그만 묵묵하였다. 아내가 그것을 찾아 무엇 하려는 것을 앎이라. 오늘 밤에 옆집 할멈을 시켜 잡히려 하는 것이다. 이 2년 동안에 돈 한 푼 나는 데는 없고 그대로 ㉠주리면 시장할 줄 알아 기구와 의복을 전당포에 들이밀거나 고물상 한구석에 세워 두고 돈을 얻어 오는 수밖에 없었다. 지금 아내가 하나 남은 모본단 저고리를 찾는 것도 아침거리를 장만하려 함이라.
나는 입맛을 쩍쩍 다시고 폈던 책을 덮으며 후— 한숨을 내쉬었다.
봄은 벌써 반이나 지났건마는 이슬을 실은 듯한 밤기운이 방구석으로부터 슬금슬금 기어나와 사람에게 안기고 비가 오는 까닭인지 밤은 아직 깊지 않건만 인적조차 끊어지고 온 천지가 빈 듯이 고요한데 투닥투닥 떨어지는 빗소리가 한없는 구슬픈 생각을 자아낸다.
"빌어먹을 것 되는 대로 되어라." / 나는 점점 견딜 수 없어 두 손으로 흩어진 머리카락을 쓰다듬어 올리며 중얼거려 보았다. 이 말이 더욱 처량한 생각을 일으킨다. 나는 또 한 번, 후— 한숨을 내쉬며 왼팔을 베고 책상에 쓰러지며 눈을 감았다.

– 현진건, 〈빈처〉

* 모본단: 비단의 하나. 본래 중국에서 난 것으로, 짜임이 곱고 윤이 나며 무늬가 아름답다.

♥ 작품 감상
[해제] 가난한 작가와 그의 아내 사이에서 벌어지는 일을 중심으로 당대의 현실을 보여 주는 단편 소설이다.
[주제] 가난한 부부의 생활의 힘겨움과 사랑

01 이 글에 대한 설명으로 적절하지 않은 것은?

① 사건이 전개되면서 인물 간의 갈등이 고조되고 있다.
② 작품에 등장하는 인물이 서술자의 역할을 하고 있다.
③ 서술자가 다른 인물의 의도를 추측하여 제시하고 있다.
④ 자연 현상을 활용하여 우울한 분위기를 조성하고 있다.
⑤ 의성어를 활용하여 작중 상황을 생생하게 표현하고 있다.

02 ㉠과 바꿔 쓰기에 가장 적절한 말은?

① 덜면 ② 곪으면 ③ 굶으면 ④ 달이면 ⑤ 절이면

창의적 적용

03 이 글의 내용을 다음과 같이 정리할 때, 빈칸에 들어갈 내용을 '잡히다'라는 단어를 활용하여 쓰시오.

'ㄴ'가 2년이나 돈을 벌지 못하고 있다.	⇨	집에 내일 아침거리를 장만할 돈이 없다.	⇨	아내는 내일 아침을 차릴 돈을 구해야 한다.	⇨	

04~06 **다음 글을 읽고 물음에 답하시오.**

역사란 무엇인가 하는 대단히 어려운 물음에 아주 쉽게 답한다면, 그것은 인간 사회의 지난날에 일어난 사실들 자체를 가리키기도 하고, 또 그 사실들에 관해 적어 놓은 기록들을 가리키기도 한다고 흔히 말할 수 있다. 그러나 지난날 인간 사회에서 일어난 사실이 모두 역사가 되는 것은 아니다. 쉬운 예를 들면, Ⓐ김 총각과 박 처녀가 결혼한 사실은 역사가 될 수 없고, 한글 창제의 사실이나 임진왜란이 일어난 사실 등은 역사가 되는 것이다.

이렇게 보면 사소한 일이나 일상적으로 [㉠] 되는 일은 역사가 될 수 없고, 거대한 사실이나 한 번만 일어나는 사실만이 역사가 될 것 같지만 반드시 그런 것도 아니다. 고려 시대의 경우를 보면, 주기적으로 일어나는 자연 현상인 일식과 월식은 하늘이 인간 세계의 부조리를 경고하는 것이라 생각했기 때문에 역사가 되었으면서도, 세계에서 가장 먼저 발명된 금속 활자는 목판본이나 목활자 인쇄술이 금속 활자로 넘어가는 중요성이 인식되지 않았기 때문에 역사가 될 수 없었다. 따라서 역사라는 것은 지난날의 인간 사회에서 일어난 사실 중에서 누군가에 의해 중요한 일이라고 여겨 선택된 것이라 할 수 있다.

♥ 문단별 중심 내용
[1문단] 역사란 무엇인가에 대한 답변의 어려움
[2문단] 역사란 무엇인가에 대한 1차적 답변

04 이 글에서 다루지 않은 내용은?

① 역사의 일반적인 개념
② 역사가 되는 과거 사실의 예
③ 일식과 월식이 역사가 된 이유
④ 역사가 되는 사실을 뽑는 객관적 기준
⑤ 금속 활자의 발명이 역사가 되지 못한 이유

05 다음의 ⓐ와 ⓑ 중, ㉠에 들어가기에 적절한 말을 고르시오.

ⓐ 반복　　　ⓑ 번복

창의적 적용

06 Ⓐ가 역사로 기록되지 못하는 이유를 〈조건〉에 맞게 한 문장으로 서술하시오.

조건
1) '작다'라는 단어를 활용할 것.
2) '김 총각과 박 처녀'가 상징하는 사람을 언급할 것.

27회 동음이의어

공부한 날 ( )월 ( )일

어휘 체크

※ 학습 후 제시된 동음이의어의 의미 차이를 확실하게 이해했으면 ☆표!

개다 ☐☐ 기술 ☐☐ 발 ☐☐
소화 ☐☐ 쉬다 ☐☐ 지다 ☐☐

★ 개다

개다[1]

흐리던 날씨가 활짝 개고 하늘에는 구름 한 점 없다.

뜻 알기 흐리거나 궂은 날씨가 맑아지다.

개다[2]

나는 옷가지들을 개어 서랍 속에 정리했다.

뜻 알기 옷이나 이부자리 따위를 겹치거나 접어서 단정하게 포개다.

★ 기술

기술[1]
技 재주 기 | 術 꾀 술

1) 오늘날에는 통신 기술의 발달로 전 세계가 한 가족처럼 되었다.

뜻 알기 과학 이론을 실제로 적용하여 사물을 인간 생활에 유용하도록 가공하는 수단.

2) 그 감독은 카메라를 다루는 기술이 뛰어나다.

뜻 알기 사물을 잘 다룰 수 있는 방법이나 능력.

기술[2]
記 기록할 기 | 述 지을 술

이 책은 우리나라의 현대사에 대해서 기술하고 있다.

뜻 알기 대상이나 과정의 내용과 특징을 있는 그대로 열거하거나 기록하여 서술함.

★ 발

발[1]

민수가 축구공을 발로 찼다.

뜻 알기 사람이나 동물의 다리 맨 끝부분.

발[2]

여름에는 문에 발을 늘어뜨리고 지낸다.

뜻 알기 가늘고 긴 대를 줄로 엮거나, 줄 따위를 여러 개 나란히 늘어뜨려 만든 물건. 주로 무엇을 가리는 데 씀.

★ 소화

소화[1]
消 사라질 소 | 化 될 화

너무 많이 먹었더니 소화가 잘 안된다.

뜻 알기 섭취한 음식물을 분해하여 영양분을 흡수하기 쉬운 형태로 변화시키는 일.

소화[2]
消 사라질 소 | 火 불 화

불이 난 지 30분 만에 소방관들이 소화 작업을 끝냈다.

뜻 알기 불을 끔.

유의어 진화(鎭火) 불이 난 것을 끔.

★ 쉬다

쉬다[1]

여름이 되면 밥이 쉬기 쉽다.

뜻 알기 음식 따위가 상하여 맛이 시금하게 변하다.

쉬다[2]

노래 연습을 많이 했더니 목이 쉬어 버렸다.

뜻 알기 목청에 탈이 나서 목소리가 거칠고 맑지 않게 되다.

쉬다[3]

농부들이 나무 그늘에서 쉬고 있었다.

뜻 알기 피로를 풀려고 몸을 편안히 두다.

★ 지다

지다[1]

1) 우리는 배 위에서 지고 있는 붉은 해를 바라보았다.

뜻 알기 해나 달이 서쪽으로 넘어가다.

2) 봄비가 내려 벚꽃이 모두 지고 말았다.

뜻 알기 꽃이나 잎 따위가 시들어 떨어지다.

지다[2]

이 경기를 지면 결승 진출이 좌절된다.

뜻 알기 내기나 시합, 싸움 따위에서 재주나 힘을 겨루어 상대에게 꺾이다.

지다[3]

건우는 작은 배낭을 등에 지고 산에 올랐다.

뜻 알기 물건을 짊어서 등에 얹다.

문해력 기초 다지기

사전적 의미

01 ~ 04 밑줄 친 단어의 뜻풀이로 알맞은 것을 고르시오.

01 동생과 게임을 하면 항상 내가 <u>진다</u>.

㉠ 해나 달이 서쪽으로 넘어가다.

㉡ 내기나 시합, 싸움 따위에서 재주나 힘을 겨루어 상대에게 꺾이다.

02 이 나물은 금방 <u>쉬기</u> 때문에 빨리 먹어야 한다.

㉠ 음식 따위가 상하여 맛이 시금하게 변하다.

㉡ 목청에 탈이 나서 목소리가 거칠고 맑지 않게 되다.

03 자고 일어나면 바로 이불을 <u>개는</u> 습관을 들이려고 노력하고 있다.

㉠ 흐리거나 궂은 날씨가 맑아지다.

㉡ 옷이나 이부자리 따위를 겹치거나 접어서 단정하게 포개다.

04 할아버지는 대나무로 <u>발</u>을 엮어서 문에 드리우셨다.

㉠ 사람이나 동물의 다리 맨 끝부분.

㉡ 가늘고 긴 대를 줄로 엮거나, 줄 따위를 여러 개 나란히 늘어뜨려 만든 물건.

05 ~ 09 제시된 초성을 활용하여 밑줄 친 단어의 뜻풀이를 완성하시오.

05 형과 나는 짐을 나누어서 등에 <u>졌다</u>.

⇨ 지다 : [ㅁ][ㄱ]을 짊어서 [ㄷ]에 얹다.

06 신속한 대응으로 다행히 불은 곧 <u>소화</u>되었다.

⇨ 소화 : [ㅂ]을 끔.

07 결승전이 끝나고 다음 대회까지 훈련을 <u>쉬었다</u>.

⇨ 쉬다 : [ㅍ][ㄹ]를 풀려고 몸을 [ㅍ][ㅇ][ㅎ] 두다.

08 어제는 그렇게 비가 오더니 오늘은 거짓말처럼 날씨가 <u>개었다</u>.

⇨ 개다 : 흐리거나 궂은 날씨가 [ㅁ][ㅇ][ㅈ][ㄷ].

09 그 기업은 <u>기술</u> 향상으로 생산성을 크게 높였다.

⇨ 기술 : 과학 이론을 실제로 적용하여 사물을 인간 생활에 [ㅇ][ㅇ]하도록 가공하는 수단.

10 ~ 12 밑줄 친 단어가 제시된 의미로 사용된 예문을 고르시오.

10 쉬다 : 목청에 탈이 나서 목소리가 거칠고 맑지 않게 되다.

㉠ 시위대는 목이 쉬도록 요구 사항을 외쳤다.

㉡ 국을 냉장고에 넣지 않았더니 밤새 쉬어 버렸다.

11 지다 : 내기나 시합, 싸움 따위에서 재주나 힘을 겨루어 상대에게 꺾이다.

㉠ 해가 지자 금세 어둠이 몰려왔다.

㉡ 그는 재판에 지자 불만을 드러냈다.

12 기술 : 대상이나 과정의 내용과 특징을 있는 그대로 열거하거나 기록하여 서술함.

㉠ 그는 물건을 고치는 기술이 뛰어나 일감이 많았다.

㉡ 이 기사는 당시 사건을 객관적으로 기술하고 있다.

13 밑줄 친 두 단어의 의미가 같지 않은 것은?

① • 신발이 발에 너무 꼭 맞아 불편했다.
• 현관에 발을 내리고 있어 안이 보이지 않았다.

② • 여행을 떠나는 날 거짓말처럼 비가 개었다.
• 날이 흐린 것이 오후에도 갤 것 같지 않았다.

③ • 아침에 죽을 먹었더니 금방 소화되었다.
• 속이 더부룩하여 소화를 돕는 약을 먹었다.

④ • 오늘은 책이 많아 등에 진 가방이 무거웠다.
• 나무꾼은 땔감을 지게에 지고 집으로 향했다.

⑤ • 그는 휴가 때 집에서 그냥 쉬기로 했다.
• 옥상에는 사람들이 쉴 수 있는 공간이 마련되어 있다.

14 ~ 15 다음 단어가 들어간 예문을 찾거나, 스스로 새로운 문장을 만들어 써 보시오.

14 개다 : 옷이나 이부자리 따위를 겹치거나 접어서 단정하게 포개다.

⇨ ______________________________

15 소화 : 불을 끔.

⇨ ______________________________

문해력 완성 하기

01~03 다음 글을 읽고 물음에 답하시오.

일의 괴로움을 잊기 위한 이 노래! 일에 재미를 붙이기 위한 이 노래도 선비에게는 아무런 효과를 내지 못했다. 활활 다는 가마 속에 그의 몸뚱이를 넣고 달달 볶는 것 같았다. 목이 타고 가슴이 울렁거리고 코 안이 달고 눈알이 뜨거웠다. 그는 맘대로 하면 이 자리에 칵 엎어져서 몇 분 동안이나마 ㉠ 쉬었으면 이 아픈 것이 좀 나을 것 같았다. 선비는 지나는 감독의 구두 소리를 들으며 몸이 아파서 오늘은 일을 못 하겠어요 하고 몇 번이나 말을 하렸으나 입이 꽉 붙고 떨어지지 않았다. 어딘지 전날에도 선비는 감독들만 대하면 이렇게 입이 굳어졌는데 더구나 몸이 아프니 말할 것도 없었다.

선비는 이제야 자기의 병이 심상하지 않음을 알았다. 그리고 기침할 때마다 침에 섞여 나오는 붉은 실 같은 피도 더욱 더욱 관심되었다. 내일은 병원에를 가야지! 꼭 가야지! 하였다. 그리고 Ⓐ 예금 통장에 적혀 있는 돈 액수를 회계하여 보았다. 선비가 이 공장에 들어온 지가 벌써 거의 일 년이 되어 온다. 그동안 식비 제하고 그리고 구두 값으로, 일용품 값으로 제하고 겨우 삼 원 오십 전 가량 남아 있다. 이제 그것으로 병원에까지 가면 도리어 빚을 지게 될 것이다. 무슨 병이기에 삼 원씩이나 들까? 그저 극상(極上)해야* 한 일 원어치 약 먹었으면 낫겠지? 하였다.

– 강경애, 〈인간 문제〉

* 극상하다: 수나 양, 정도 따위가 가장 크다.

♥ 작품 감상

[해제] 1930년대 비참하게 살아가는 농민과 노동자의 삶을 사실적으로 보여 주는 장편 소설이다.

[주제] 일제 강점기 농민과 노동자의 비참한 삶

01 이 글의 내용과 일치하지 않는 것은?

① '선비'는 자신이 큰 병에 걸렸다는 것을 깨닫고 있다.
② '선비'는 감독에게 아프다는 말을 꺼내지 못하고 있다.
③ '선비'는 지금의 공장에서 일 년 가까이 근무하고 있다.
④ '선비'는 노래를 부르면서 육체적 고통을 이겨 내고 있다.
⑤ '선비'는 약으로 병을 치료할 수 있을 것으로 여기고 있다.

02 다음의 ⓐ~ⓒ 중, ㉠의 문맥적 의미로 알맞은 것을 고르시오.

ⓐ 피로를 풀려고 몸을 편안히 두다.
ⓑ 음식 따위가 상하여 맛이 시금하게 변하다.
ⓒ 목청에 탈이 나서 목소리가 거칠고 맑지 않게 되다.

창의적 적용

03 글쓴이가 Ⓐ를 통해 드러내고자 하는 의도는 무엇인지 〈조건〉에 맞게 서술하시오.

조건

1) '열악하다'라는 단어를 활용하여 문제가 되는 상황을 제시할 것.

▶ 정답과 해설 58쪽

04~06 다음 글을 읽고 물음에 답하시오.

소리는 같은데 서로 뜻이 다른 단어들의 관계를 동음이의 관계라고 하고, 그런 단어를 동음이의어라고 한다. '모든 건물에는 ㉠소화 설비를 갖추어야 한다.'에서 '소화'와 '간식으로 먹은 떡이 ㉡소화가 잘 안 된다.'에서 '소화'는 서로 뜻이 다른 동음이의어이다. 동음이의어는 서로 다른 단어가 우연히 소리가 같아지면서 만들어진 것으로, 한자어에서 주로 나타난다.

다의어는 두 개 이상의 뜻을 지닌 단어로, 원래 하나였던 의미에 추가적인 의미가 더해지면서 만들어진다. 다의어의 뜻 중 기본적이고 핵심적인 의미를 중심 의미, 중심 의미에서 파생되어 나온 의미를 주변 의미라고 한다. '아침이 되어 잠에서 깼다.'에서 '아침'과 '아침을 먹고 학교로 갔다.'에서 '아침'은 하나의 단어이지만 서로 뜻이 다른 다의어이다.

동음이의어는 소리와 표기가 같더라도 뜻 사이에 어떠한 관련성도 없어 국어사전에는 서로 다른 단어로 올라간다. 반면 다의어는 뜻 사이에 밀접한 관련성이 있어 국어사전에서 하나의 단어로 처리한다. 동음이의어나 다의어의 뜻은 그 단어가 사용된 문맥을 고려하여 구별해야 한다.

♥ 문단별 중심 내용
[1문단] 동음이의어의 개념 및 형성 원인
[2문단] 다의어의 개념 및 형성 원인
[3문단] 동음이의어와 다의어의 사전 등재 차이

04 다음에서 이 글에 사용된 설명 방법을 모두 골라 기호를 쓰시오.

ⓐ 대상의 개념이나 뜻을 밝혀 설명하는 방법
ⓑ 대상을 구성 요소들로 쪼개어 설명하는 방법
ⓒ 대상과 관련된 구체적인 예를 들어 설명하는 방법
ⓓ 둘 이상의 대상을 차이점을 중심으로 견주어 설명하는 방법

05 밑줄 친 단어 간의 의미 관계가 '㉠ : ㉡'과 다른 것은?

① 높은 이상을 품어야 한다. / 이 기계에 이상이 생겼다.
② 신이 발에 꼭 맞았다. / 유리 조각을 발로 밟아 다쳤다.
③ 하늘이 말갛게 개었다. / 나는 널브러져 있는 이불을 갰다.
④ 우리는 배를 깎아 먹었다. / 태풍 때문에 배가 뜨지 못했다.
⑤ 그는 짐 보따리를 등에 졌다. / 달이 지고 새벽이 밝아 온다.

창의적 적용

06 이 글을 바탕으로 다음의 ㉮와 ㉯에 들어갈 내용을 각각 쓰시오.

종류	형성 요인	의미 간 관련성	사전 등재
동음이의어	우연히 소리가 같아짐.	㉮	국어사전에 서로 다른 단어로 오름.
다의어	하나의 중심 의미가 확장됨.	㉯	국어사전에 하나의 단어로 오름.

28회 다의어

공부한 날 ◯월 ◯일

어휘 체크

※ 학습 후 제시된 다의어의 의미 차이를 확실하게 이해했으면 ☆표!

가다 ☐☐ 눈 ☐☐ 손 ☐☐ 듣다 ☐☐
먹다 ☐☐ 잡다 ☐☐ 젖다 ☐☐

가다

1) 우리는 방학을 맞아 시골에 계신 할머니에게 갔다.

뜻 알기 한곳에서 다른 곳으로 장소를 이동하다.

2) 오늘 만난 남자에게 무척 호감*이 간다.

뜻 알기 관심이나 눈길 따위가 쏠리다.

어휘 쏙 호감(好感) 좋게 여기는 감정.

3) 그 건물은 벽에 금이 가서 무척 위험해 보인다.

뜻 알기 금, 줄, 주름살, 흠집 따위가 생기다.

눈

1) 유림이는 눈이 정말 초롱초롱하다.

뜻 알기 빛의 자극을 받아 물체를 볼 수 있는 감각 기관.

2) 나는 눈이 나빠져 안경을 써야 했다.

뜻 알기 시력. 즉 물체의 존재나 형상을 인식하는 눈의 능력.

3) 우진이는 사람을 보는 눈이 꽤 정확한 편이다.

뜻 알기 사물을 보고 판단하는 힘.

손

1) 음식을 먹기 전에는 손을 깨끗이 씻어야 한다.

뜻 알기 사람의 팔목 끝에 달린 부분. 손등, 손바닥, 손목으로 나뉘며 그 끝에 다섯 개의 손가락이 있어, 무엇을 만지거나 잡거나 함.

2) 손이 턱없이 부족해서 주어진 시간에 일을 끝내지 못했다.

뜻 알기 일을 하는 사람.

3) 이 일의 성공과 실패는 네 손에 달려 있다.

뜻 알기 어떤 일을 하는 데 드는 사람의 힘이나 노력, 기술.

듣다

1) 진주는 하굣길에 이상한 소리를 듣고 깜짝 놀랐다.

뜻 알기 사람이나 동물이 소리를 감각 기관을 통해 알아차리다.

2) 학교에 가면 선생님 말씀을 잘 들어라.

뜻 알기 다른 사람의 말을 받아들여 그렇게 하다.

3) 운전 중에 브레이크가 말을 듣지 않아 사고가 날 뻔했다.

뜻 알기 기계, 장치 따위가 정상적으로 움직이다.

먹다

1) 나는 민서와 함께 떡볶이를 먹었다.

뜻 알기 음식 따위를 입을 통하여 배 속에 들여보내다.

2) 나는 내일 떠나기로 마음을 먹었다.

뜻 알기 어떤 마음이나 감정을 품다.

3) 더 나이를 먹기 전에 세계 여행을 하고 싶다.

뜻 알기 일정한 나이에 이르거나 나이를 더하다.

잡다

1) 어머니는 내 손을 꼭 잡으셨다.

뜻 알기 손으로 움키고 놓지 않다.

2) 민준이가 무엇 때문에 찾아왔는지 도무지 감을 잡을 수 없었다.

뜻 알기 실마리, 요점, 단점 따위를 찾아내거나 알아내다.

3) 어머니는 누나의 결혼식 날짜를 가을로 잡았다.

뜻 알기 자리, 방향, 날짜 따위를 정하다.

젖다

1) 운동장을 몇 바퀴 뛰었더니 온몸이 땀으로 흠뻑 젖었다.

뜻 알기 물이 배어 축축하게 되다.

2) 애수*에 젖은 눈빛이 그의 매력이다.

뜻 알기 어떤 심정에 잠기다.

어휘 쏙 애수(哀愁) 마음을 서글프게 하는 슬픈 시름.

문해력 기초 다지기

사전적 의미

01 ~ 04 밑줄 친 단어의 뜻풀이로 알맞은 것을 고르시오.

01 진수는 내 옷자락을 잡고 놓지 않았다.

㉠ 손으로 움키고 놓지 않다.

㉡ 자리, 방향, 날짜 따위를 정하다.

02 한번 먹은 마음이 변하지 않도록 하자.

㉠ 어떤 마음이나 감정을 품다.

㉡ 일정한 나이에 이르거나 나이를 더하다.

03 내 말만 잘 들으면 너는 손해 볼 게 하나도 없다.

㉠ 다른 사람의 말을 받아들여 그렇게 하다.

㉡ 사람이나 동물이 소리를 감각 기관을 통해 알아차리다.

04 이 옷은 주름이 잘 가서 빨래한 후에 다림질을 해야 한다.

㉠ 금, 줄, 주름살, 흠집 따위가 생기다.

㉡ 한곳에서 다른 곳으로 장소를 이동하다.

05 ~ 09 제시된 초성을 활용하여 밑줄 친 단어의 뜻풀이를 완성하시오.

05 그들은 모두 승리의 기쁨에 젖어 있었다.

⇨ 젖다 : 어떤 [ㅅ][ㅈ]에 잠기다.

06 그 사람의 옷차림으로 자꾸 눈길이 간다.

⇨ 가다 : [ㄱ][ㅅ]이나 [ㄴ][ㄱ] 따위가 쏠리다.

07 세상을 그렇게 부정적인 눈으로만 보지는 마라.

⇨ 눈 : 사물을 보고 [ㅍ][ㄷ]하는 힘.

08 말 잘 듣던 청소기가 오늘따라 왜 자꾸 멈추는지 모르겠다.

⇨ 듣다 : 기계, 장치 따위가 [ㅈ][ㅅ][ㅈ]으로 움직이다.

09 주방에 손이 부족해서 밀려드는 주문을 제때 맞출 수가 없다.

⇨ 손 : 일을 하는 [ㅅ][ㄹ].

▶ 정답과 해설 59쪽

10 ~ 13 밑줄 친 단어가 제시된 의미로 사용된 예문을 고르시오.

10 젖다 : 어떤 심정에 잠기다.

㉠ 어린 시절 사진을 보며 추억에 젖었다.

㉡ 날씨가 무더워 등굣길에 옷이 땀에 흠뻑 젖었다.

11 가다 : 관심이나 눈길 따위가 쏠리다.

㉠ 휴대 전화를 떨어뜨려 액정에 금이 갔다.

㉡ 어제 전학 온 친구에게 자꾸 시선이 간다.

12 듣다 : 다른 사람의 말을 받아들여 그렇게 하다.

㉠ 세탁기가 말을 듣지 않는 것이 고장이 난 듯하다.

㉡ 아이는 말리는 엄마의 말을 듣지 않고 마구 뛰어다녔다.

13 손 : 어떤 일을 하는 데 드는 사람의 힘이나 노력, 기술.

㉠ 할머니의 손에서 자란 나는 할머니와 각별한 사이이다.

㉡ 할머니는 손주가 건강하게 자라기를 두 손 모아 기도했다.

14 〈보기〉의 밑줄 친 말과 문맥적 의미가 유사하게 쓰인 것은?

보기

형은 눈이 좋아 먼 곳에 있는 간판도 알아본다.

① 화가 난 아저씨는 눈을 부라리며 항의했다.

② 그는 좋은 물건을 알아보는 눈이 뛰어났다.

③ 눈을 뜨자 침대 옆에 의사와 간호사들이 있었다.

④ 선생님은 아이들에게 눈을 감고 상상해 보라고 권하셨다.

⑤ 책을 좋아하는 아버지는 눈이 나빠지는 것을 안타까워하셨다.

15 ~ 16 다음 단어가 들어간 예문을 찾거나, 스스로 새로운 문장을 만들어 써 보시오.

15 먹다 : 일정한 나이에 이르거나 나이를 더하다.

⇨ ______________________________

16 잡다 : 자리, 방향, 날짜 따위를 정하다.

⇨ ______________________________

문해력 완성 하기

01 ~ 03 다음 글을 읽고 물음에 답하시오.

> ♥ 작품 감상
> [해제] 삶의 터전을 잃고 떠도는 '그'를 통해 일제 강점기에 황폐화된 조선의 현실을 보여 주는 단편 소설이다.
> [주제] 일제 강점기 조선 민중들의 비참한 삶

우리가 자리를 ⓐ잡은 찻간에는 공교롭게도 세 나라 사람이 다 모였으니, 내 옆에는 중국 사람이 기대었다. 그의 옆에는 일본 사람이 앉아 있었다. 그는 동양 삼국 옷을 한 몸에 감은 보람이 있어 일본 말로 곧잘 철철대이거니와 중국 말에도 그리 서툴지 않은 모양이었다.

"도꼬마데 오이데 데수까(어디까지 가십니까)?"

하고 첫마디를 걸더니만, 동경이 어떠니 대판이 어떠니 조선 사람은 고추를 끔찍이 많이 먹는다는 둥 일본 음식은 너무 싱거워서 처음에는 속이 뉘엿거린다는 둥 횡설수설 지껄이다가 일본 사람이 엄지와 검지 손가락으로, 짧게 끊은 꼿꼿한 윗수염을 비비면서 마지못해 까땍까땍하는 고개와 함께 "소오데수까(그렇습니까)?"란 한마디로 코대답을 할 따름이요 잘 받아 주지 않으매 그는 또 중국인을 붙들고서 실랑이를 한다. 〈중략〉

그는 잠깐 입을 닥치고 무료한 듯이 머리를 덕억덕억 긁기도 하며 손톱을 이로 물어뜯기도 하고 멀거니 창밖을 내다보기도 하다가 암만해도 지절대지 않고는 못 참겠던지 문득 나에게로 향하며,

"어디꺼정 가는기오?" / 라고 경상도 사투리로 말을 붙인다.

– 현진건, 〈고향〉

01 다음은 이 글의 특징을 정리한 것이다. ㉠~㉢에 들어갈 말을 쓰시오.

> 이 글은 작품 속에 등장하는 서술자인 (㉠)가 다른 등장인물인 (㉡)를 관찰하여 서술하는 1인칭 (㉢) 시점을 취하고 있다.

㉠: ( ) ㉡: ( ) ㉢: ( )

02 밑줄 친 단어 중, ⓐ와 유사한 의미로 사용된 것은?

① 길가에서 술에 취한 사람들이 서로 멱살을 잡고 싸웠다.
② 경찰은 범인의 단서를 잡자 재빠르게 움직이기 시작했다.
③ 옛날에는 귀한 손님이 오면 기르던 닭을 잡아서 대접했다.
④ 그는 가족들이 살 집의 터를 개천이 보이는 산 밑에 잡았다.
⑤ 동생은 잠자리채를 이용해 나무에 붙어 있는 매미를 잡았다.

창의적 적용

03 이 글의 첫 부분인 〈보기〉를 참고하여, '그'의 옷차림이 의미하는 바를 한 문장으로 쓰시오.

> 보기
> 나는 나와 마주 앉은 그를 매우 흥미 있게 바라보고 또 바라보았다. 두루마기 격으로 기모노를 둘렀고, 그 안에서 옥양목 저고리가 내어 보이며, 아랫도리엔 중국식 바지를 입었다.

▶ 정답과 해설 59쪽

04~06 다음 시를 읽고 물음에 답하시오.

해바라기 씨를 심자. / 담 모롱이 참새 눈 숨기고
해바라기 씨를 심자.

누나가 ㉠손으로 다지고 나면 / 바둑이는 앞발로 다지고
괭이가 꼬리로 다진다.

우리가 눈 감고 한 밤 자고 나면 / 이슬이 나려와 같이 자고 가고,

우리가 이웃에 간 동안에 / 햇빛이 입 맞추고 가고,

해바라기는 첫 시약시인데
Ⓐ사흘이 지나도 부끄러워 / 고개를 아니 든다.

가만히 엿보러 왔다가 / 소리를 깩! 지르고 간 놈이—
오오, 사철나무 잎에 숨은 / 청개구리 고놈이다.

– 정지용, 〈해바라기 씨〉

♥ 작품 감상
[해제] 생명이 탄생하는 데에는 여러 요소가 필요하다는 것을 어린아이의 시각에서 표현하고 있는 현대시이다.
[주제] 생명 탄생의 경이로움 / 해바라기 씨를 심고 싹이 트기를 기다리는 순수한 동심

04 이 시에 대한 이해로 적절하지 않은 것은?

① '참새'는 땅에 심은 해바라기 씨를 몰래 파 먹을 수 있겠군.
② '나'는 '누나'와 힘을 모아 해바라기 씨를 땅에 심고 다졌군.
③ '바둑이'와 '괭이'는 작은 힘이지만 '나'와 '누나'를 거들었군.
④ '이슬'과 '햇빛'은 해바라기 씨에서 싹이 돋아나도록 돕는군.
⑤ '청개구리'는 해바라기 싹이 나는 것을 방해하려고 노리는군.

05 밑줄 친 단어의 의미가 ㉠과 다른 것은?

① 할아버지가 손자의 손에 용돈을 쥐여 주었다.
② 우리는 그가 합격하기를 두 손 모아 기도했다.
③ 아이는 자신이 다니는 학교를 손으로 가리켰다.
④ 나는 마을 사람들의 손을 빌려 가을걷이를 했다.
⑤ 그는 난간을 손으로 잡고서 가파른 계단을 올랐다.

창의적 적용

06 Ⓐ의 구체적 의미와 표현 방법을 〈조건〉에 맞게 한 문장으로 쓰시오.

조건
1) Ⓐ에 사용된 대표적인 수사법을 언급할 것.
2) '~는 상황을 ~을 활용하여 표현하고 있다.'라는 문장 형식으로 쓸 것.

찾아보기

MEMO

문해력 완성

어휘력 테스트 & 정답과 해설

탐나는 문해력 '탐이'와 함께
기초 어휘를 튼튼히, 독해가 쉬워져요!

단계 1

중학 어휘

꿈을담는틀
Dream Matrix

어휘력 테스트 &정답과 해설

01 회 어휘력 테스트

01 ~ 07 제시된 초성을 참고하여 뜻풀이에 맞는 단어를 쓰시오.

01 그릇되어 이치에 맞지 않는 일. [ㅇ][ㄹ]

02 공정하지 못하고 한쪽으로 치우친 생각. [ㅍ][ㄱ]

03 본디부터 가지고 있는 사물 자체의 성질이나 모습. [ㅂ][ㅈ]

04 어떤 일이나 의논, 의견에 그 근본이 됨. 또는 그런 까닭. [ㄱ][ㄱ]

05 자기의 의견이나 주의를 굳게 내세움. 또는 그런 의견이나 주의. [ㅈ][ㅈ]

06 사물의 이치에 맞는 옳은 성질. [ㅌ][ㄷ][ㅅ]

07 상대편이 이쪽 편의 이야기를 따르도록 여러 가지로 깨우쳐 말하다. [ㅅ][ㄷ][ㅎ][ㄷ]

08 ~ 13 제시된 초성을 활용하여 단어의 뜻풀이를 완성하시오.

08 성찰: 자기의 마음을 [ㅂ][ㅅ]하고 살핌.

09 진위: [ㅊ]과 [ㄱ][ㅈ] 또는 진짜와 가짜를 통틀어 이르는 말.

10 선의: 남에게 도움을 주고자 하거나 좋은 목적을 가진 [ㅊ][ㅎ] 마음.

11 인식하다: 사물을 분별하고 [ㅍ][ㄷ]하여 알다.

12 상반되다: 서로 [ㅂ][ㄷ]되거나 어긋나게 되다.

13 납득하다: 다른 사람의 말이나 행동, 형편 따위를 잘 알아서 [ㄱ][ㅈ]하고 이해하다.

14 ~ 19 빈칸에 들어갈 알맞은 단어를 〈보기〉에서 찾아 쓰시오.

보기

납득	본질	상반	선의
성찰	오류	진위	편견

14 결승에 오른 두 팀은 ( )의 경쟁을 다짐했다.

15 법정에서 이번 사건의 ( ) 여부를 따지기로 했다.

16 동생과 나는 서로 ( )된 주장을 내세우며 대립했다.

17 ( )을/를 버려야 사물의 진짜 모습을 바로 볼 수 있다.

18 나는 지각한 이유를 선생님께서 ( ) 하시도록 말씀드렸다.

19 이 보고서는 정확한 사실을 바탕으로 하지 않아 ( )이/가 있다.

02회 어휘력 테스트

01 ~ 07 제시된 초성을 참고하여 뜻풀이에 맞는 단어를 쓰시오.

01 서로 이기려고 다투며 덤벼듦. ㄱ ㅊ

02 세상에 널리 퍼져 평판 높은 이름. ㅁ ㅅ

03 어떤 무리에서 기피하여 따돌리거나 멀리함. ㅅ ㅇ

04 어떤 사실을 잊어버리다. ㅁ ㄱ ㅎ ㄷ

05 한창 성하게 일어나 퍼지다. ㅂ ㅅ ㅎ ㄷ

06 어떤 일에 관계하여 참여하다. ㄱ ㅇ ㅎ ㄷ

07 대수롭지 않게 보거나 업신여기다. ㄱ ㅅ ㅎ ㄷ

08 ~ 13 제시된 초성을 활용하여 단어의 뜻풀이를 완성하시오.

08 배타적: 남을 ㅂ ㅊ 하는 것.

09 사료: ㅇ ㅅ 연구에 필요한 문헌이나 유물.

10 수렵: 총이나 그 밖의 도구를 가지고 산이나 들에서 ㅈ ㅅ 을 잡는 일.

11 약탈: ㅍ ㄹ 을 써서 남의 것을 억지로 빼앗음.

12 계승: ㅈ ㅅ 의 전통이나 문화유산, 업적 따위를 물려받아 이어 나감.

13 희귀하다: 드물어서 ㅌ ㅇ 하거나 매우 귀하다.

14 ~ 19 빈칸에 들어갈 알맞은 단어를 〈보기〉에서 찾아 쓰시오.

보기

경시 계승 망각 명성
번성 소외 약탈 배타적

14 어린아이의 의견이라고 해서 (　　　　)해서는 안 된다.

15 그 가게는 맛집으로 소문나면서 (　　　　)하기 시작했다.

16 (　　　　)을/를 당해 외국에 있는 우리 문화재가 적지 않다.

17 새해 초 세운 계획과 다짐을 (　　　　)한 채 게으름을 피우고 있다.

18 요즘 케이 팝(K-pop)은 세계적인 인기를 끌며 (　　　　)을/를 날리고 있다.

19 외국으로 유학을 간 그는 낯선 동양인에 대한 (　　　　)인 태도에 힘든 시간을 보냈다.

03회 어휘력 테스트

01 ~ 07 제시된 초성을 참고하여 뜻풀이에 맞는 단어를 쓰시오.

01 있는 그대로의 상태. 또는 실제의 모양. ㅅ ㅌ

02 세금이나 부담금 따위를 매기어 부담하게 함. ㅂ ㄱ

03 지식, 경험, 자금 따위를 모아서 쌓음. 또는 모아서 쌓은 것. ㅊ ㅈ

04 어떤 사회에서 오랫동안 지켜 내려와 그 사회 성원들이 널리 인정하는 질서나 풍습. ㄱ ㅅ

05 일이나 사건 따위를 끌어 일으키다. ㅇ ㄱ ㅎ ㄷ

06 전염병이나 나쁜 현상이 널리 퍼지다. ㅁ ㅇ ㅎ ㄷ

07 바람직하지 못한 것들이 마구 쏟아져 돌아다니다. ㅂ ㄹ ㅎ ㄷ

08 ~ 13 제시된 초성을 활용하여 단어의 뜻풀이를 완성하시오.

08 시사: 그 당시에 일어난 여러 가지 ㅅ ㅎ 적 사건.

09 공동체: 생활이나 행동 또는 목적 따위를 같이하는 ㅈ ㄷ.

10 공익: 사회 전체의 ㅇ ㅇ.

11 경영하다: 기업이나 사업 따위를 ㄱ ㄹ 하고 운용하다.

12 공유하다: 두 사람 이상이 한 물건을 ㄱ ㄷ 으로 소유하다.

13 열악하다: 품질이나 능력, 시설 따위가 매우 떨어지고 ㄴ ㅃ ㄷ.

14 ~ 19 빈칸에 들어갈 알맞은 단어를 〈보기〉에서 찾아 쓰시오.

보기

경영	공유	관습	범람
부과	야기	열악	축적

14 다른 나라에 가면 그 나라의 (　　　　)을/를 따라야 한다.

15 시장은 (　　　　)한 주거 환경을 개선할 것을 약속했다.

16 윤우는 세계 곳곳을 여행하며 다양한 경험을 (　　　　)했다.

17 그는 불분명한 태도로 주변 사람들에게 혼란을 (　　　　)했다.

18 인터넷상에는 잘못된 정보가 (　　　　)하기도 하므로 주의해야 한다.

19 조원들과 발표를 위해 해야 할 일과 앞으로의 일정을 (　　　　)했다.

04회 어휘력 테스트

01 ~ 06 제시된 초성을 참고하여 뜻풀이에 맞는 단어를 쓰시오.

01 공평하고 올바름. ㄱ ㅈ

02 국가 사회의 안녕과 질서를 유지·보전함. ㅊ ㅇ

03 묵은 풍속, 관습, 조직, 방법 따위를 완전히 바꾸어서 새롭게 함. ㅎ ㅅ

04 제도나 법률 따위를 만들어서 정하다. ㅈ ㅈ ㅎ ㄷ

05 문화나 사상 따위를 서로 통하게 하다. ㄱ ㄹ ㅎ ㄷ

06 명령이나 약속 따위를 어김없이 지키다. ㅇ ㅅ ㅎ ㄷ

07 ~ 13 제시된 초성을 활용하여 단어의 뜻풀이를 완성하시오.

07 중재 : 분쟁에 끼어들어 쌍방을 ㅎ ㅎ 시킴.

08 분쟁 : ㅁ ㅆ 을 일으키어 시끄럽고 복잡하게 다툼.

09 적발 : ㅅ ㄱ ㅈ 있는 일이나 드러나지 아니한 것을 들추어냄.

10 실효성 : 실제로 ㅎ ㄱ 를 나타내는 성질.

11 폐단 : 어떤 일이나 행동에서 나타나는 옳지 못한 경향이나 ㅎ ㄹ ㅇ 현상.

12 권위 : 일정한 분야에서 사회적으로 인정을 받고 ㅇ ㅎ ㄹ 을 끼칠 수 있는 위신.

13 허용하다 : ㅎ ㄹ 하여 너그럽게 받아들이다.

14 ~ 19 빈칸에 들어갈 알맞은 단어를 〈보기〉에서 찾아 쓰시오.

보기

교류	권위	분쟁	엄수
적발	중재	폐단	혁신

14 유산 상속을 놓고 형제간에 (   )이 벌어졌다.

15 두 동생의 싸움이 격해지자 언니가 (   )에 나섰다.

16 냉장고의 개발과 대중화는 사람들의 삶을 바꾼 (   )이었다.

17 선생님께서는 과제 제출 기한을 (   )하라고 거듭 당부하셨다.

18 어린이 보호 구역에 불법으로 주차하다가 (   )되면 벌금을 문다.

19 이 영화는 작품성을 인정받아 (   ) 있는 영화제에서 상을 휩쓸었다.

05회 어휘력 테스트

01 ~ 06 제시된 초성을 참고하여 뜻풀이에 맞는 단어를 쓰시오.

01 서로 도우며 함께 삶. ㄱ ㅅ

02 성장을 촉진하고 생리적 과정에 필요한 에너지를 공급하는 영양분이 있는 물질. ㅇ ㅇ ㅅ

03 전하여 널리 퍼뜨리다. ㅈ ㅍ ㅎ ㄷ

04 치료하여 병을 낫게 하다. ㅊ ㅇ ㅎ ㄷ

05 물질이 어떤 성분을 포함하고 있다. ㅎ ㅇ ㅎ ㄷ

06 돈이나 노력 따위를 어떤 일에 들이다. ㅌ ㅇ ㅎ ㄷ

07 ~ 13 제시된 초성을 활용하여 단어의 뜻풀이를 완성하시오.

07 멸종: 생물의 한 종류가 아주 ㅇ ㅇ ㅈ.

08 매개: 둘 사이에서 양편의 ㄱ ㄱ 를 맺어 줌.

09 진화: 일이나 사물 따위가 점점 ㅂ ㄷ 하여 감.

10 증발: 어떤 물질이 액체 상태에서 ㄱ ㅊ 상태로 변하는 현상.

11 부작용: 어떤 일에 부수적으로 일어나는 바람직하지 ㅁ ㅎ 일.

12 노폐물: 생체 내에서 생성된 대사산물 중 생체에서 필요 ㅇ ㄴ 것.

13 서식하다: 생물 따위가 일정한 곳에 ㅈ ㄹ 를 잡고 살다.

14 ~ 19 빈칸에 들어갈 알맞은 단어를 〈보기〉에서 찾아 쓰시오.

보기			
매개	서식	전파	진화
치유	투여	함유	부작용

14 그는 지친 몸과 마음을 ( )하기 위해 여행을 떠났다.

15 무리하게 운동하면 오히려 ( )이/가 나타날 수 있다.

16 부모님은 여행 동호회 활동을 ( )(으)로 만났다고 한다.

17 많은 돈과 시간을 ( )한 사업에서 마침내 성공을 거두었다.

18 그는 우리의 전통문화를 세계에 ( )하기 위해 노력하고 있다.

19 이 알약은 하루에 섭취해야 하는 영양소를 모두 ( )하고 있다.

06회 어휘력 테스트

01 ~ 07 제시된 초성을 참고하여 뜻풀이에 맞는 단어를 쓰시오.

01 내버려 둠. ㅂ ㅊ

02 일정한 범위에 흩어져 퍼져 있음. ㅂ ㅍ

03 천체의 표면을 둘러싸고 있는 기체. ㄷ ㄱ

04 더럽게 물듦. 또는 더럽게 물들게 함. ㅇ ㅇ

05 낡거나 못 쓰게 된 물건을 가공하여 다시 쓰게 함. ㅈ ㅅ

06 어떤 일을 할 때에 부수적으로 생기는 일이나 현상. ㅂ ㅅ ㅁ

07 어떤 기회나 정세를 알아차리다. ㅍ ㅊ ㅎ ㄷ

08 ~ 13 제시된 초성을 활용하여 단어의 뜻풀이를 완성하시오.

08 예측: 미리 헤아려 ㅈ ㅈ 함.

09 정화: 불순하거나 더러운 것을 ㄲ ㄲ 하게 함.

10 교란: 마음이나 상황 따위를 뒤흔들어서 어지럽고 ㅎ ㄹ 하게 함.

11 발산: 감정 따위를 밖으로 드러내어 ㅎ ㅅ 함. 또는 분위기 따위를 한껏 드러냄.

12 부수적: 주된 것이나 ㄱ ㅂ 적인 것에 붙어서 따르는 것.

13 소멸하다: ㅅ ㄹ ㅈ 없어지다.

14 ~ 19 빈칸에 들어갈 알맞은 단어를 〈보기〉에서 찾아 쓰시오.

보기			
교란	발산	방치	분포
소멸	예측	정화	포착

14 해양 환경을 (　　　　)하기 위한 쓰레기 줍기에 참여했다.

15 정부는 이 지역에 (　　　　)한 천연기념물을 보호하도록 했다.

16 사고가 일어난 순간을 (　　　　)한 블랙박스 영상을 입수했다.

17 망가진 지붕을 (　　　　)해 두었더니 더 손쓰기가 어려워졌다.

18 해커들이 침투해 회사 전산망을 (　　　　) 한 뒤 정보를 빼 갔다.

19 어떤 언어를 사용하는 사람이 줄어들면 그 언어는 시간이 지나면서 (　　　　)하기도 한다.

07회 어휘력 테스트

01 ~ 07 제시된 초성을 참고하여 뜻풀이에 맞는 단어를 쓰시오.

01 오래 버티거나 배겨 냄. ㅈ ㅌ

02 전체 속에서 어떤 물건, 생각, 요소 따위를 뽑아냄. ㅊ ㅊ

03 여러 부분이 결합되어 이루어진 것을 그 낱낱으로 나눔. ㅂ ㅎ

04 일이나 형편이 시간의 경과에 따라 변하여 나감. 또는 그런 경향. ㅊ ㅇ

05 실력, 수준, 기술 따위가 나아지다. ㅎ ㅅ ㄷ ㄷ

06 까다롭거나 힘들지 않아 하기가 쉽다. ㅅ ㅇ ㅎ ㄷ

07 사상이나 의지 따위가 동요됨이 없이 확고하다. ㄱ ㄱ ㅎ ㄷ

08 ~ 13 제시된 초성을 활용하여 단어의 뜻풀이를 완성하시오.

08 복구 : 손실 이전의 상태로 ㅎ ㅂ 함.

09 양상 : 사물이나 현상의 모양이나 ㅅ ㅌ.

10 악용 : 알맞지 않게 쓰거나 ㄴ ㅃ 일에 씀.

11 첨단 : 시대 사조, 학문, ㅇ ㅎ 따위의 맨 앞장.

12 낙후 : 기술이나 문화, 생활 따위의 수준이 일정한 기준에 미치지 못하고 ㄷ ㄸ ㅇ ㅈ.

13 추진력 : ㅁ ㅍ 를 향하여 밀고 나아가는 힘.

14 ~ 19 빈칸에 들어갈 알맞은 단어를 〈보기〉에서 찾아 쓰시오.

보기

견고	낙후	수월	양상
지탱	추이	추출	향상

14 지친 나머지 지팡이로 몸을 (　　　　)하며 걸었다.

15 거듭된 시련에 (　　　　)한 신념이 흔들리기 시작했다.

16 여러 사례에서 핵심을 (　　　　)해 새로운 이론을 세웠다.

17 부모님 세대와 자식 세대의 생활 (　　　　)은/는 다른 점이 많다.

18 요리할 때 야채를 잘게 잘라서 넣으면 아이들이 먹기가 (　　　　)하다.

19 시에서는 (　　　　)된 지역 경제를 살리기 위해 다양한 방안을 마련했다.

08회 어휘력 테스트

01 ~ 06 제시된 초성을 참고하여 뜻풀이에 맞는 단어를 쓰시오.

01 누리어 가짐. ㅎ ㅇ

02 깊이 파고들거나 빠짐. ㅁ ㅇ

03 다른 것을 본뜨거나 본받음. ㅁ ㅂ

04 눈길을 모아 한 곳을 똑바로 바라봄. ㅇ ㅅ

05 여러 가지 물품을 한곳에 벌여 놓고 보임. ㅈ ㅅ

06 생기 있게 살아 움직이는 듯한 느낌. ㅅ ㄷ ㄱ

07 ~ 13 제시된 초성을 활용하여 단어의 뜻풀이를 완성하시오.

07 발휘: ㅈ ㄴ, 능력 따위를 떨치어 나타냄.

08 음미: 어떤 사물 또는 개념의 ㅅ 내용을 새겨서 느끼거나 ㅅ ㄱ 함.

09 독창적: 다른 것을 모방함이 없이 새로운 것을 ㅊ ㅇ 으로 만들어 내거나 생각해 내는 것.

10 희소하다: 매우 드물고 ㅈ ㄷ.

11 추상적: 어떤 사물이 직접 ㄱ ㅎ 하거나 ㅈ ㄱ 할 수 있는 일정한 형태와 성질을 갖추고 있지 않은 것.

12 고유하다: ㅂ ㄹ 부터 가지고 있어 특유하다.

13 웅장하다: 규모 따위가 ㄱ ㄷ 하고 성대하다.

14 ~ 19 빈칸에 들어갈 알맞은 단어를 〈보기〉에서 찾아 쓰시오.

보기			
고유	모방	몰입	발휘
웅장	음미	응시	향유

14 한글은 우리나라의 (   )한 글자이다.

15 매가 하늘에서 사냥감을 (   )하며 날고 있었다.

16 열정적인 연주에 (   )한 관중들은 숨소리도 내지 않았다.

17 요리 솜씨를 있는 대로 (   )해 어머니의 생신상을 차렸다.

18 그가 입은 옷이 선풍적인 인기를 끌자 이를 (   )한 제품들이 나왔다.

19 높이가 50미터가 넘는 폭포를 눈앞에서 보니, 그 (   )함에 할 말을 잃었다.

09회 어휘력 테스트

01 ~ 06 제시된 초성을 참고하여 뜻풀이에 맞는 단어를 쓰시오.

01 강렬하고 갑작스러워 누르기 어려운 감정. [ㄱ][ㅈ]

02 섭섭하고 야속하여 마음이 언짢다. [ㄱ][ㄲ][ㄷ]

03 깊이 스며들거나 멀리까지 미치다. [ㅅ][ㅁ][ㅊ][ㄷ]

04 어떤 일이나 때가 가까이 닥쳐서 몹시 급하다. [ㅈ][ㅂ][ㅎ][ㄷ]

05 마음가짐이나 행동에 있어 태도가 움직일 수 없을 만큼 확고하다. [ㄱ][ㅇ][ㅎ][ㄷ]

06 남을 은근히 비웃는 태도로 자꾸 놀리다. [ㅂ][ㅈ][ㄱ][ㄹ][ㄷ]

07 ~ 13 제시된 초성을 활용하여 단어의 뜻풀이를 완성하시오.

07 고심: 몹시 [ㅇ]를 태우며 마음을 씀.

08 힐난: [ㅌ][ㅈ]을 잡아 지나치게 많이 따지고 듦.

09 격노: 몹시 분하고 [ㄴ][ㅇ][ㅇ] 감정이 북받쳐 오름.

10 낙천적: 세상과 인생을 즐겁고 [ㅈ][ㅇ] 것으로 여기는 것.

11 야속: 무정한 행동이나 그런 행동을 한 사람이 [ㅅ][ㅅ]하게 여겨져 언짢음.

12 대견하다: 흐뭇하고 [ㅈ][ㄹ]스럽다.

13 겸연쩍다: 쑥스럽거나 미안하여 [ㅇ][ㅅ]하다.

14 ~ 19 빈칸에 들어갈 알맞은 단어를 〈보기〉에서 찾아 쓰시오.

보기

격노	결연	고심	단호
대견	야속	절박	힐난

14 범인의 뻔뻔한 태도에 형사가 (　　　　)해 소리쳤다.

15 내 말을 귀담아듣지 않는 언니가 (　　　　)해 눈물이 났다.

16 어제 다툰 친구와 어떻게 화해할지 (　　　　)을/를 거듭했다.

17 감독은 포기하지 않고 끝까지 싸운 선수들이 무척 (　　　　)했다.

18 지진으로 (　　　　)한 상황에 놓인 이들을 돕기 위해 모금을 했다.

19 정당한 비판을 넘어서 (　　　　)에 가까운 지적을 당하자 마음이 상했다.

10회 어휘력 테스트

01 ~ 07 제시된 초성을 참고하여 뜻풀이에 맞는 단어를 쓰시오.

01 애티가 있어 어려 보이다. [ㅇ][ㄷ][ㄷ]

02 마음 씀씀이나 태도가 너그럽다. [ㅎ][ㅎ][ㄷ]

03 다른 것에 이끌리지 아니하고 스스로 일으키거나 움직이는 것. [ㄴ][ㄷ][ㅈ]

04 가엾고 불쌍하다. [ㄱ][ㄹ][ㅎ][ㄷ]

05 훌륭하고 귀중하다. [ㄱ][ㄱ][ㅎ][ㄷ]

06 자취나 기미, 기억 따위가 환히 알 수 있게 또렷하다. [ㅇ][ㄹ][ㅎ][ㄷ]

07 어떤 어려움에도 굴하지 아니하고 몹시 모질고 끈덕지게 일을 해 나가는 태도가 있다. [ㅇ][ㅊ][ㅅ][ㄹ][ㄷ]

08 ~ 13 제시된 초성을 활용하여 단어의 뜻풀이를 완성하시오.

08 간악: 간사하고 [ㅇ][ㄷ]함.

09 매섭다: 남이 [ㄱ]을 낼 만큼 성질이나 기세 따위가 [ㅁ][ㅁ]차고 날카롭다.

10 남루하다: 옷 따위가 낡아 해지고 차림새가 [ㄴ][ㅈ][ㅂ]하다.

11 순박하다: 거짓이나 꾸밈이 없이 [ㅅ][ㅅ]하며 인정이 두텁다.

12 방자하다: 어려워하거나 조심스러워하는 태도가 없이 무례하고 [ㄱ][ㅂ]지다.

13 잔망스럽다: 얄밉도록 [ㅁ][ㄹ]한 데가 있다.

14 ~ 19 빈칸에 들어갈 알맞은 단어를 〈보기〉에서 찾아 쓰시오.

보기

가련	간악	고귀	남루
방자	순박	억척	역력

14 이번 화재로 ( )한 문화재들이 유실되었다.

15 오지를 여행하며 때 묻지 않은 ( )함을 만났다.

16 귀양을 간 그는 ( )한 모습으로 화려했던 지난날을 떠올렸다.

17 일을 마치고 돌아온 어머니의 얼굴에는 피로한 기색이 ( )했다.

18 그는 가진 것이 적었지만 ( )스럽게 노력한 끝에 부를 일구었다.

19 어른들은 갑작스럽게 가족을 모두 잃은 아이가 ( )하다며 안타까워했다.

11회 어휘력 테스트

01 ~ 07 제시된 초성을 참고하여 뜻풀이에 맞는 단어를 쓰시오.

01 곰곰 잘 생각함. 또는 그런 생각. [ㅅ][ㄱ]

02 어떠한 것을 요구하며 성가시게 조르다. [ㅂ][ㅊ][ㄷ]

03 공경하면서 두려워하다. [ㄱ][ㅇ][ㅎ][ㄷ]

04 지난 일을 돌이켜 생각하여 내다. [ㅅ][ㄱ][ㅎ][ㄷ]

05 마음에 있는 것을 죄다 드러내어서 말하다. [ㅌ][ㄹ][ㅎ][ㄷ]

06 한 가지 일에 온 정신을 쏟아 딴생각이 없다. [ㄱ][ㄸ][ㅎ][ㄷ]

07 어떤 일을 이루기 위하여 대책과 방법을 세우다. [ㄷ][ㅁ][ㅎ][ㄷ]

08 ~ 13 제시된 초성을 활용하여 단어의 뜻풀이를 완성하시오.

08 누설 : [ㅂ][ㅁ]이 새어 나감.

09 빙자 : 말막음을 위하여 [ㅍ][ㄱ]로 내세움.

10 탄식 : [ㅎ][ㅌ]하여 한숨을 쉼. 또는 그 한숨.

11 만회 : 바로잡아 [ㅇ][ㄹ]의 상태로 돌이키거나 [ㅇ][ㄹ]의 상태를 되찾음.

12 견제 : 일정한 작용을 가함으로써 상대편이 지나치게 [ㅅ][ㄹ]을 펴거나 자유롭게 행동하지 못하게 [ㅇ][ㄴ][ㄹ].

13 갈무리 : 물건 따위를 잘 [ㅈ][ㄹ]하거나 간수함.

14 ~ 19 빈칸에 들어갈 알맞은 단어를 〈보기〉에서 찾아 쓰시오.

보기

견제	경외	도모	만회
빙자	숙고	토로	갈무리

14 인터넷에서 찾은 자료를 (   )하여 기사에 인용했다.

15 학급의 단합을 (   )하기 위해 체육대회를 열기로 했다.

16 여러모로 (   )한 끝에 우리 가족은 이민을 가기로 했다.

17 내 마음을 몰라주는 친구에게 서운한 감정을 모두 (   )했다.

18 그는 상대 선수의 집중적인 (   )에도 불구하고 역전 골을 넣었다.

19 중간고사에서 성적이 떨어진 것을 (   )하기 위해 기말고사는 더 열심히 준비했다.

12회 어휘력 테스트

01 ~ 07 제시된 초성을 참고하여 뜻풀이에 맞는 단어를 쓰시오.

01 아내의 아버지를 이르는 말. [ㅈ][ㅇ]

02 없어지거나 떠난 뒤에 남는 자취나 형상. [ㅈ][ㅈ]

03 남의 말이나 행동, 계획을 낮잡아 이르는 말. [ㅅ][ㅈ]

04 서로 화합하지 못함. 또는 서로 사이좋게 지내지 못함. [ㅂ][ㅎ]

05 학문, 기술, 예술 등의 분야에서 독자적인 경지나 체계를 이룬 상태. [ㅇ][ㄱ]

06 끈과 띠라는 뜻으로, 둘 이상을 서로 연결하거나 결합하게 하는 것. 또는 그런 관계. [ㅇ][ㄷ]

07 남이 저에게 해를 준 대로 저도 그에게 해를 줌. [ㅇ][ㄱ][ㅇ]

08 ~ 13 제시된 초성을 활용하여 단어의 뜻풀이를 완성하시오.

08 반목: 서로서로 [ㅅ][ㄱ]하고 미워함.

09 갈등: 개인이나 집단 사이에 목표나 이해관계가 달라 서로 적대시하거나 [ㅊ][ㄷ]함.

10 으름장: 말과 행동으로 [ㅇ][ㅎ]하는 짓.

11 동반자: 어떤 행동을 할 때 [ㅉ]이 되어 함께하는 사람.

12 각박하다: 인정이 없고 [ㅅ][ㅁ]하다.

13 돈독하다: 서로의 관계에 사랑이나 인정이 많고 깊으며 [ㅅ][ㅅ]하다.

14 ~ 19 빈칸에 들어갈 알맞은 단어를 〈보기〉에서 찾아 쓰시오.

보기

각박	돈독	수작	유대
일가	종적	동반자	앙갚음

14 박 처사는 돌아서더니 (　　　　)도 없이 사라졌다.

15 언니와 나는 어려서부터 우애가 (　　　　)하여 사이좋게 지냈다.

16 짝이 자습 시간에 자꾸 (　　　　)을/를 걸어 공부에 집중할 수 없었다.

17 소음을 일으키는 이웃에게 직접 (　　　　)하고 싶은 마음을 겨우 참았다.

18 부모를 잃고 의지할 곳이 하나 없으니 세상이 (　　　　)하게만 느껴졌다.

19 그의 아들들도 모두 결혼하고 자식을 두셋씩 낳아 (　　　　)을/를 이루었다.

13회 어휘력 테스트

01 ~ 07 제시된 초성을 참고하여 뜻풀이에 맞는 단어를 쓰시오.

01 시내보다는 크지만 강보다는 작은 물줄기.
[ㄴ]

02 일제 강점기에 둔, 경찰관의 가장 낮은 계급.
[ㅅ][ㅅ]

03 두 대상의 대립이나 갈등 구조를 비유적으로 이르는 말. [ㄴ][ㅈ]

04 강이나 바다 따위의 바닥이 얕거나 폭이 좁아 물살이 세게 흐르는 곳. [ㅇ][ㅇ]

05 한없이 크고 넓은 바다.
[ㅁ][ㅁ][ㄷ][ㅎ]

06 여러 산이 겹치고 겹친 산속.
[ㅊ][ㅊ][ㅅ][ㅈ]

07 앞으로 어떻게 해야 할지 막막하다.
[ㄲ][ㅁ][ㄷ][ㅎ][ㄷ]

08 ~ 13 제시된 초성을 활용하여 단어의 뜻풀이를 완성하시오.

08 낙화 : [ㄲ]이 떨어짐.

09 그믐 : 음력으로 그달의 [ㅁ][ㅈ][ㅁ] 날.

10 거처 : 일정하게 [ㅈ][ㄹ]를 잡고 사는 일. 또는 그 [ㅈ][ㅅ].

11 윗목 : 온돌방에서 아궁이로부터 [ㅁ] 쪽의 방바닥. 불길이 잘 닿지 않아 아랫목보다 상대적으로 [ㅊ][ㄱ][ㅇ] 쪽임.

12 어스름 : 조금 [ㅇ][ㄷ]한 상태. 또는 그런 때.

13 진눈깨비 : [ㅂ]가 섞여 내리는 눈.

14 ~ 19 빈칸에 들어갈 알맞은 단어를 〈보기〉에서 찾아 쓰시오.

보기

거처　그믐　냉전　여울　윗목
어스름　망망대해　첩첩산중

14 해가 지자 어느덧 (　　　　)이/가 깔려 왔다.

15 배를 타고 (　　　　)에 나서니 가슴이 탁 트였다.

16 나의 고향은 차도 다닐 수 없는 (　　　　)에 있다.

17 아궁이 불이 꺼졌는지 아랫목이 (　　　　) 만큼 차가웠다.

18 서울에서 학교를 다니게 된 형은 삼촌 집을 임시 (　　　　)로 정했다.

19 지난달 부부 싸움을 한 부모님의 (　　　　) 상태가 한 달 넘게 이어지고 있다.

14회 어휘력 테스트

01 ~ 06 제시된 초성을 참고하여 뜻풀이에 맞는 단어를 쓰시오.

01 강하고 날카로운 기세. [ㅅ][ㅅ]

02 명확히 드러내지 않고 넌지시 알림. [ㅇ][ㅅ]

03 같은 편이 되어 일을 함께 하거나 도움. [ㄱ][ㄷ]

04 희망이 없고 절망적이다. [ㅇ][ㄷ][ㅎ][ㄷ]

05 황폐하여 거칠고 쓸쓸하다. [ㅎ][ㄹ][ㅎ][ㄷ]

06 여기저기 흩어져 어지럽다. [ㄴ][ㅈ][ㅎ][ㄷ]

07 ~ 13 제시된 초성을 활용하여 단어의 뜻풀이를 완성하시오.

07 이변: [ㅇ][ㅅ]하지 못한 사태나 괴이한 변고.

08 구슬프다: [ㅊ][ㄹ]하고 슬프다.

09 애처롭다: 가엾고 [ㅂ][ㅆ]하여 마음이 슬프다.

10 무료하다: 흥미 있는 일이 없어 [ㅅ][ㅅ]하고 지루하다.

11 속절없다: [ㄷ][ㄴ]할 수밖에 달리 어찌할 도리가 없다.

12 어슴푸레하다: 기억이나 의식이 분명하지 못하고 [ㅎ][ㅁ]하다.

13 을씨년스럽다: 보기에 날씨나 분위기 따위가 몹시 스산하고 [ㅆ][ㅆ]한 데가 있다.

14 ~ 19 빈칸에 들어갈 알맞은 단어를 〈보기〉에서 찾아 쓰시오.

보기

가담	낭자	무료	서슬
암담	암시	이변	황량

14 직장을 그만두니 먹고살 길이 (　　　　)했다.

15 스마트폰도 없이 시간을 보내자니 (　　　　)했다.

16 오랫동안 비어 있던 고향 집은 (　　　　)해진 상태였다.

17 불길한 꿈이 미래에 대한 (　　　　)처럼 느껴져 불안했다.

18 외적이 침입하자 많은 백성들이 자발적으로 의병에 (　　　　)했다.

19 회장 선거에서 예상과 다르게 유진이가 당선되자 다들 (　　　　)이라며 놀랐다.

15회 어휘력 테스트

01 ~ 06 제시된 초성을 참고하여 뜻풀이에 맞는 단어를 쓰시오.

01 객지에 가서 머물러 있음. ㅊ ㄹ

02 사람의 모양새나 행태를 낮잡아 이르는 말. ㄲ

03 상대편에게 맞서서 대듦. 또는 그런 말이나 행동. ㄷ ㄱ ㄹ

04 아주 가난하다. ㄱ ㅅ ㅎ ㄷ

05 어렵지 아니하고 매우 쉽다. ㅇ ㅇ ㅎ ㄷ

06 일 따위에 익숙하지 못하여 서투르다. ㅁ ㅅ ㅎ ㄷ

07 ~ 13 제시된 초성을 활용하여 단어의 뜻풀이를 완성하시오.

07 허물 : 잘못 저지른 ㅅ ㅅ.

08 착수 : 어떤 일에 손을 대어 ㅅ ㅈ함.

09 철칙 : 바꾸거나 ㅇ ㄱ 수 없는 중요한 법칙.

10 권장 : ㄱ하여 ㅈ ㅇ 일에 힘쓰도록 북돋아 줌.

11 군림 : 어떤 분야에서 절대적인 세력을 가지고 남을 ㅇ ㄷ함을 비유적으로 이르는 말.

12 간과하다 : 큰 ㄱ ㅅ 없이 대강 보아 넘기다.

13 척박하다 : 땅이 ㄱ ㄹ지지 못하고 몹시 메마르다.

14 ~ 19 빈칸에 들어갈 알맞은 단어를 〈보기〉에서 찾아 쓰시오.

보기

간과	군림	궁색	권장
용이	착수	체류	허물

14 흥부네는 형편이(　　　　)해서 늘 끼니 걱정을 했다.

15 유학을 가 미국에 (　　　　)하고 있던 언니가 귀국했다.

16 우리 모둠은 역할을 나누어 발표를 위한 준비에 (　　　　)했다.

17 라면을 끓이는 것은 다른 음식을 만드는 것보다 비교적 (　　　　)하다.

18 동생이 자꾸 내 지난날의 (　　　　)을/를 들추어내자 짜증이 났다.

19 부모님은 건강을 위해 나에게 하루 30분 이상 걷기를 (　　　　)하셨다.

16회 어휘력 테스트

01 ~ 07 제시된 초성을 참고하여 뜻풀이에 맞는 단어를 쓰시오.

01 부드럽고 맑은 바람. ㅊ ㅍ

02 티끌과 흙을 통틀어 이르는 말. ㅈ ㅌ

03 서자 얼자를 아울러 이르는 말. ㅅ ㅇ

04 푸른 잎이 우거진 나무나 수풀. 또는 그 나무의 그늘. ㄴ ㅇ

05 강과 호수. 은자나 시인 등이 현실을 도피하여 생활하던 시골이나 자연을 비유적으로 이르는 말. ㄱ ㅎ

06 조선 시대에 둔, 각 도의 으뜸 벼슬. ㄱ ㅊ ㅅ

07 술법으로 자기 몸이 감추어지거나 다른 것으로 바뀌다. ㄷ ㄱ ㅎ ㄷ

08 ~ 13 제시된 초성을 활용하여 단어의 뜻풀이를 완성하시오.

08 등용 : ㅇ ㅈ 를 뽑아서 씀.

09 규방 : ㅂ ㄴ ㅈ 가 거처하는 방.

10 풍류 : 멋스럽고 ㅍ ㅊ 가 있는 일. 또는 그렇게 노는 일.

11 절개 : 신념, 신의 따위를 굽히지 아니하고 굳게 지키는 ㄲ ㄲ 한 태도.

12 구천 : ㄸ ㅅ 깊은 밑바닥이란 뜻으로, 죽은 뒤에 ㄴ 이 돌아가는 곳을 이르는 말.

13 자초지종 : ㅊ ㅇ 부터 끝까지의 과정.

14 ~ 19 빈칸에 들어갈 알맞은 단어를 〈보기〉에서 찾아 쓰시오.

보기

강호	구천	녹음	둔갑
등용	절개	청풍	자초지종

14 여름이 다가오는 산은 (   )이/가 무성했다.

15 우리는 아이에게 길을 잃게 된 (   )을/를 물었다.

16 불어오는 (   )을/를 맞으며 한가롭게 산책을 했다.

17 조선 시대에는 인재 (   )을/를 위해 과거 시험을 보았다.

18 그는 시련 속에서도 (   )을/를 꺾지 않고 독립운동을 했다.

19 부인은 다른 이의 얼굴로 (   )할 수 있는 약물을 써 계략을 꾸몄다.

17회 어휘력 테스트

01 ~ 06 제시된 초성을 참고하여 뜻풀이에 맞는 한자 성어를 쓰시오.

01 고립되어 구원을 받을 데가 없음.
ㄱ ㄹ ㅁ ㅇ

02 착한 일을 권장하고 악한 일을 징계함.
ㄱ ㅅ ㅈ ㅇ

03 이러지도 저러지도 못하는 어려운 처지.
ㅈ ㅌ ㅇ ㄴ

04 대말을 타고 놀던 벗이라는 뜻으로, 어릴 때부터 같이 놀며 자란 벗.
ㅈ ㅁ ㄱ ㅇ

05 서로 거스름이 없는 친구라는 뜻으로, 허물없이 아주 친한 친구를 이르는 말.
ㅁ ㅇ ㅈ ㅇ

06 눈을 비비고 상대편을 본다는 뜻으로, 남의 학식이나 재주가 놀랄 만큼 부쩍 늚을 이르는 말.
ㄱ ㅁ ㅅ ㄷ

07 ~ 11 제시된 초성을 활용하여 한자 성어의 뜻풀이를 완성하시오.

07 혈혈단신: ㅇ ㅈ 할 곳이 없는 외로운 홀몸.

08 일취월장: 나날이 다달이 자라거나 ㅂ ㅈ 함.

09 사필귀정: 모든 일은 반드시 ㅂ ㄹ ㄱ 로 돌아감.

10 개과천선: 지난날의 ㅈ ㅁ 이나 ㅎ ㅁ 을 고쳐 올바르고 착하게 됨.

11 관포지교: 관중과 포숙의 사귐이란 뜻으로, 우정이 아주 ㄷ ㄷ 한 친구 관계를 이르는 말.

12 ~ 17 빈칸에 들어갈 알맞은 한자 성어를 〈보기〉에서 찾아 쓰시오.

보기

개과천선	고립무원	권선징악
일취월장	죽마고우	진퇴양난

12 친구들은 (　　　　)한 내 농구 실력에 깜짝 놀랐다.

13 그는 판사에게 (　　　　)을/를 다짐하며 선처를 호소했다.

14 (　　　　)인 철수와 어릴 때 함께 놀던 추억을 이야기했다.

15 주변 사람들이 모두 외면하자 (　　　　)의 외톨이가 된 심정이었다.

16 이 일을 해도 안 해도 비난을 받을 처지이니 그야말로 (　　　　)이다.

17 이 드라마는 악당에게 벌을 주는 (　　　　)의 이야기를 그려 통쾌함을 느끼게 한다.

18회 어휘력 테스트

01 ~ 06 제시된 초성을 참고하여 뜻풀이에 맞는 한자 성어를 쓰시오.

01 다른 생각은 전혀 아니 하고 오직 책 읽기에만 골몰하는 경지. [ㄷ][ㅅ][ㅅ][ㅁ]

02 혼백이 어지러이 흩어진다는 뜻으로, 몹시 놀라 넋을 잃음을 이르는 말. [ㅎ][ㅂ][ㅂ][ㅅ]

03 눈 위에 서리가 덮인다는 뜻으로, 난처한 일이나 불행한 일이 잇따라 일어남을 이르는 말. [ㅅ][ㅅ][ㄱ][ㅅ]

04 낮에는 농사짓고, 밤에는 글을 읽는다는 뜻으로, 어려운 여건 속에서도 꿋꿋이 공부함을 이르는 말. [ㅈ][ㄱ][ㅇ][ㄷ]

05 들어갈수록 점점 재미가 있음. 또는 시간이 지날수록 하는 짓이나 몰골이 더욱 꼴불견임을 이르는 말. [ㅈ][ㅇ][ㄱ][ㄱ]

06 같은 병을 앓는 사람끼리 서로 가엾게 여긴다는 뜻으로, 어려운 처지에 있는 사람끼리 서로 가엾게 여김을 이르는 말. [ㄷ][ㅂ][ㅅ][ㄹ]

07 ~ 11 제시된 초성을 활용하여 한자 성어의 뜻풀이를 완성하시오.

07 학수고대 : 학의 목처럼 목을 길게 빼고 간절히 [ㄱ][ㄷ][ㄹ].

08 온고지신 : [ㅇ][ㄱ]을 익히고 그것을 미루어서 새것을 앎.

09 각골난망 : 남에게 입은 [ㅇ][ㅎ]가 뼈에 새길 만큼 커서 잊히지 아니함.

10 반포지효 : 자식이 자란 후에 어버이의 은혜를 갚는 [ㅎ][ㅅ]을 이르는 말.

11 금상첨화 : [ㅂ][ㄷ] 위에 꽃을 더한다는 뜻으로, 좋은 일 위에 또 [ㅈ][ㅇ] 일이 더하여짐을 이르는 말.

12 ~ 17 빈칸에 들어갈 알맞은 한자 성어를 〈보기〉에서 찾아 쓰시오.

보기		
각골난망	금상첨화	동병상련
설상가상	점입가경	학수고대

12 예매해 둔 콘서트 날이 되기를 (　　　　) 했다.

13 올해 프로 농구의 치열한 순위 경쟁이 갈수록 (　　　　)이다.

14 제가 어려울 때 도와주셨던 친척 어른들의 은혜를 (　　　　)하겠습니다.

15 항암 치료를 위해 입원한 그는 옆자리의 환자에게 (　　　　)을/를 느꼈다.

16 콩나물밥은 맛이 좋고 영양도 풍부한 데다 간단히 만들 수 있어 (　　　　)이다.

17 어제 친구들과 축구를 하다 다리를 다쳤는데 (　　　　)(으)로 오늘은 손목까지 삐었다.

19회 어휘력 테스트

01 ~ 06 제시된 초성을 참고하여 뜻풀이에 맞는 한자 성어를 쓰시오.

01 깊이 잘 생각함. [ㅅ][ㅅ][ㅅ][ㄱ]

02 처지를 바꾸어서 생각하여 봄. [ㅇ][ㅈ][ㅅ][ㅈ]

03 작은 것을 탐하다가 큰 것을 잃음. [ㅅ][ㅌ][ㄷ][ㅅ]

04 편안한 마음으로 제 분수를 지키며 만족할 줄을 앎. [ㅇ][ㅂ][ㅈ][ㅈ]

05 자기 논에 물 대기라는 뜻으로, 자기에게만 이롭게 되도록 생각하거나 행동함을 이르는 말. [ㅇ][ㅈ][ㅇ][ㅅ]

06 한 조각의 붉은 마음이라는 뜻으로, 진심에서 우러나오는 변치 아니하는 마음을 이르는 말. [ㅇ][ㅍ][ㄷ][ㅅ]

07 ~ 11 제시된 초성을 활용하여 한자 성어의 뜻풀이를 완성하시오.

07 안빈낙도 : [ㄱ][ㄴ]한 생활을 하면서도 편안한 마음으로 도를 즐겨 지킴.

08 견물생심 : 어떠한 실물을 보게 되면 그것을 가지고 싶은 [ㅇ][ㅅ]이 생김.

09 조변석개 : 계획이나 결정 따위를 일관성이 없이 자주 [ㄱ][ㅊ]을 이르는 말.

10 적반하장 : [ㅈ][ㅁ]한 사람이 아무 [ㅈ][ㅁ]도 없는 사람을 나무람을 이르는 말.

11 일석이조 : 돌 한 개를 던져 새 두 마리를 잡는다는 뜻으로, 동시에 두 가지 [ㅇ][ㄷ]을 봄을 이르는 말.

12 ~ 17 빈칸에 들어갈 알맞은 한자 성어를 〈보기〉에서 찾아 쓰시오.

보기

견물생심	아전인수	안분지족
역지사지	일석이조	적반하장

12 삼촌은 욕심을 버리고 고향에서 (　　　　) 하며 살고 있다.

13 형은 (　　　　) 격으로 자신이 필요할 때만 원칙을 강조했다.

14 등산을 하면 건강을 챙기며 자연도 즐길 수 있으니 (　　　　)이다.

15 (　　　　)(이)라고 문구점만 가면 필요 없는 물건들이 사고 싶어진다.

16 (　　　　)해 보니 내 생활 습관을 지적하는 언니의 입장도 이해가 갔다.

17 밤늦게까지 아이들이 뛰어다니는 윗집에 항의하자 그들은 (　　　　)으로 화를 냈다.

20회 어휘력 테스트

01 ~ 05 제시된 초성을 참고하여 뜻풀이에 맞는 속담을 완성하시오.

01 원인이 없으면 결과가 있을 수 없음을 이르는 말. ⇨ 아니 땐 [ㄱ][ㄸ]에 [ㅇ][ㄱ] 날까

02 자기에게 덕망이 있어야 사람들이 따르게 됨을 이르는 말. ⇨ 물이 깊어야 [ㄱ][ㄱ]가 모인다

03 잘될 사람은 어려서부터 남달리 장래성이 엿보인다는 말. ⇨ 될성부른 [ㄴ][ㅁ]는 떡잎부터 알아본다

04 하고 싶은 말이나 해야 할 말은 시원히 다 해 버려야 좋다는 말. ⇨ [ㄱ][ㄱ]는 씹어야 맛이요, [ㅁ]은 해야 맛이라

05 이웃끼리 서로 친하게 지내다 보면 먼 곳에 있는 일가보다 더 친하게 되어 서로 도우며 살게 된다는 것을 이르는 말. ⇨ 먼 [ㅅ][ㅊ]보다 가까운 [ㅇ][ㅇ]이 낫다

06 ~ 10 제시된 초성을 활용하여 속담의 뜻풀이를 완성하시오.

06 윗물이 맑아야 아랫물이 맑다 ⇨ [ㅇ][ㅅ][ㄹ]이 잘하면 [ㅇ][ㄹ][ㅅ][ㄹ]도 따라서 잘하게 된다는 말.

07 말 한마디에 천 냥 빚도 갚는다 ⇨ 말만 잘하면 어려운 일이나 [ㅂ][ㄱ][ㄴ]해 보이는 일도 해결할 수 있다는 말.

08 한술 밥에 배부르랴 ⇨ 어떤 일이든지 단번에 [ㅁ][ㅈ]할 수는 없다는 말.

09 백지장도 맞들면 낫다 ⇨ 쉬운 일이라도 [ㅎ][ㄹ]하여 하면 훨씬 쉽다는 말.

10 콩 심은 데 콩 나고 팥 심은 데 팥 난다 ⇨ 모든 일은 [ㄱ][ㅂ]에 따라 거기에 걸맞은 [ㄱ][ㄱ]가 나타나는 것임을 이르는 말.

11 ~ 15 빈칸에 들어갈 알맞은 속담을 〈보기〉에서 찾아 기호를 쓰시오.

보기

㉠ 한술 밥에 배부르랴
㉡ 백지장도 맞들면 낫다
㉢ 아니 땐 굴뚝에 연기 날까
㉣ 가는 말이 고와야 오는 말이 곱다
㉤ 될성부른 나무는 떡잎부터 알아본다

11 반 아이들은 (　　　　)(라)며 당번을 도와 교실 청소를 재빨리 끝냈다.

12 대표의 비리 의혹이 계속 이어지자 사람들은 (　　　　)(라)는 시선을 보냈다.

13 (　　　　)(라)고 하는데, 먼저 퉁명스럽게 말해 놓고 좋은 반응을 기대할 수는 없다.

14 언니는 성적이 쉽게 오르지 않아 조급해하는 나에게 (　　　　)(라)며 위로해 주었다.

15 (　　　　)(라)고, 세계 최고의 축구 선수인 그는 어린 시절부터 공 다루는 솜씨가 뛰어났다.

21회 어휘력 테스트

01 ~ 05 제시된 초성을 참고하여 뜻풀이에 맞는 속담을 완성하시오.

01 견문이 좁고 세상 형편에 어두운 사람을 이르는 말. ⇨ 우물 안 [ㄱ][ㄱ][ㄹ]

02 몹시 고생을 하는 삶도 좋은 운수가 터질 날이 있다는 말. ⇨ [ㅈ][ㄱ][ㅁ]에도 [ㅂ] 들 날 있다

03 제일 급하고 일이 필요한 사람이 그 일을 서둘러 하게 되어 있다는 말. ⇨ [ㅁ][ㅁ][ㄹ] 놈이 [ㅇ][ㅁ] 판다

04 부지런하고 꾸준히 노력하는 사람은 침체되지 않고 계속 발전한다는 말. ⇨ 구르는 [ㄷ]은 [ㅇ][ㄲ]가 안 낀다

05 무슨 일에든 정성을 다하면 아주 어려운 일도 순조롭게 풀리어 좋은 결과를 맺는다는 말. ⇨ [ㅈ][ㅅ]이면 [ㄱ][ㅊ]

06 ~ 10 제시된 초성을 활용하여 속담의 뜻풀이를 완성하시오.

06 공든 탑이 무너지랴 ⇨ 힘을 다하고 [ㅈ][ㅅ]을 다하여 한 일은 그 [ㄱ][ㄱ]가 반드시 헛되지 아니함을 이르는 말.

07 지렁이도 밟으면 꿈틀한다 ⇨ 아무리 눌려 지내는 [ㅁ][ㅊ]한 사람이나, 순하고 [ㅈ][ㅇ] 사람이라도 너무 업신여기면 가만있지 아니한다는 말.

08 낫 놓고 기역 자도 모른다 ⇨ 아주 [ㅁ][ㅅ]함을 이르는 말.

09 하늘이 무너져도 솟아날 구멍이 있다 ⇨ 아무리 [ㅇ][ㄹ][ㅇ] 경우에 처하더라도 살아 나갈 방도가 생긴다는 말.

10 열 번 찍어 안 넘어가는 나무 없다 ⇨ 아무리 뜻이 [ㄱ][ㅇ] 사람이라도 여러 번 권하거나 꾀고 달래면 결국은 [ㅁ][ㅇ]이 변한다는 말.

11 ~ 15 빈칸에 들어갈 알맞은 속담을 〈보기〉에서 찾아 기호를 쓰시오.

보기

㉠ 우물 안 개구리
㉡ 목마른 놈이 우물 판다
㉢ 쥐구멍에도 볕 들 날 있다
㉣ 지렁이도 밟으면 꿈틀한다
㉤ 구르는 돌은 이끼가 안 낀다

11 독서는 우리를 (　　　　)에서 벗어나게 해 준다.

12 그는 성공한 뒤에도 (　　　　)(라)는 생각으로 자신을 갈고닦았다.

13 (　　　　)(라)고, 십여 년간 고생한 끝에 작은 집을 마련할 수 있었다.

14 (　　　　)(라)고, 제일 급한 내가 나서서 그 문제에 대한 해결책을 찾는 수밖에 없다.

15 (　　　　)(라)는데, 그가 순하다고 해서 자기를 함부로 대하는 것을 계속 참지는 않을 거야.

22회 어휘력 테스트

01 ~ 07 제시된 초성을 참고하여 뜻풀이에 맞는 관용어를 완성하시오.

01 두드러지게 드러나다. ⇨ [ㄴ]에 띄다

02 씀씀이가 후하고 크다. ⇨ 손이 [ㅋ][ㄷ]

03 여러 번 보아서 익숙하다. ⇨ 눈에 [ㅇ][ㄷ]

04 오가지 않거나 관계를 끊다. ⇨ [ㅂ]을 끊다

05 사귀어 아는 사람이 많아 활동하는 범위가 넓다. ⇨ 발이 [ㄴ][ㄷ]

06 서로 뜻을 같이 하여 긴밀하게 협력하다. ⇨ 손을 [ㅁ][ㅈ][ㄷ]

07 믿기 어려운 이야기를 들어 잘못 들은 것이 아닌가 생각하다. ⇨ 귀를 [ㅇ][ㅅ][ㅎ][ㄷ]

08 ~ 13 제시된 초성을 활용하여 관용어의 뜻풀이를 완성하시오.

08 손에 익다 ⇨ 일이 손에 [ㅇ][ㅅ]해지다.

09 귀가 가렵다 ⇨ [ㄴ]이 제 [ㅁ]을 한다고 느끼다.

10 눈이 높다 ⇨ 1) 정도 이상의 [ㅈ][ㅇ] 것만 찾는 버릇이 있다.
2) [ㅇ][ㅁ]이 높다.

11 발이 묶이다 ⇨ 몸을 [ㅇ][ㅈ]일 수 없거나 [ㅎ][ㄷ]할 수 없는 형편이 되다.

12 귀를 기울이다 ⇨ 남의 이야기나 의견에 관심을 가지고 [ㅈ][ㅇ]를 모으다.

13 눈이 뒤집히다 ⇨ 충격적인 일을 당하거나 어떤 일에 집착하여 [ㅇ][ㅅ]을 잃다.

14 ~ 19 빈칸에 들어갈 알맞은 관용어를 〈보기〉에서 찾아 문맥에 맞게 쓰시오.

보기

귀를 기울이다	눈에 익다	눈이 높다
발을 끊다	발이 묶이다	손을 맞잡다

14 용돈을 아끼느라 편의점에 (   ) 되었다.

15 아무도 철민이의 주장에 (   ) 않았다.

16 태풍으로 비행기가 뜨지 않아 (   ) 말았다.

17 그는 (   ) 옷이나 신발도 비싼 것만 찾았다.

18 경제 위기를 극복하기 위해 회사와 노동자가 (   ).

19 낯선 이들 가운데에서 (   ) 얼굴을 보자 무척 반가웠다.

23회 어휘력 테스트

01 ~ 07 제시된 초성을 참고하여 뜻풀이에 맞는 관용어를 완성하시오.

01 약점이 잡히다. ⇨ 코가 [ㄲ][ㅇ][ㄷ]

02 몹시 놀라다. ⇨ 간이 [ㄸ][ㅇ][ㅈ][ㄷ]

03 겁이 없고 매우 대담하다. ⇨ 간이 [ㅋ][ㄷ]

04 남이 잘되어 심술이 나다. ⇨ [ㅂ]가 아프다

05 서로의 말이 일치하도록 하다. ⇨ [ㅇ]을 맞추다

06 매우 놀라거나 좋아하다. ⇨ 입이 딱 [ㅂ][ㅇ][ㅈ][ㄷ]

07 한군데 가만히 앉아 있지 못하고 자꾸 일어나 움직이고 싶어 하다. ⇨ [ㅇ][ㄷ][ㅇ]가 근질근질하다

08 ~ 13 제시된 초성을 활용하여 관용어의 뜻풀이를 완성하시오.

08 입을 모으다 ⇨ 여러 사람이 [ㄱ][ㅇ] 의견을 말하다.

09 코가 높다 ⇨ [ㅈ][ㄴ] 체하고 [ㅃ][ㄴ][ㄴ] 기세가 있다.

10 배를 불리다 ⇨ 재물이나 이득을 많이 차지하여 [ㅅ][ㄹ][ㅅ][ㅇ]을 채우다.

11 간이 떨리다 ⇨ 마음속으로 몹시 [ㄱ]이 나다.

12 코가 납작해지다 ⇨ 몹시 [ㅁ][ㅇ]을 당하거나 기가 죽어 [ㅇ][ㅅ]이 뚝 떨어지다.

13 엉덩이가 무겁다 ⇨ 한번 [ㅈ][ㄹ]를 잡고 앉으면 좀처럼 [ㅇ][ㅇ][ㄴ][ㅈ] 아니하다.

14 ~ 19 빈칸에 들어갈 알맞은 관용어를 〈보기〉에서 찾아 문맥에 맞게 쓰시오.

보기	
간이 떨어지다	간이 크다
배가 아프다	입을 모으다
입이 딱 벌어지다	코가 납작해지다

14 엄마는 (   ) 나의 생일상을 차리셨다.

15 써 본 사람들이 (   ) 추천하는 B사의 제품을 샀다.

16 자신만만하게 우승을 장담하던 그는 예선 탈락으로 (   ).

17 길을 잃고 산속을 헤매던 중에 들개와 마주쳐 (   ) 뻔했다.

18 동생은 같이 본 오디션에서 친구만 합격하자, (   )며 밥도 안 먹었다.

19 생긴 지 얼마 안 된 작은 기업에 그렇게 많은 돈을 투자하다니, 그는 참 (   ) 사람이다.

24회 어휘력 테스트

01 ~ 07 제시된 초성을 참고하여 뜻풀이에 맞는 단어를 쓰시오.

01 보다 더 좋거나 앞서 있다. ㄴ ㄷ

02 배 속의 아이, 새끼, 알을 몸 밖으로 내놓다. ㄴ ㄷ

03 두 발을 번갈아 옮겨 놓는 동작. ㄱ ㅇ

04 식물이 잘 자라도록 땅을 기름지게 하기 위하여 주는 물질. ㄱ ㄹ

05 본디보다 더 길어지게 하다. ㄴ ㅇ ㄷ

06 오가는 도중에 어디를 지나거나 들르다. ㄱ ㅊ ㄷ

07 구름이나 안개 따위가 흩어져 없어지다. ㄱ ㅎ ㄷ

08 ~ 13 제시된 초성을 활용하여 단어의 뜻풀이를 완성하시오.

08 느리다: 어떤 동작을 하는 데 걸리는 ㅅ ㄱ 이 ㄱ ㄷ.

09 늘리다: 물체의 넓이, 부피 따위를 본디보다 ㅋ ㅈ ㄱ 하다.

10 너머: ㄴ ㅇ 나 ㄱ ㄱ 로 가로막은 사물의 저쪽. 또는 그 공간.

11 가르치다: 지식이나 기능, 이치 따위를 깨닫게 하거나 ㅇ ㅎ ㄱ 하다.

12 가리키다: 손가락 따위로 어떤 ㅂ ㅎ 이나 ㄷ ㅅ 을 집어서 보이거나 말하거나 알리다.

13 넘어: '높은 부분의 ㅇ 를 지나가거나 경계를 건너 지나다.'라는 의미를 지닌 동사 'ㄴ ㄷ'의 활용형.

14 ~ 19 빈칸에 들어갈 알맞은 단어를 〈보기〉에서 찾아 문맥에 맞게 쓰시오.

보기

낫다 낳다 느리다 늘이다
거치다 걷히다 가르치다 가리키다

14 나는 시장을 (   ) 집으로 향했다.

15 어둠이 (   ) 날이 밝아 오고 있었다.

16 거실의 시곗바늘이 오후 네 시를 (   ) 있었다.

17 어제 친구네 반려견이 새끼를 세 마리나 (   ).

18 동생에게 줄 선물로는 아무래도 책보다 빵이 (   ).

19 형은 입원해 있는 다른 환자들에 비해 회복 속도가 (   ) 편이다.

25회 어휘력 테스트

01 ~ 06 제시된 초성을 참고하여 뜻풀이에 맞는 단어를 쓰시오.

01 틀림없이 꼭. ㅂ ㄷ ㅅ

02 비뚤어지거나 기울거나 굽지 아니하고 바르게. ㅂ ㄷ ㅇ

03 비교가 되는 두 대상이 서로 같지 아니하다. ㄷ ㄹ ㄷ

04 셈이나 사실 따위가 그르게 되거나 어긋나다. ㅌ ㄹ ㄷ

05 약재 따위에 물을 부어 우러나도록 끓이다. ㄷ ㅇ ㄷ

06 옷 따위의 주름을 펴기 위하여 다리미나 인두로 문지르다. ㄷ ㄹ ㄷ

07 ~ 12 제시된 초성을 활용하여 단어의 뜻풀이를 완성하시오.

07 띄다: 남보다 훨씬 ㄷ ㄷ ㄹ ㅈ ㄷ.

08 띠다: ㄱ ㅈ 이나 ㄱ ㅇ 따위를 나타내다.

09 두껍다: ㄷ ㄲ 가 보통의 정도보다 크다.

10 두텁다: 신의, 믿음, 관계, 인정 따위가 ㄱ ㄱ ㄱ ㄷ.

11 바래다: 볕이나 ㅅ ㄱ 를 받아 ㅅ 이 변하다.

12 바라다: 생각이나 ㅂ ㄹ 대로 어떤 일이나 상태가 ㅇ ㄹ ㅇ ㅈ ㄱ ㄴ 그렇게 되었으면 하고 생각하다.

13 ~ 19 빈칸에 들어갈 알맞은 단어를 〈보기〉에서 찾아 문맥에 맞게 쓰시오.

보기			
띄다	띠다	다르다	틀리다
두껍다	두텁다	반드시	반듯이

13 학생들은 자세를 (   ) 고쳐 앉았다.

14 이 이불은 여름에 덮기에 너무 (   ).

15 이렇게 쉬운 문제의 답을 (   )니 너무 아깝다.

16 기분이 상한 지원이는 얼굴에 차가운 빛을 (   ).

17 봄을 맞아 군데군데 피어난 개나리가 눈에 (   ).

18 내 운동화는 네 운동화와 모양은 같지만 색이 (   ).

19 내일은 아침에 약속이 있으니 (   ) 일찍 일어나야 한다.

26회 어휘력 테스트

01 ~ 07 제시된 초성을 참고하여 뜻풀이에 맞는 단어를 쓰시오.

01 같은 일을 되풀이함. [ㅂ][ㅂ]

02 진술이나 주장, 입장 따위를 이리저리 고쳐 뒤집음. [ㅂ][ㅂ]

03 제대로 먹지 못하여 배를 곯다. [ㅈ][ㄹ][ㄷ]

04 물체의 길이나 넓이, 부피 따위를 본디보다 작게 하다. [ㅈ][ㅇ][ㄷ]

05 사물의 수효를 헤아리거나 꼽다. [ㅅ][ㄷ]

06 명절, 생일, 기념일 같은 날을 맞이하여 지내다. [ㅅ][ㄷ]

07 기체, 액체 따위가 틈이나 구멍으로 조금씩 빠져 나가거나 나오다. [ㅅ][ㄷ]

08 ~ 13 제시된 초성을 활용하여 단어의 뜻풀이를 완성하시오.

08 붙이다 : 맞닿아 [ㄸ][ㅇ][ㅈ][ㅈ] 않게 하다.

09 부치다 : 편지나 물건 따위를 일정한 수단이나 방법을 써서 상대에게로 [ㅂ][ㄴ][ㄷ].

10 적다 : [ㅅ][ㅎ]나 [ㅂ][ㄹ], 정도가 일정한 기준에 미치지 못하다.

11 작다 : [ㄱ][ㅇ], 넓이, [ㅂ][ㅍ] 따위가 비교 대상이나 보통보다 덜하다.

12 절이다 : 소금기나 식초, 설탕 따위에 담가 [ㄱ]이 배어들게 하다.

13 저리다 : 몸의 일부가 오래 눌려서 [ㅍ]가 잘 통하지 못해 [ㄱ][ㄱ]이 둔하고 아리다.

14 ~ 19 빈칸에 들어갈 알맞은 단어를 〈보기〉에서 찾아 문맥에 맞게 쓰시오.

보기			
반복	번복	새다	세다
부치다	붙이다	저리다	절이다

14 오이를 식초에 (　　　　) 반찬을 만들었다.

15 같은 실수를 (　　　　)하지 않도록 주의해라.

16 학교에 보낼 서류를 (　　　　) 우체국에 갔다.

17 손님이 낸 돈을 (　　　　) 본 뒤 거스름돈을 건넸다.

18 마트에서 살 물건들을 적은 메모지를 냉장고에 (　　　　).

19 가방에 넣어 둔 물통에서 물이 (　　　　) 교과서가 모두 젖었다.

27회 어휘력 테스트

01 ~ 05 제시된 초성을 참고하여 뜻풀이에 맞는 단어를 쓰시오.

01 불을 끔. [ㅅ][ㅎ]

02 목청에 탈이 나서 목소리가 거칠고 맑지 않게 되다. [ㅅ][ㄷ]

03 옷이나 이부자리 따위를 겹치거나 접어서 단정하게 포개다. [ㄱ][ㄷ]

04 대상이나 과정의 내용과 특징을 있는 그대로 열거하거나 기록하여 서술함. [ㄱ][ㅅ]

05 가늘고 긴 대를 줄로 엮거나, 줄 따위를 여러 개 나란히 늘어뜨려 만든 물건. [ㅂ]

06 ~ 10 제시된 초성을 활용하여 밑줄 친 단어의 뜻풀이를 완성하시오.

06 나물이 <u>쉬었는지</u> 냄새가 이상했다.

⇨ 쉬다 : 음식 따위가 [ㅅ]하여 [ㅁ]이 시금하게 변하다.

07 배가 아파 <u>소화</u>가 잘 되는 죽을 먹었다.

⇨ 소화 : 섭취한 음식물을 [ㅂ][ㅎ]하여 영양분을 [ㅎ][ㅅ]하기 쉬운 형태로 변화시키는 일.

08 그는 뛰어난 주차 <u>기술</u>로 좁은 공간에 차를 세웠다.

⇨ 기술 : 사물을 잘 다룰 수 있는 [ㅂ][ㅂ]이나 [ㄴ][ㄹ].

09 아이는 해가 <u>지고</u> 나서야 놀이터를 떠났다.

⇨ 지다 : 해나 달이 [ㅅ][ㅉ]으로 넘어가다.

10 일기 예보를 보니 내일도 날씨가 <u>개지</u> 않을 모양이었다.

⇨ 개다 : 흐리거나 궂은 [ㄴ][ㅆ]가 맑아지다.

11 ~ 15 밑줄 친 단어의 뜻풀이로 알맞은 것을 고르시오.

11 숙제를 마치고 간식을 먹으며 <u>쉬었다</u>.

㉠ 피로를 풀려고 몸을 편안히 두다.

㉡ 음식 따위가 상하여 맛이 시금하게 변하다.

12 옷을 <u>개지</u>도 않고 마구 가방에 넣었다.

㉠ 흐리거나 궂은 날씨가 맑아지다.

㉡ 옷이나 이부자리 따위를 겹치거나 접어서 단정하게 포개다.

13 내기에서 <u>진</u> 쪽이 밥을 사기로 했다.

㉠ 해나 달이 서쪽으로 넘어가다.

㉡ 내기나 시합, 싸움 따위에서 재주나 힘을 겨루어 상대에게 꺾이다.

14 1970년대의 시대상을 <u>기술</u>한 자료를 읽었다.

㉠ 사물을 잘 다룰 수 있는 방법이나 능력.

㉡ 대상이나 과정의 내용과 특징을 있는 그대로 열거하거나 기록하여 서술함.

15 문에 <u>발</u>을 치면 햇빛을 막을 수 있어서 좋다.

㉠ 사람이나 동물의 다리 맨 끝부분.

㉡ 가늘고 긴 대를 줄로 엮거나, 줄 따위를 여러 개 나란히 늘어뜨려 만든 물건.

28회 어휘력 테스트

01 ~ 05 제시된 초성을 참고하여 뜻풀이에 맞는 단어를 쓰시오.

01 어떤 심정에 잠기다. [ㅈ][ㄷ]

02 어떤 마음이나 감정을 품다. [ㅁ][ㄷ]

03 관심이나 눈길 따위가 쏠리다. [ㄱ][ㄷ]

04 자리, 방향, 날짜 따위를 정하다. [ㅈ][ㄷ]

05 기계, 장치 따위가 정상적으로 움직이다. [ㄷ][ㄷ]

06 ~ 10 제시된 초성을 활용하여 밑줄 친 단어의 뜻풀이를 완성하시오.

06 그는 싱싱한 생선을 고르는 <u>눈</u>이 있다.

⇨ 눈 : 사물을 보고 판단하는 [ㅎ].

07 비를 맞아 가방 속의 책까지 <u>젖었다</u>.

⇨ 젖다 : 물이 배어 [ㅊ][ㅊ]하게 되다.

08 옷에 주름이 잔뜩 <u>갔다</u>.

⇨ 가다 : [ㄱ], 줄, 주름살, [ㅎ][ㅈ] 따위가 생기다.

09 음악을 <u>들으며</u> 수학 문제를 풀었다.

⇨ 듣다 : 사람이나 동물이 [ㅅ][ㄹ]를 감각 기관을 통해 알아차리다.

10 오랜 회의 끝에 문제 해결의 실마리를 <u>잡았다</u>.

⇨ 잡다 : 실마리, 요점, 단점 따위를 [ㅊ][ㅇ] 내거나 [ㅇ][ㅇ]내다.

11 ~ 16 밑줄 친 단어의 뜻풀이로 알맞은 것을 고르시오.

11 나는 아침 일찍 산에 <u>갔다</u>.

㉠ 관심이나 눈길 따위가 쏠리다.
㉡ 금, 줄, 주름살, 흠집 따위가 생기다.
㉢ 한곳에서 다른 곳으로 장소를 이동하다.

12 나이가 들수록 <u>눈</u>이 점점 나빠졌다.

㉠ 사물을 보고 판단하는 힘.
㉡ 빛의 자극을 받아 물체를 볼 수 있는 감각 기관.
㉢ 시력. 즉 물체의 존재나 형상을 인식하는 눈의 능력.

13 이 나물은 다듬는 데 <u>손</u>이 많이 간다.

㉠ 일을 하는 사람.
㉡ 사람의 팔목 끝에 달린 부분.
㉢ 어떤 일을 하는 데 드는 사람의 힘이나 노력, 기술.

14 내 동생은 부모님 말씀을 참 잘 <u>듣는다</u>.

㉠ 기계, 장치 따위가 정상적으로 움직이다.
㉡ 다른 사람의 말을 받아들여 그렇게 하다.
㉢ 사람이나 동물이 소리를 감각 기관을 통해 알아차리다.

15 나쁜 마음을 <u>먹은</u> 그는 경쟁자를 모함했다.

㉠ 어떤 마음이나 감정을 품다.
㉡ 일정한 나이에 이르거나 나이를 더하다.
㉢ 음식 따위를 입을 통하여 배 속에 들여보내다.

16 그는 버스에 타서 자리를 <u>잡고</u> 앉자마자 졸기 시작했다.

㉠ 손으로 움키고 놓지 않다.
㉡ 자리, 방향, 날짜 따위를 정하다.
㉢ 실마리, 요점, 단점 따위를 찾아내거나 알아내다.

MEMO

정답과 해설

01회 | 철학·논리

문해력 기초 다지기

▶ 본문 16~17쪽

01 ㉣ 02 ㉠ 03 ㉢ 04 ㉡ 05 반성하고 06 이치 07 공정하지 08 타당성 09 진위 10 근거 11 선의 12 오류 13 납득 14 주장 15 편견 16 ④ 17 ④ 18 예시 답안 선생님은 학교를 그만두려는 아이가 마음을 돌리도록 설득했다.
19 예시 답안 우리 아파트 주민들은 쓰레기 분리수거의 중요성을 인식하고 있다.

15

다른 면은 고려하지 않고 외모만을 가지고 그 사람의 성격을 판단한다는 의미이므로, 빈칸에는 '공정하지 못하고 한쪽으로 치우친 생각.'이라는 의미의 '편견'이 들어가야 한다.

16

'진위'는 '참과 거짓 또는 진짜와 가짜를 통틀어 이르는 말.'이다. 따라서 ④에 제시된 예문에는 '진위'가 아니라 '거짓이 없는 사실.'이라는 뜻의 '진실'을 사용하는 것이 적절하다.

17

'상반되다'는 '서로 반대되거나 어긋나게 되다.'라는 뜻이므로, '대립되다, 모순되다, 반대되다, 어긋나다'와 의미가 통한다. 그러나 '상쇄되다'는 '상반되는 것이 서로 영향을 받아 효과가 없어지다.'라는 뜻이므로 '상반되다'와 바꿔 쓸 수 없다.

문해력 완성 하기

▶ 본문 18~19쪽

01 ③ 02 ㉠: 주장 ㉡: 근거 03 찬성 입장의 근거: 적은 노동력으로도 재배할 수 있음. 반대 입장의 근거: 생태계의 생물 다양성이 파괴될 수 있음. 04 ③ 05 ③
06 예시 답안 이는 겉으로 드러나는 현상만 보고 이면에 있는 본질을 파악하지 못한 편견이다.

01

이 글에 전문가의 말을 인용해 주장을 강화한 부분은 나타나 있지 않다.

✖오답 풀이

① 1문단의 '어떤 생물의 유전자 중에서 특정한 유전자만을 뽑아서 다른 생물체의 유전자에 집어넣는 방법으로 새로운 품종을 만들어 낸 것을 유전자 재조합 농산물(GMO)이라고 한다.'에서, 유전자 재조합 농산물의 개념을 정의하여 독자의 이해를 돕고 있다.

② 중심 화제인 유전자 재조합 농산물에 대해 2문단과 3문단에서 각각 찬성하는 입장과 반대하는 입장을 제시하고 있다.

④ 1문단의 '우리가 일상에서 쉽게 접할 수 있는 두부나 옥수수 칩, 감자튀김 같은 식품의 일부'에서, 유전자 재조합 농산물이 이용된 사례를 들어 내용을 뒷받침하고 있다.

⑤ 2문단의 '유전자 재조합 농산물은 병해충이나 잡초에 강하기 때문에 지금보다 훨씬 적은 노동력으로도 재배할 수 있다.'와 3문단의 '유전자 재조합 농산물은 생존력이 토종보다 강해, 이런 농작물만 키우면 생태계의 생물 다양성이 파괴될 수 있다고 경고한다.'에서, 원인과 결과를 밝히는 방식으로 내용을 설명하고 있다.

04

이 글의 내용에 따르면 인도인들은 가뭄이 닥쳐 굶주리더라도 암소를 잡아먹지 않는다. 암소를 잡아먹어 버리면 가뭄이 끝났을 때 농사를 지을 수소를 생산하기 어렵기 때문이다.

✖오답 풀이

① 2문단의 '소규모 농사가 이루어지는 인도'와 '인도에서는 주로 수소를 이용하여 농사를 짓는데'에서 확인할 수 있다.

② 2문단의 '인도의 암소 숭배 관습은 인도의 자연환경과 농사 방법이 낳은 결과이다.'에서 확인할 수 있다.

④ 2문단의 '암소는 인간이 먹을 수 없는 볏짚, 겨, 풀 등을 먹어 치우면서 많은 양의 우유를 생산한다.'에서 확인할 수 있다.

⑤ 3문단의 '인도의 농부가 가뭄으로 인한 굶주림을 해소하려고 ~ 땅을 경작할 수소를 생산할 수 없게 되기 때문이다.'에서 확인할 수 있다.

05

'편견'은 '공정하지 못하고 한쪽으로 치우친 생각.'을 뜻하는 말이다. '그릇되어 이치에 맞지 않는 일.'이라는 뜻을 지닌 단어는 '오류'이다.

02회 | 역사·심리

문해력 기초 다지기

▶ 본문 22~23쪽

01 배타적 02 번성하다 03 명성 04 경시하다
05 소외 06 잊어버리다 07 역사 08 이기려고
09 희귀하다 10 약탈 11 수렵 12 계승
13 번성 14 각축 15 ④ 16 ② 17 예시 답안 이순신 장군은 적군들 사이에서도 명성이 높았다.
18 예시 답안 이 섬에는 희귀한 동식물들이 많다.

15

'망각'은 '어떤 사실을 잊어버림.'이라는 의미이다. 따라서 ④에 제시된 예문에는 '망각'이 아니라 '자기도 모르는 사이에 물건 따위를 잃어버림.'이라는 뜻의 '분실'을 사용하는 것이 적절하다.

16

첫 번째 예문의 빈칸에는 '대수롭지 않게 보거나 업신여김.'이라는 의미의 '경시'가, 두 번째 예문의 빈칸에는 '어떤 일에 관계하여 참여함.'이라는 의미의 '관여'가 들어가는 것이 적절하다.

✖오답 풀이

① 간과(看過): 큰 관심 없이 대강 보아 넘김.
기피(忌避): 꺼리거나 싫어하여 피함.
③ 공유(共有): 두 사람 이상이 한 물건을 공동으로 소유함.
기여(寄與): 도움이 되도록 이바지함.
④ 외면(外面): 마주치기를 꺼리어 피하거나 얼굴을 돌림.
무시(無視): 사물의 존재 의의나 가치를 알아주지 아니함.
⑤ 중시(重視): 가볍게 여길 수 없을 만큼 매우 크고 중요하게 여김.
배척(排斥): 따돌리거나 거부하여 밀어 내침.

문해력 완성하기

▶ 본문 24~25쪽

01 ④ 02 ② 03 예시 답안 학생들이 강의에 공감하며 들으니 인류학 교수는 강의를 잘한다는 명성까지 얻을 정도로 강의 태도가 바뀌었다. 04 ③ 05 소외
06 예시 답안 ㉯, B는 자녀들에게 경시당하는 상황이므로 가족들로부터 소외를 당한 그레고르의 처지와 비슷하다.

01

이 글에 인류학 교수가 어떤 내용의 강의를 하였는지는 언급되어 있지 않다.

✖오답 풀이

① 실험에 참여한 학생들은 처음에는 열심히 듣는 척하였지만 나중에는 정말로 강의에 열정적으로 참여하였다.
② 심리학 교수의 실험은 한 학기 동안 진행되었다.
③ 심리학 교수는 인류학 교수에게 실험 사실을 비밀로 하고, 학생들에게는 세 가지 행동을 주문하였다.
⑤ 실험 결과 나타난 인류학 교수와 학생들의 변화는 공감하며 듣기의 중요성을 보여 준다.

02

㉠은 '대수롭지 않게 보거나 업신여기다.'라는 의미의 '경시하다'와 바꿔 쓸 수 있다. 그리고 ㉡은 '어떤 사실이 잊히다.'라는 의미의 '망각되다'와 바꿔 쓸 수 있다.

✖오답 풀이

① 계승(繼承)되다: 조상의 전통이나 문화유산, 업적 따위가 이어져 나아가다.
③ 존중(尊重)하다: 높이어 귀중하게 대하다.
냉각(冷却)되다: 애정, 정열, 흥분 따위의 기분이 가라앉다.
④ 중시(重視)하다: 가볍게 여길 수 없을 만큼 매우 크고 중요하게 여기다.

04

2문단의 '벌레가 되기 전까지 가족의 생계를 책임지던 그레고르'에서 그레고르가 벌레로 변하기 전에는 집안의 경제를 책임졌음을 알 수 있다.

✖오답 풀이

① 가족들은 그레고르를 죽인 뒤에 소풍을 간 것이 아니라, 그레고르가 죽은 채로 발견되자 소풍을 간 것이다.
② 그레고르는 아무런 이유 없이 자고 일어나니 벌레가 되어 있었다.
④ 그레고르는 벌레가 된 뒤에 습성이 점점 벌레처럼 변해 갔다.
⑤ 그레고르는 벌레가 된 뒤에 말을 하지 못해 사람들과의 의사소통이 불가능해졌다.

05

'소외'는 '어떤 무리에서 기피하여 따돌리거나 멀리함.'이라는 뜻이다. 따라서 ㉠과 바꾸어 쓰기에 적절하다.

03회 | 사회·경제

문해력 기초 다지기

▶ 본문 28~29쪽

01 ㉡ 02 ㉢ 03 ㉠ 04 ㉣ 05 이익
06 같이하는 07 나쁜 08 시사 09 부과
10 축적 11 관습 12 부과 13 만연 14 경영
15 실태 16 ① 17 ⑤ 18 예시 답안 우리 부부는 모든 재산을 공유하고 있다. 19 예시 답안 농어촌 지역은 도시에 비해 의료 시설이 열악하다.

16

'범람하다'는 '큰물이 흘러넘치다.' 또는 '바람직하지 못한 것들이 마구 쏟아져 돌아다니다.'라는 의미이므로, ①의 예문에 사용하기에는 적절하지 않다. 제시된 예문에는 '한창 성하게 일어나 퍼지다.'라는 의미의 '번성하다'를 사용하는 것이 적절하다.

17

'부를 쌓기 위해'에서의 '쌓다'와 바꿔 쓸 수 있는 말은 '지식, 경험, 자금 따위를 모아서 쌓다.'라는 뜻의 '축적하다'이다.

✖오답 풀이

① 독점(獨占)하다: 혼자서 모두 차지하다.
② 모금(募金)하다: 기부금이나 성금 따위를 모으다.
③ 집약(集約)하다: 한데 모아서 요약하다.
④ 축약(縮約)하다: 줄여서 간략하게 하다.

문해력 완성 하기

▶ 본문 30~31쪽

01 ④ 02 ㉠: 관습 ㉡: 공익 ㉢: 만연
03 예시 답안 '쿨라'와 '포틀래치'는 모두 개인이 축적한 재화를 공동체에 나눔으로써 부를 재분배하는 효과를 가져온다. 04 ② 05 ③ 06 예시 답안 소비자들이 사회적으로 문제가 되는 일을 일으키는 기업의 제품을 사지 않음으로써 그 기업이 올바른 경영을 하도록 이끈다.

01

이 글에 '쿨라'가 어떻게 진행되는지는 제시되어 있지만, '쿨라'에서 최초로 선물을 주게 되는 계기는 언급되어 있지 않다.

✖오답 풀이

① 1문단의 '가령 A가 B에게 선물을 하면, B는 C에게 선물을 하고, C는 다시 D에게 선물을 하는 식이다.'에서 답변을 찾을 수 있다.
② '쿨라'와 달리 '포틀래치'는 선물을 받은 사람이 더 많은 선물을 다른 사람들에게 주어야 한다. 또한 '쿨라'는 선물을 주는 사람이 다른 한 사람에게 선물을 하지만, '포틀래치'는 한 사람이 다른 여러 사람들에게 동시에 선물을 나누어 준다.
③ 2문단의 "'포틀래치'로 불리는 이 선물 문화에는 세 가지 규칙이 있다. '선물을 주어야 할 의무, 주는 선물을 받아야 할 의무, 선물을 받으면 답례할 의무'가 그것이다."에서 답변을 찾을 수 있다.
⑤ 3문단에 따르면, '쿨라'와 '포틀래치'는 공동체 내에서 부를 재분배하고 공동체 구성원들의 유대감을 높이는 효과가 있다.

04

2문단의 내용을 통해, 서인도산 설탕 불매 운동은 사탕수수 농장들의 열악한 작업 환경을 바꾸려는 의도가 아니라 노예 무역을 폐지하려는 의도에서 시작되었음을 알 수 있다.

✖오답 풀이

① 1문단의 '당시 유럽에는 설탕을 듬뿍 넣은 달콤한 커피를 즐기는 사람들이 많았다.'에서 확인할 수 있다.
③ 2문단의 '노예가 생산하지 않는 동인도산 설탕의 소비가 10배 이상 늘었다.'에서 확인할 수 있다.
④ 2문단의 '서인도산 설탕 불매 운동은 흑인 노예들의 실태를 안 윌리엄 윌버포스라는 영국인이 시작하였다.'에서 확인할 수 있다.
⑤ 2문단의 '이 운동이 계기가 되어 1807년 노예 무역이 폐지되었다.'에서 확인할 수 있다.

05

'열악하다'는 '품질이나 능력, 시설 따위가 매우 떨어지고 나쁘다.'라는 뜻이다. 이와 반의 관계인 것은 '대단히 괜찮다.'라는 뜻의 '양호하다'이다.

✖오답 풀이

① 개선(改善)하다: 잘못된 것이나 부족한 것, 나쁜 것 따위를 고쳐 더 좋게 만들다.
② 선량(善良)하다: 성품이 착하고 어질다.
④ 우아(優雅)하다: 고상하고 기품이 있으며 아름답다.
⑤ 열등(劣等)하다: 보통의 수준이나 등급보다 낮다.

04회 | 정치·법률

문해력 기초 다지기

▶ 본문 34~35쪽

01 공정 02 실효성 03 분쟁 04 치안 05 혁신 06 해로운 07 화해 08 지키다 09 제정하다 10 적발 11 권위 12 교류 13 공정 14 제정 15 ③ 16 ⑤ 17 예시 답안 독도를 두고 한일 간에 분쟁이 계속되고 있다. 18 예시 답안 친구들과 비밀을 엄수하기로 굳게 약속했다.

15

'중재'는 '분쟁에 끼어들어 쌍방을 화해시킴.'이라는 의미이다. 따라서 ③에 제시된 예문에는 '중재'가 아니라 '부정이나 부당한 행위에 대하여 제재를 가함.'이라는 뜻의 '징계'를 사용하는 것이 적절하다.

16

첫 번째 예문의 빈칸에는 '어떤 일이나 행동에서 나타나는 옳지 못한 경향이나 해로운 현상.'이라는 의미의 '폐단'이, 두 번째 예문의 빈칸에는 '묵은 풍속, 관습, 조직, 방법 따위를 완전히 바꾸어서 새롭게 함.'이라는 의미의 '혁신'이 들어가는 것이 적절하다.

문해력 완성하기

▶ 본문 36~37쪽

01 ④ 02 ④ 03 예시 답안 '부정 경쟁 방지법'과 '상표법'은 모두 시장에서의 공정한 경쟁을 유도하기 위한 법률이다. 04 ④ 05 ⑤ 06 예시 답안 법원이 인정하는 사람이 분쟁의 당사자를 공정하게 중재함으로써 재판 과정에서 생길 수 있는 여러 가지 문제점을 피할 수 있다.

01

2문단에서 '부정 경쟁 방지법은 특허청 등록 여부와 상관없이 널리 알려진 상표와 같거나 비슷한 상표를 함부로 사용하지 못하게 하려고 만든 법'이라고 하였고, 3문단에서 '상표법은 특허청에 등록된 상표를 제삼자가 함부로 사용하지 못하도록 보호하는 법'이라고 하였다. 따라서 '부정 경쟁 방지법'은 특허청에 등록되지 않은 상표도 보호할 수 있다.

✖오답 풀이

① 2문단과 3문단에 따르면, 부정 경쟁 방지법은 상표법과 달리 특허청에 등록되지 않은 상표도 보호하며, 동일 품목의 상품이 아니더라도 상표의 부정 사용을 금지한다.

② 1문단의 "재판부가 '루이비통닭'이 '루이○○'이라는 브랜드의 가치를 훼손했다고 판결하였기 때문이다."에서 확인할 수 있다.

③ 상표법은 해당 상표를 사용하는 상품과 같거나 비슷한 상품만 보호한다. 그런데 '루이○○'은 패션 업체이고, '루이비통닭'은 치킨집이므로 서로 상품의 품목이 다르다. 따라서 상표법만으로는 치킨집에 '루이비통닭'이라는 이름을 사용하는 것을 막을 수 없다.

⑤ 2문단의 '이런 상표를 제삼자가 마음대로 사용해 버리면 그 상표를 개발한 회사의 재산과 경쟁력을 침해한 것과 같기 때문이다.'에서 확인할 수 있다.

02

㉠의 '만들다'는 '제도나 법률 따위를 만들어서 정하다.'라는 뜻의 '제정하다'와 바꿔 쓸 수 있다.

04

3문단의 '일단 합의가 이루어지면 양측은 그 내용에 따라야 한다. 하지만 한쪽이 그것을 거부하면 정식 재판으로 이어진다.'에서, 중재자를 통한 합의는 법관의 판결과 달리 무조건 수용해야 하는 것이 아님을 알 수 있다.

✖오답 풀이

①, ③ 1문단의 '재판이 시작되면 법관이 일정한 절차에 따라 분쟁 당사자 양측의 주장을 듣고 각 주장의 정당성을 따진 다음, 한쪽의 손을 들어 주는 판결을 내린다.'에서 알 수 있다.

② 2문단의 '당사자끼리 해결할 수 있는 사소한 문제마저 소송으로 해결하려는 폐단을 불러오기도 한다.'에서 알 수 있다.

⑤ 3문단의 '간단한 분쟁의 경우에는 재판 대신 법원이 인정하는 사람이 양측 사이에 끼어들어 상호 양보를 이끌어 내는 방법을 사용하기도 한다.'에서 알 수 있다.

05

'유도(誘導)'는 '사람이나 물건을 목적한 장소나 방향으로 이끎.'이라는 뜻이다. '올바르고 좋은 길로 이끎.'을 뜻하는 단어는 '선도(善導)'이다.

05회 | 생명 과학

문해력 기초 다지기

▶ 본문 40~41쪽

01 ㉣ 02 ㉠ 03 ㉢ 04 ㉡ 05 도우며 06 발달 07 기체 08 멸종 09 매개 10 부작용 11 노폐물 12 노폐물 13 공생 14 서식 15 멸종 16 ③ 17 ③ 18 예시 답안 우리는 각종 영양소를 균형 있게 섭취해야 한다. 19 예시 답안 배추는 비타민을 풍부하게 함유하고 있다.

16

'투여하다'는 '돈이나 노력 따위를 어떤 일에 들이다.'라는 뜻이므로, ③의 예문에 사용하기에는 적절하지 않다. 제시된 예문에는 '장애물에 빛이 비치거나 액체가 스미면서 통과하다.'라는 의미의 '투과하다'를 사용하는 것이 적절하다.

17

'전파하다'는 '전하여 널리 퍼뜨리다.'라는 뜻으로, 제시된 예문의 문맥상 '내다, 옮기다, 유포하다, 퍼뜨리다'와 바꿔 쓸 수 있다. 그러나 '부과하다'는 '세금이나 부담금 따위를 매기어 부담하게 하다.'라는 뜻이므로, '전파하다'와 바꿔 쓰기에 적절하지 않다.

문해력 완성하기

▶ 본문 42~43쪽

01 ④ 02 ① 03 예시 답안 유전자의 작은 차이가 진화 과정에서 인간과 침팬지라는 큰 차이로 이어졌다. 04 ② 05 ㉠: 노폐물 ㉡: 부작용 06 예시 답안 체내 박테리아는 인간에게 유용한 역할을 하며 인간과 공생하고 있다.

01

이 글은 인간과 침팬지의 차이가 겨우 1퍼센트의 유전자 차이에서 비롯된 것이라는 점을 설명하고 있다. ①, ②, ③, ⑤의 내용도 이 글에 언급되어 있기는 하지만, 글 전체의 내용을 포괄할 수 있는 제목으로는 ④가 가장 적절하다.

02

'서식하다'는 '생물 따위가 일정한 곳에 자리를 잡고 살다.'라는 뜻이다. 그런데 '묵다'는 '일정한 곳에서 나그네로 머무르다.'라는 뜻으로, 오랫동안 거주하는 것이 아니라 일시적으로 지낸다는 의미를 담고 있다. 따라서 ㉠을 '묵는데'로 바꾸는 것은 적절하지 않다. 문맥적 의미를 고려했을 때 ㉠은 '사는데'로 바꾸어 쓸 수 있다.

✖오답 풀이

② '분리되다'는 '서로 나뉘어 떨어지다.'라는 뜻이므로, ㉡은 '갈라졌다고'와 바꾸어 쓸 수 있다.
③ '축적하다'는 '지식, 경험, 자금 따위를 모아서 쌓다.'라는 뜻이므로, ㉢은 '쌓고'와 바꾸어 쓸 수 있다.
④ '저장되다'는 '물건이나 재화 따위가 모아져서 간수되다.'라는 뜻이므로, ㉣은 '물건 따위가 잘 정리되거나 간수되다.'라는 뜻을 지닌 '갈무리될'과 바꾸어 쓸 수 있다.
⑤ '구분되다'는 '일정한 기준에 따라 전체가 몇 개로 갈리어 나뉘다.'라는 뜻이므로, ㉤은 '나뉜다'와 바꾸어 쓸 수 있다.

04

3문단의 '다만 체내에 특정 박테리아의 양이 너무 많아지면'에서, 체내 박테리아는 몸속에서 거의 일정한 개체 수를 유지하는 것이 아니라 때에 따라 많아지기도 한다는 것을 알 수 있다.

✖오답 풀이

① 1문단에서 '박테리아는 바이러스와 달리 세포의 여러 기관을 모두 갖춘 단세포 미생물'이라고 하였으므로, 바이러스는 세포의 여러 기관을 다 갖추지 못했음을 알 수 있다.
③ 1문단의 '먹이가 있는 곳이면 어디에서나 살아갈 수 있다.'에서 확인할 수 있다.
④ 2문단에서 여러 질병이 박테리아와 바이러스에 의해 발생한다고 한 것에서 확인할 수 있다.
⑤ 3문단의 '때로는 외부에서 침입한 박테리아를 직접 죽이기도 한다.'에서 확인할 수 있다.

06

'이러한 박테리아들이 없다면 우리 신체의 작용은 눈에 띄게 악화할 것이다.'에서, [A]는 체내 박테리아가 인간에게 유용한 역할을 한다는 것을 제시하고 있음을 알 수 있다. 따라서 체내 박테리아가 인간과 공생한다는 내용을 중심으로 서술해야 한다.

06회 | 지구 과학

문해력 기초 다지기

▶ 본문 46~47쪽

01 방치 02 예측 03 분포 04 대기 05 발산 06 죽게 07 알아차리다 08 부수적 09 소멸하다 10 정화 11 교란 12 오염 13 부산물 14 대기 15 ④ 16 ① 17 예시 답안 소멸해 가는 우리의 문화유산을 보존하기 위해 노력해야 한다. 18 예시 답안 오늘 시합 결과에 대한 내 예측이 맞았다.

15

'분포'는 '일정한 범위에 흩어져 퍼져 있음.'이라는 의미로, ④의 예문에 사용하기에는 적절하지 않다. 제시된 예문에는 '갈라져 흩어짐. 또는 그렇게 되게 함.'이라는 뜻의 '분산'을 사용하는 것이 적절하다.

16

첫 번째 예문의 빈칸에는 '마음이나 상황 따위를 뒤흔들어서 어지럽고 혼란하게 함.'이라는 의미의 '교란'이 들어가야 한다. 그리고 두 번째 예문의 빈칸에는 '내버려 둠.'이라는 의미의 '방치'가 들어가야 한다.

✖오답 풀이

② 설치(設置): 어떤 일을 하는 데 필요한 기관이나 설비 따위를 베풀어 둠.

③ 교섭(交涉): 어떤 일을 이루기 위하여 서로 의논하고 절충함.
방해(妨害): 남의 일을 간섭하고 막아 해를 끼침.

④ 배치(配置): 사람이나 물자 따위를 일정한 자리에 나누어 둠.

⑤ 지원(支援): 지지하여 도움.
비치(備置): 마련하여 갖추어 둠.

문해력 완성 하기

▶ 본문 48~49쪽

01 ⑤ 02 ㉠: 빈발 ㉡: 방치 03 예시 답안 지구의 열 순환이 교란되면서 지구 온난화가 나타난다. 04 ④ 05 ㉠: 오염 ㉡: 정화 06 예시 답안 ① 숲은 공기를 정화하여 인간이 살아가는 환경을 쾌적하게 만들어 주는 공기 정화기와 같다. ② 숲은 공기를 정화하고 산소와 여러 가지 자원을 제공하는 등 우리 삶의 보물 창고와 같다.

01

2문단에서 인간의 환경 파괴가 가져온 지구 온난화 때문에 기상 이변이 일어난다고 문제의 원인을 분석하고 있다. 하지만 이 글에는 이에 대한 구체적 해결 방안이 제시되어 있지 않다. 3문단에서 환경 파괴를 막기 위해 모두가 힘을 모아야 한다고 촉구하고 있을 뿐이다.

✖오답 풀이

① 1문단에서 아프리카, 그린란드, 인도와 미국, 중국과 유럽 등에 나타난 다양한 기상 이변 현상을 나열하여 문제 상황을 부각하고 있다.

② 3문단에서 환경 파괴가 계속되면 빙하와 만년설이 녹아 바다 높이가 올라가고, 가뭄과 홍수, 폭염이 인류를 괴롭힐 것이라며 예상되는 부정적 결과를 제시하고 있다.

③ 2문단에서 세계 기상 기구의 2022년 보고서 내용을 인용하고 있다.

④ 1문단에서 '지난 30년간의 기상과 아주 다른 기상 현상'이라고 기상 이변의 개념을 정의하고 있다.

04

2문단에 따르면, 1년 동안 1헥타르의 침엽수림은 약 30~40톤의 먼지를 걸러 내며, 활엽수림은 약 68톤의 먼지를 걸러 낸다. 따라서 공기를 정화하는 데에는 침엽수보다 활엽수가 더 효과적임을 알 수 있다.

✖오답 풀이

① 3문단에서 숲은 도시의 온도를 낮추는 기능을 한다고 하였으므로, 숲이 없으면 한여름철에 도시가 더 덥게 느껴질 것임을 알 수 있다.

② 2문단에서 나무는 대기 중의 먼지, 아황산 가스, 질소 화합물 등 인체에 해로운 물질을 잎을 통해 흡수하거나 잎 표면에 흡착시킴으로써 공기를 정화한다고 하였으므로, 숲이 대기를 오염시키는 물질을 없애는 기능을 한다는 것을 알 수 있다.

③ 1문단에서 화석 연료를 사용하는 자동차의 운행이 늘어나면서 여러 가지 유해 물질이 들어 있는 배기가스가 지구의 공기를 오염시키고 있다고 하였으므로, 대기 오염을 줄이려면 자동차의 배기가스를 줄여야 한다는 것을 알 수 있다.

⑤ 3문단에서 숲의 여러 가지 기능을 제시하면서 숲은 인간에게 유용한 자원의 보물 창고나 마찬가지라고 하였으므로, 숲이 없으면 인간의 삶의 질이 지금보다 떨어질 것임을 알 수 있다.

07회 | 기술

문해력 기초 다지기

▶ 본문 52~53쪽

01 ㉡ 02 ㉣ 03 ㉠ 04 ㉢ 05 쉽다 06 나아지다 07 시간 08 추진력 09 악용 10 첨단 11 낙후 12 분해 13 추이 14 향상 15 첨단 16 ⑤ 17 ① 18 예시 답안 이 책은 크게 어렵지 않아 수월하게 읽었다. 19 예시 답안 인터넷의 익명성을 악용해 악플을 다는 사람들이 적지 않다.

16

'추출'은 '전체 속에서 어떤 물건, 생각, 요소 따위를 뽑아냄.'이라는 의미로, ⑤의 예문에 사용하기에는 적절하지 않다. 제시된 예문에는 '쫓아내거나 몰아냄.'이라는 뜻의 '축출'을 사용하는 것이 적절하다.

17

〈보기〉의 예문에 쓰인 '단단하다'는 '굳고 단단하다.'라는 뜻의 '견고(堅固)하다'와 바꿔 쓸 수 있다.

✖오답 풀이

② 완고(頑固)하다: 융통성이 없이 올곧고 고집이 세다.
③ 용이(容易)하다: 어렵지 아니하고 매우 쉽다.
④ 확고(確固)하다: 태도나 상황 따위가 튼튼하고 굳다.
⑤ 확실(確實)하다: 틀림없이 그러하다.

문해력 완성 하기

▶ 본문 54~55쪽

01 ② 02 ㉠: 첨단 ㉡: 추이 03 예시 답안 어떤 선택도 수월하게 하기 어려운 상황이 제시되어 있으므로 2문단의 내용을 뒷받침하기에 적절하다. 04 ⑤ 05 ② 06 예시 답안 코닥은 회사를 지탱할 만한 디지털 기술을 지니고 있었으면서도 미래의 상황을 오판하여 그것을 제대로 활용하지 못했다.

01

이 글은 1문단에서 자율 주행차의 개념과 기대 효과를 제시한 뒤에, 2문단과 3문단에서 자율 주행차에 내재된 문제점에 대해 설명하고 있다. 따라서 이 글 전체의 제목으로는 '자율 주행차의 기대 효과와 과제'가 가장 적절하다.

02

'시대 사조, 학문, 유행 따위의 맨 앞장.'을 뜻하는 단어는 '첨단'이고, '일이나 형편이 시간의 경과에 따라 변하여 나감. 또는 그런 경향.'을 뜻하는 단어는 '추이'이다.

03

문제에 제시된 자료는 아이를 치는 선택을 할 수도 없고, 급정거 또는 옆 차선으로 피해 자신이 죽거나 다치는 선택을 할 수도 없는 상황을 보여 주고 있다. 이러한 상황을 딜레마라고 하는데, '딜레마'는 '선택해야 할 길은 두 가지 중 하나로 정해져 있는데, 그 어느 쪽을 선택해도 바람직하지 못한 결과가 나오게 되는 곤란한 상황.'을 뜻하는 말이다. 이러한 자료를 통해 뒷받침할 수 있는 문단은 자율 주행차가 지닌 윤리적 문제, 즉 도저히 피할 수 없는 상황에서 누군가의 희생을 선택해야 하는 경우에 대해 설명하고 있는 2문단이다.

04

이 글은 1문단에서 필름 카메라 시장을 장악했던 코닥이라는 회사가 시장 상황을 잘못 판단하여 디지털 카메라가 등장한 이후 쇠퇴한 일을 제시한 뒤에, 2문단과 3문단에서 각각 그 사건에서 이끌어 낼 수 있는 교훈, 즉 시사하는 바를 분석하고 있다.

05

'낙후(落後)되다'는 '기술이나 문화, 생활 따위의 수준이 일정한 기준에 미치지 못하고 뒤떨어지게 되다.'라는 뜻이므로 ㉠의 '뒤떨어지게 되고'과 바꿔 쓰기에 적절하다.

✖오답 풀이

① 낙방(落榜)되다: 시험, 모집, 선거 따위에 응하였다가 떨어지게 되다.
③ 누락(漏落)되다: 기입되어야 할 것이 기록에서 빠지다.
④ 탈락(脫落)되다: 범위에 들지 못하고 떨어지거나 빠지게 되다.
⑤ 함락(陷落)되다: 적의 성, 요새, 진지 따위가 공격을 받아 무너지다.

08회 | 문화·예술

문해력 기초 다지기

▶ 본문 58~59쪽

01 향유 02 모방 03 응시 04 독창적
05 추상적 06 깊이 07 생기 08 특유하다
09 웅장하다 10 발휘 11 음미 12 전시
13 향유 14 생동감 15 ② 16 ③
17 예시 답안 봄을 맞은 자연의 아름다움을 음미하며 산책을 했다. 18 예시 답안 시간이야말로 가장 희소한 자원이라는 말이 있다.

15

'발휘'는 '재능, 능력 따위를 떨치어 나타냄.'이라는 의미로, ②의 예문에 사용하기에는 적절하지 않다. 제시된 예문에는 '일이 어떤 방향으로 전개됨.'이라는 뜻의 '발전'을 사용하는 것이 적절하다.

16

첫 번째 예문의 빈칸에는 '깊이 파고들거나 빠짐.'이라는 의미의 '몰입'이, 두 번째 예문의 빈칸에는 '다른 것을 본뜨거나 본받음.'이라는 의미의 '모방'이 들어가는 것이 적절하다.

✖오답 풀이

① 관여(關與): 어떤 일에 관계하여 참여함.
창조(創造): 전에 없던 것을 처음으로 만듦.
② 몰두(沒頭): 어떤 일에 온 정신을 다 기울여 열중함.
이입(移入): 옮기어 들임.
⑤ 함유(含有): 물질이 어떤 성분을 포함하고 있음.

문해력 완성 하기

▶ 본문 60~61쪽

01 ③ 02 ③ 03 예시 답안 사그라다 파밀리아 성당은 자연을 모방하여 외형과 내부가 모두 곡선으로 이루어져 있다. 04 ③ 05 ③ 06 예시 답안 피카소의 그림은 대상을 구체적으로 묘사하지 않아 추상적인 느낌을 준다.

01

이 글에서 사그라다 파밀리아 성당이 인공적 조명을 통해 지붕을 강조했다는 내용은 확인할 수 없다.

✖오답 풀이

① 1문단의 '가우디는 생전에 성당이 완공되는 것을 보지 못한 채 1926년에 세상을 뜨고 말았다.'에서 확인할 수 있다.
② 1문단의 '그가 지은 건축물은 기존 건축의 어떤 양식에도 얽매이지 않는 독창적인 것들이었다.'에서 확인할 수 있다.
④ 2문단의 '플라타너스 나무의 모습을 덧입힌 기둥'에서 확인할 수 있다.
⑤ 1문단의 '이 성당은 1882년에 가우디가 설계하고 감독해서 짓기 시작한 이후 지금까지 공사를 하고 있다.'에서 확인할 수 있다.

02

'웅장하다'는 '규모 따위가 거대하고 성대하다.'라는 뜻이다. '본래부터 가지고 있어 특유하다.'라는 뜻을 지닌 단어는 '고유하다'이다.

04

피카소가 그린 최초의 입체주의 그림은 〈아비뇽의 처녀들〉이다. 그런데 이 그림은 당시 화가들에게 '혐오감을 주는 비상식적인 그림'이라는 평가를 받았다. 이는 부정적 평가이므로 호평이 아니라 혹평(가혹하게 비평함.)에 해당한다.

✖오답 풀이

① 1문단의 '세잔이 죽은 이듬해에 열린 추모전은 많은 화가들에게 영향을 주었는데'에서 확인할 수 있다.
② 2문단의 '회화에서 필수적으로 여겨지던 원근법과 명암법을 사용하지 않아'에서 확인할 수 있다.
④ 3문단의 '대상을 다양한 각도로 쪼갠 뒤 평면에 조합해서 그리는 고유한 기법을 만들어 냈다.'에서 확인할 수 있다.
⑤ 3문단의 '피카소의 그림은 ~ 추상 미술의 발전으로 이어졌다.'에서 확인할 수 있다.

05

'응시(凝視)하다'는 '눈길을 모아 한 곳을 똑바로 바라보다.'라는 뜻이다. 따라서 ㉠의 '바라보았다'를 '응시하였다'와 바꿔 쓸 수 있다.

✖오답 풀이

① 모방(模倣)하다: 다른 것을 본뜨거나 본받다.
② 웅장(雄壯)하다: 규모 따위가 거대하고 성대하다.
④ 향유(享有)하다: 누리어 가지다.
⑤ 희소(稀少)하다: 매우 드물고 적다.

09회 | 사람의 감정

문해력 기초 다지기

▶ 본문 66~67쪽

01 ㉣ 02 ㉡ 03 ㉠ 04 ㉢ 05 트집 06 강렬하고 07 비웃는 08 고심 09 격노 10 낙천적 11 야속 12 절박 13 격정 14 고심 15 결연 16 ⑤ 17 ① 18 예시 답안 나는 어려운 상황 속에서도 목표를 이룬 친구가 대견하게 여겨졌다. 19 예시 답안 그는 가난 속에서도 낙천적인 태도로 인생을 즐겼다.

16

'격노하다'는 '몹시 분하고 노여운 감정이 북받쳐 오르다.'라는 의미로, ⑤의 예문에 사용하기에는 적절하지 않다. 제시된 예문에는 '마음에 깊이 느끼어 크게 감동하다.'라는 뜻의 '감격하다'를 사용하는 것이 적절하다.

17

'빈정거리다'는 '남을 은근히 비웃는 태도로 자꾸 놀리다.'라는 뜻이고, '비꼬다'는 '남의 마음에 거슬릴 정도로 빈정거리다.'라는 뜻이므로 서로 유의 관계이다.

✖오답 풀이

② 섭섭하다: 서운하고 아쉽다.
③ 어색하다: 잘 모르거나 아니면 별로 만나고 싶지 않았던 사람과 마주 대하여 자연스럽지 못하다.
⑤ 쑥스럽다: 하는 짓이나 모양이 자연스럽지 못하여 우습고 싱거운 데가 있다.

문해력 완성 하기

▶ 본문 68~69쪽

01 ⑤ 02 ① 03 예시 답안 공주는 평강왕이 신의 없는 말을 했다면서 평강왕의 태도를 힐난하였다. 04 ② 05 ⑤ 06 예시 답안 도사공은 바다 위에서 설상가상의 상황에 놓이면서 이러지도 저러지도 못하는 절망적인 처지가 되었다.

01

평강왕은 공주가 귀족에게 시집보내려는 자신의 뜻을 거부하자 화를 내면서 공주를 궁궐에서 내쫓았을 뿐이다. 이 글에 평강왕이 자신의 지난 행동을 후회하는 모습은 나타나 있지 않다.

✖오답 풀이

① '공주는 보물 팔찌 수십 개를 팔에 매고 궁궐을 나왔다.'와 '공주는 보물 팔찌를 팔아 땅과 집, 노비, 소와 가구 등을 사서 살림살이를 갖추었다.'에서 확인할 수 있다.
② 공주는 자신을 귀족에게 시집보내려는 임금의 뜻을 따르지 않고 온달을 찾아갔으며, 온달과 결혼하기 위해 의지적이고 적극적으로 행동하였다.
③ 온달이 공주를 만났을 때 '너는 분명 여우나 귀신일 것이다.'라며 멀리한 것에서 확인할 수 있다.
④ '내 자식은 귀인의 배필이 되기에 모자라고, 내 집은 매우 가난해 살 곳이 못 됩니다.'라는 온달 어머니의 말에서 확인할 수 있다.

02

'격노하다'는 '몹시 분하고 노여운 감정이 북받쳐 오르다.'라는 뜻이므로, ㉠과 바꿔 쓰기에 적절하다.

✖오답 풀이

④ 극찬(極讚)하다: 매우 칭찬하다.

04

이 시는 매에게 쫓기는 까투리, 바다 위에서 난처한 상황에 처한 도사공의 절박한 마음과 비교하는 방식을 통해 임을 여읜 화자의 슬픔을 강조하고 있다.

✖오답 풀이

① 전체적으로 시각적 심상이 드러날 뿐, 다양한 심상을 활용했다고 볼 수 없다.
③ 자연물을 사람처럼 표현하는 의인법은 사용되지 않았다.
④ 초장과 중장을 화자가 가정한 상황으로 볼 수 있지만, 미래에 대한 기대는 나타나 있지 않다.
⑤ 자연과 인간을 대조하는 내용이나 바람직한 삶의 태도는 나타나 있지 않다.

05

초장의 '까투리'는 매에게 쫓겨 목숨의 위협을 받고 있으며, 중장의 '도사공'은 바다 위에서 오도 가도 못하는 상황에서 수적까지 만났다. 따라서 '까투리'와 '도사공'은 모두 절박한 상황에 놓여 있다고 볼 수 있다.

✖오답 풀이

③ 무안(無顔)하다: 수줍거나 창피하여 볼 낯이 없다.

10회 | 사람의 성격과 생김새

문해력 기초 다지기

▶ 본문 72~73쪽

01 간악 02 앳되다 03 잔망스럽다 04 매섭다 05 능동적 06 불쌍하다 07 너그럽다 08 끈덕지게 09 남루하다 10 순박하다 11 방자하다 12 간악 13 역력 14 방자 15 ④ 16 ① 17 예시 답안 그는 가족도 재산도 잃은 가련한 처지가 되었다.
18 예시 답안 회장은 능동적으로 학급의 일들을 처리해 아이들의 인정을 받았다.

15

'억척스럽다'는 '어떤 어려움에도 굴하지 아니하고 몹시 모질고 끈덕지게 일을 해 나가는 태도가 있다.'라는 의미로, ④의 예문에 사용하기에는 적절하지 않다. 제시된 예문에는 '억지를 부리거나 억지로 하는 데가 있다.'라는 뜻의 '억지스럽다'를 사용하는 것이 적절하다.

16

첫 번째 예문의 빈칸에는 '훌륭하고 귀중하다.'라는 의미의 '고귀하다'가, 두 번째 예문의 빈칸에는 '옷 따위가 낡아 해지고 차림새가 너저분하다.'라는 의미의 '남루하다'가 들어가는 것이 적절하다.

✖오답 풀이

② 단정(端正)하다: 옷차림새나 몸가짐 따위가 얌전하고 바르다.
③ 고루(固陋)하다: 낡은 관념이나 습관에 젖어 고집이 세고 새로운 것을 잘 받아들이지 아니하다.
④ 누추(陋醜)하다: 지저분하고 더럽다.
⑤ 미천(微賤)하다: 신분이나 지위 따위가 하찮고 천하다.

문해력 완성 하기

▶ 본문 74~75쪽

01 ③ 02 ③ 03 예시 답안 서자인 길동은 자식으로 인정받지 못하기 때문에 아버지인 홍 판서를 '대감'이라 부르고 자신을 '소인'이라 칭하고 있다. 04 ③ 05 ⑤ 06 예시 답안 허 생원은 이십여 년이나 동고동락하며 지내온 나귀를 자신과 동일시하고 있다.

01

길동이 집을 나가려고 하는 것은 자신의 신분 때문에 남의 천대를 받는 것이 서러워서이지, 나이가 찼기 때문은 아니다.

✖오답 풀이

① 길동이 홍 판서의 자식인데도 남에게 천대를 받고 있는 것을 통해 알 수 있다.
② '재상 집안에 천한 종의 몸에서 태어난 자식이 너뿐이 아닌데'라는 홍 판서의 말에서, 길동은 양반인 홍 판서와 종인 어머니 사이에서 태어났음을 알 수 있다.
④ 길동은 천한 종의 몸에서 태어난 서자이고, 길동에게는 '형'이라고 부르지 못하는 '형'이 있음을 알 수 있다. 이는 홍 판서가 정식 아내 외에 첩을 두고 있음을 의미한다.
⑤ 길동이 재주와 뜻을 펼칠 수 없다고 한 것에서 신분이 천하면 자신의 능력을 마음껏 펼치지 못했음을 알 수 있다.

02

홍 판서는 서자라는 자신의 신분에서 벗어난 말을 하는 길동을 꾸짖고 있다. 이러한 문맥을 고려할 때, ㉠과 ㉡에는 공통적으로 '어려워하거나 조심스러워하는 태도가 없이 무례하고 건방지다.'라는 뜻의 '방자(하다)'가 들어가야 한다.

✖오답 풀이

② 과묵(寡默)하다: 말이 적고 침착하다.
⑤ 고지식하다: 성질이 외곬으로 곧아 융통성이 없다.

04

이 글에 '허 생원'과 '아이들' 간의 갈등은 드러나지만, 나귀를 통해 그 갈등이 해소되는 내용은 나타나 있지 않다. 나귀는 '허 생원'과 '아이들' 간의 갈등을 발생시킨 원인으로 볼 수 있다.

05

[A]에서 '코흘리개 한 녀석'은 허 생원에게 주눅 들지 않고 맹랑한 태도로 자신들의 태도를 정당화하고 있다. 이는 '얄밉도록 맹랑한 데가 있다.'라는 뜻을 지닌 '잔망스럽다'로 표현할 수 있다.

✖오답 풀이

① 보채다: 어떠한 것을 요구하며 성가시게 조르다.
③ 대견하다: 흐뭇하고 자랑스럽다.

11회 | 사람의 행동

문해력 기초 다지기

▶ 본문 78~79쪽

01 ㉢ 02 ㉣ 03 ㉠ 04 ㉡ 05 비밀 06 핑계 07 두려워하다 08 탄식 09 갈무리 10 만회 11 견제 12 경외 13 탄식 14 상기 15 빙자 16 ① 17 ② 18 예시 답안 토끼는 용궁에서 무사히 빠져 나갈 방법을 도모했다. 19 예시 답안 어머니는 아버지에게 오늘 회사에서 힘들었던 일을 토로했다.

16

'갈무리하다'는 '물건 따위를 잘 정리하거나 간수하다.', '일을 처리하여 마무리하다.'라는 의미로, ①의 예문에 사용하기에는 적절하지 않다. 제시된 예문에는 '정도가 지나치게 심하다.'라는 뜻의 '무리하다'를 사용하는 것이 적절하다.

17

'보채다'는 '어떠한 것을 요구하며 성가시게 조르다.'라는 뜻이고, '조르다'는 '다른 사람에게 차지고 끈덕지게 무엇을 자꾸 요구하다.'라는 뜻이므로 서로 유의 관계이다. '성내다, 화내다, 소리치다, 타이르다'는 '보채다'와 의미상 유의 관계라고 볼 수 없다.

문해력 완성 하기

▶ 본문 80~81쪽

01 ④ 02 ② 03 예시 답안 안전을 빙자하여 조선 아이들에 대한 교육을 방해하고 있다. 04 ② 05 ④ 06 예시 답안 ⓐ: 이별의 슬픔을 희망으로 전환 ⓑ: 임에 대한 영원한 사랑

01

이 글은 작품 밖에 있는 전지적인 서술자가 인물의 속마음까지 모두 제시하는 전지적 작가 시점에서 사건을 전달하고 있다.

✖오답 풀이

① 작품 안에 등장하는 서술자가 다른 인물을 관찰하여 서술하는 시점은 1인칭 관찰자 시점이다.

② 작품 안에 등장하는 서술자가 자신의 일을 서술하는 시점은 1인칭 주인공 시점이다.

③ 작품 밖에 있는 서술자가 객관적으로 인물을 관찰하여 서술하는 시점은 3인칭 관찰자 시점이다.

⑤ 이 글에서 서술자의 교체는 일어나지 않는다. 전체적으로 전지적 작가 시점에서 서술되고 있다.

02

㉠은 일백사십여 명 중에서 팔십 명만 남기고 오십여 명을 쫓아내야 하는데, 이를 어떻게 해야 할지 고민하는 상황이다. 따라서 ㉠은 '곰곰 잘 생각하다.'라는 뜻을 지닌 '숙고하다'와 바꿔 쓸 수 있다.

✖오답 풀이

③ 역력(歷歷)하다: 자취나 기미, 기억 따위가 환히 알 수 있게 또렷하다.

④ 절박(切迫)하다: 어떤 일이나 때가 가까이 닥쳐서 몹시 급하다.

04

이 시에서 '임'은 '조국, 민족, 연인, 부처, 종교적 진리' 등 다양하게 해석될 수 있다. 〈보기〉에서는 독립운동가로 활동한 작가 한용운의 삶을 제시하고 있으므로, 이와 관련지어 이해한다면 '임'을 '조국'으로 해석할 수 있다.

✖오답 풀이

③ '권력자'는 '임'의 의미와 거리가 멀다.

④, ⑤ '절대자'와 '종교적 진리'는 한용운을 승려로서 평가할 때 '임'의 의미로 볼 수 있다.

05

㉠은 사랑하는 임이 떠나갔다며 이별의 상황을 직접적으로 제시하고 있는 부분으로, 임을 잃은 슬픔과 충격에서 나온 화자의 탄식으로 볼 수 있다.

✖오답 풀이

③ 분노(忿怒): 분개하여 몹시 성을 냄. 또는 그렇게 내는 성.

⑤ 환희(歡喜): 매우 기뻐함. 또는 큰 기쁨.

06

이 시에서 화자는 이별의 슬픔에 빠졌다가, 이를 재회에 대한 믿음과 희망으로 전환하면서 임에 대한 영원한 사랑을 다짐하고 있다.

12회 | 인간관계

문해력 기초 다지기

▶ 본문 84~85쪽

01 종적 02 앙갚음 03 불화 04 일가 05 유대
06 아내 07 위협 08 낮잡아 09 각박하다
10 동반자 11 갈등 12 수작 13 종적 14 갈등
15 ⑤ 16 ② 17 예시 답안 전쟁으로 살기 어려워지자 인심이 날로 각박해졌다. 18 예시 답안 그는 돈독한 신앙심으로 자신에게 주어진 시련을 극복했다.

15

'장인'은 '아내의 아버지를 이르는 말.'이다. 언니가 선생님의 아들과 결혼하면, 선생님은 남편의 아버지가 되므로 장인이 아니라 시아버지라고 불러야 한다.

16

첫 번째 예문의 빈칸에는 '서로 화합하지 못함. 또는 서로 사이좋게 지내지 못함.'이라는 의미의 '불화'가, 두 번째 예문의 빈칸에는 '둘 이상을 서로 연결하거나 결합하게 하는 것. 또는 그런 관계.'라는 의미의 '유대'가 들어가는 것이 적절하다.

✖오답 풀이

① 반목(反目): 서로서로 시기하고 미워함.
③ 조화(調和): 서로 잘 어울림.
④ 보복(報復): 남이 저에게 해를 준 대로 저도 그에게 해를 줌.
⑤ 친화(親和): 사이좋게 잘 어울림.

문해력 완성하기

▶ 본문 86~87쪽

01 ④ 02 ⑤ 03 예시 답안 점순이의 충동질로 인해 '나'와 '장인' 간의 외적 갈등이 일어난다. 04 ③
05 수작 06 예시 답안 자신의 남편인 춘풍의 일을 앙갚음하려는 의도도 들어 있다.

01

'내가 일 안 하면 장인님 저는 나이가 먹어 못 하고 결국 농사 못 짓고 만다.'라는 서술을 고려할 때, 장인이 혼자 농사를 짓고 있는 장면을 떠올리는 것은 적절하지 않다.

✖오답 풀이

① '구장님한테 갔다 그냥 온담 그래!'와 '엊그제 산에서와 같이 되우 쫑알거린다.'에서 떠올릴 수 있다.
② '나도 저쪽 벽을 향하여 외면하면서'를 통해 '나'와 점순이가 서로 외면한 채 대화하고 있음을 알 수 있다. 이는 남녀가 서로 내외(남녀 사이에 서로 얼굴을 마주 대하지 않고 피함.)하는 관습 때문이다.
③ '일터로 가려 하다 도로 벗어 던지고 바깥마당 공석 위에 드러누워서, 나는 차라리 죽느니만 같지 못하다 생각했다.'에서 떠올릴 수 있다.
⑤ '또 얼굴이 빨개지면서 성을 내며 안으로 샐죽하니 튀들어가지 않느냐.'에서 떠올릴 수 있다.

02

㉠은 '장인'이 일하러 가지 않는 '나'를 말로 위협하는 것이므로, '말과 행동으로 위협하는 짓.'이라는 뜻을 지닌 '으름장'으로 표현할 수 있다.

✖오답 풀이

④ 오지랖: 웃옷이나 윗도리에 입는 겉옷의 앞자락. '오지랖이 넓다'는 '쓸데없이 지나치게 아무 일에나 참견하는 면이 있다.'라는 뜻이다.

04

춘풍이 비장에게 도움을 구하는 내용은 나타나 있지 않다. 빌린 돈을 어찌하였는지도 비장이 매를 때리며 물었기 때문에 대답한 것이다.

✖오답 풀이

① '나랏돈 수천 냥을 빌려 가'와 '평양에 장사 와서'에서 확인할 수 있다.
② '일 년을 추월과 놀고 나니 한 푼도 남지 않았나이다.'에서 확인할 수 있다.
④ '십여 대를 치니 춘풍의 다리에 피가 흥건하거늘'에서 확인할 수 있다.
⑤ '비장은 누더기를 입고 앉은 것이 제 서방인 줄 알았으되, 춘풍이야 비장이 제 아내인 줄 어찌 알랴.'에서 확인할 수 있다.

05

㉠이 포함된 문장은 추월이 비장을 홀리기 위해 좋지 않은 계획을 세웠다는 의미를 담고 있다. 따라서 ㉠에는 '남의 말이나 행동, 계획을 낮잡아 이르는 말.'을 뜻하는 '수작'이 들어가야 한다.

13회 | 시·공간적 배경

문해력 기초 다지기

▶ 본문 90~91쪽

01 ㉣ 02 ㉡ 03 ㉠ 04 ㉢ 05 먼 06 낮은 07 대립 08 그믐 09 낙화 10 어스름 11 거처 12 까마득 13 냉전 14 거처 15 어스름 16 ① 17 ② 18 예시 답안 진눈깨비가 내리고 있어 도로가 미끄러웠다. 19 예시 답안 첩첩산중에 밤이 다가오자 불빛 한 점 찾을 수 없었다.

16

'망망대해'는 '한없이 크고 넓은 바다.'를 뜻하므로, '바닷물이 빠져나간 망망대해'라는 표현은 적절하지 않다. 바닷물이 빠져나간 모습을 볼 수 있는 것은 해안가이다.

17

'내'는 '시내보다는 크지만 강보다는 작은 물줄기.'로, 이와 비슷한 의미로 쓰이는 단어는 '개천'이다. '여울'은 '강이나 바다 따위의 바닥이 얕거나 폭이 좁아 물살이 세게 흐르는 곳.'이고, '호수'는 '땅이 우묵하게 들어가 물이 괴어 있는 곳.'이다.

문해력 완성 하기

▶ 본문 92~93쪽

01 ④ 02 순사 03 예시 답안 일제 강점기에는 일본 편을 들고 해방 이후에는 미국 편을 드는 것을 볼 때, 박 선생님은 기회주의적인 태도를 지녔다. 04 ② 05 ⓑ 06 예시 답안 조국의 독립을 위해 나 자신을 희생하겠다.

01

'다른 사람들이야 일본 사람과 만났을 때 말고는 다들 조선말로 말을 하고, ~ 더구나 집에 돌아가면 어머니, 아버지, 언니, 누나, 아기 모두들 조선말로 말을 했다.'에서, 조선인 어른들은 일상생활에서 대부분 조선말을 사용했다는 것을 알 수 있다.

✖오답 풀이

① '다른 학교에서도 다 그랬을 테지만, ~ 조선말은 아주 한 마디도 쓰지 못하게 했다.'에서 확인할 수 있다.

② "그때 말로 '국어'라던 일본 말, 그 일본 말로만 말을 하게 하고"에서 확인할 수 있다.

③ '주재소의 순사, 면의 면 서기, 도 평의원을 한 송 주사, 또 군이나 도에서 연설하러 온 사람, 이런 사람들이나 조선 사람끼리 만나도 척척 일본 말로 인사를 하고 이야기를 했지'에서 확인할 수 있다.

⑤ '학교에서고, 학교 밖에서고 조선말로 말을 하다 선생님한테 들키는 날이면 경치는 판이었다.'에서 확인할 수 있다.

02

'순사'는 '일제 강점기에 둔, 경찰관의 가장 낮은 계급.'을 뜻하는 말이다. 이러한 말을 통해 이 글의 시대적 배경이 일제 강점기임을 알 수 있다.

04

이 시에서 말의 순서를 의도적으로 바꾸어서 표현하는 도치법은 사용되지 않았다.

✖오답 풀이

① '뿌려라', '하리라'와 같은 강하고 의지적인 어조로 화자의 태도를 강조하고 있다.

③ '어데 닭 우는 소리 들렸으랴.'에서 대답을 요구하지 않는 의문문을 활용하여 광야에 아무것도 살지 않았다는 것을 강조하고 있다.

④ '지금 눈 내리고 / 매화 향기 홀로 아득하니'에서 '눈'은 현실의 시련과 고통을 의미한다. 이와 같이 겨울이라는 계절적 배경을 통해 화자가 처한 암담한 상황을 암시하고 있다.

⑤ 1~3연은 과거, 4연은 현재, 5연은 미래 상황에 해당한다. 이 시는 이처럼 시간의 흐름에 따라 시상을 전개하고 있다.

05

1연은 아주 오랜 옛날에 세상이 처음 만들어지고 광야가 탄생하는 순간을 그린 것이다. 따라서 ㉠은 문맥상 '시간이 아주 오래되어 기억이 희미하다.'라는 뜻으로 사용되었다.

06

4연에서 화자는 암담한 현실을 극복하기 위해 '가난한 노래의 씨'를 뿌리겠다고 말하고 있다. 〈보기〉를 참고할 때 Ⓐ에는 조국의 독립을 위해 스스로를 희생하겠다는 자기희생의 의지가 담겨 있다.

14회 | 상황과 분위기

문해력 기초 다지기

▶ 본문 96~97쪽

01 서슬 02 암담하다 03 애처롭다 04 암시 05 가담 06 어지럽다 07 단념 08 쓸쓸한 09 이변 10 무료하다 11 어슴푸레하다 12 낭자 13 이변 14 가담 15 ③ 16 ④
17 예시 답안 주민들은 산불로 황량해진 땅에 나무를 심었다. 18 예시 답안 잃어버린 물건을 다시 찾겠다는 생각은 속절없는 것이다.

15

'애처롭다'는 '가엾고 불쌍하여 마음이 슬프다.'라는 뜻이므로, 친구를 도운 아이들을 칭찬하며 하는 말로는 적절하지 않다.

16

첫 번째 예문의 빈칸에는 '희망이 없고 절망적이다.'라는 의미의 '암담하다'가, 두 번째 예문의 빈칸에는 '흥미 있는 일이 없어 심심하고 지루하다.'라는 의미의 '무료하다'가 들어가는 것이 적절하다.

✖오답 풀이

① 난감(難堪)하다: 이렇게 하기도 저렇게 하기도 어려워 처지가 매우 딱하다.
명료(明瞭)하다: 뚜렷하고 분명하다.
② 난처(難處)하다: 이럴 수도 없고 저럴 수도 없어 처신하기 곤란하다.
무난(無難)하다: 별로 어려움이 없다.
③ 담담(淡淡)하다: 차분하고 평온하다.
⑤ 참담(慘憺)하다: 끔찍하고 절망적이다.

문해력 완성 하기

▶ 본문 98~99쪽

01 ④ 02 ⑤ 03 예시 답안 '비'는 김 첨지 아내의 죽음이라는 비극적 결말을 암시한다. 04 ④ 05 ④
06 예시 답안 장끼가 죽어 가는 상황을 해학적으로 표현하여 독자의 웃음을 유발하고 있다.

01

'컬컬한 목에 모주 한 잔도 적실 수 있거니와, 그보다도 앓는 아내에게 설렁탕 한 그릇도 사다 줄 수 있음이다.'에서, 김 첨지는 오랜만에 돈을 벌자 자신이 마실 모주와 함께 앓는 아내에게 사 줄 설렁탕을 떠올린 것이다. 김 첨지가 평소에 설렁탕을 즐긴다는 내용은 언급되어 있지 않다.

02

눈이 올 듯하다가 얼다가 만 비가 내리는 날씨이므로, 이런 분위기는 '보기에 날씨나 분위기 따위가 몹시 스산하고 쓸쓸한 데가 있다.'라는 뜻을 지닌 '을씨년스럽다'로 표현할 수 있다.

✖오답 풀이

③ 소란(騷亂)스럽다: 시끄럽고 어수선한 데가 있다.

04

이 글에 까투리가 장끼를 따라 죽을 결심을 하는 내용은 나타나 있지 않다.

✖오답 풀이

① '셋째 낭군 얻었다가 포수에게 맞아 죽고, 이번 낭군 얻어서는'에서, 덫에 치인 장끼가 네 번째 남편임을 알 수 있다.
② '배고픔이 원수 되어 콩 하나 먹으려다 덫에 덜컥 치었으니'에서 확인할 수 있다.
③ '아홉 아들 열두 딸을 남겨 놓고 아들딸 혼사도 채 못해서'에서 확인할 수 있다.
⑤ '첫째 낭군 얻었다가 보라매에 채여 가고, 둘째 낭군 얻었다가 사냥개에 물려 가고, 셋째 낭군 얻었다가 포수에게 맞아 죽고'에서 확인할 수 있다.

05

'속절없다'는 '단념할 수밖에 달리 어찌할 도리가 없다.'라는 뜻이므로, 이는 '달리 어떻게 할 도리가 없다.'라는 뜻의 '하릴없다'와 바꾸어 쓸 수 있다.

✖오답 풀이

② 뜬금없다: 갑작스럽고도 엉뚱하다.
③ 어이없다: 일이 너무 뜻밖이어서 기가 막히는 듯하다.

06

㉡에서 동자부처가 떠나거나 떠날 준비를 한다는 것은 장끼의 생명이 다해 가고 있다는 의미로, ㉡은 비극적 상황을 해학적으로 묘사하고 있다.

15회 | 삶의 양상

문해력 기초 다지기

▶ 본문 102~103쪽

01 ㉡ 02 ㉠ 03 ㉣ 04 ㉢ 05 시작함 06 대강 07 부족하다 08 철칙 09 권장 10 대거리 11 군림 12 간과 13 허물 14 착수 15 권장 16 ② 17 ⑤ 18 예시 답안 약속 시간에 늦은 친구는 사과 없이 궁색한 변명만 늘어놓았다.
19 예시 답안 처음 아르바이트를 할 때는 미숙해서 실수를 많이 했다.

16

'척박하다'는 '땅이 기름지지 못하고 몹시 메마르다.'라는 의미로, ②의 예문에 사용하기에는 적절하지 않다. 제시된 예문에는 '감정이나 정신 상태 따위가 부족하거나 약하다.'라는 뜻의 '희박하다'를 사용하는 것이 적절하다.

17

식당을 찾기가 쉽다는 의미이므로, 이때 '쉽다'는 '어렵지 아니하고 매우 쉽다.'라는 뜻의 '용이하다'와 바꿔 쓸 수 있다.

✖오답 풀이

② 난감(難堪)하다: 이렇게 하기도 저렇게 하기도 어려워 처지가 매우 딱하다.
③ 무료(無聊)하다: 흥미 있는 일이 없어 심심하고 지루하다.
④ 열악(劣惡)하다: 품질이나 능력, 시설 따위가 매우 떨어지고 나쁘다.

문해력 완성 하기

▶ 본문 104~105쪽

01 ③ 02 ② 03 예시 답안 허생은 아내의 희생과 어려움을 간과하고 자신의 뜻을 위해 책만 읽었다.
04 ⑤ 05 ④ 06 예시 답안 산민 부부가 평지에서 살지 못할 정도로 두려워하는 것으로 볼 때, '벼슬아치'는 백성 위에 군림하면서 백성을 괴롭히는 존재(탐관오리)로 볼 수 있다.

01

허생은 당당한 태도로 변 씨에게 만 냥을 꿔 달라고 요구했을 뿐, 자신의 지식을 과시하지는 않았다.

✖오답 풀이

① '허생은 글만 읽었고, 그의 아내가 바느질품을 팔아서 겨우 입에 풀칠을 했다.'에서 확인할 수 있다.
② 책만 읽던 허생은 아내의 비난을 듣고는 책 읽기를 멈추고 변 씨를 찾아가 큰 돈을 빌렸다.
④ '당신은 과거 시험을 보지 않으니, 도대체 글을 읽어 무엇 합니까?'라는 아내의 말에서 확인할 수 있다.
⑤ 아내는 허생에게 과거를 보지 않을 것이면 장인바치 일이나 장사라도 하라고 요구하고 있다.

04

'벼슬아치'는 아낙네와 남편이 산속에서 힘들게 살아가는 이유를 암시하는 존재이다. 하지만 '벼슬아치'가 평지를 떠난 산속에서의 삶까지 방해하고 있지는 않다. 산속에서의 생활을 힘들게 만드는 존재는 '호랑이'이다.

✖오답 풀이

① '띠집'은 초라한 집이므로, 아낙네와 남편의 가난한 생활을 상징하는 소재라고 할 수 있다.
② '밥과 반찬'은 손님('나')이 자신의 집을 찾아오자 아낙네가 대접한 것이므로, 아낙네의 인정을 보여 주는 소재라고 할 수 있다.
③ '산밭'은 남편이 하루 종일 매달려서 일구는 곳이므로, 아낙네와 남편이 생계를 유지하는 수단이라고 할 수 있다.
④ '호랑이'는 산속에서 나물마저 마음대로 뜯지 못하게 하는 존재이므로, 아낙네와 남편의 삶을 더욱 힘들게 하는 요소라고 할 수 있다.

05

아침에 따비를 메고 올라간 남편이 저물도록 돌아오지 못한다는 아내의 말을 고려할 때, ㉠은 편안하게 농사짓기 어려운 척박한 땅임을 알 수 있다.

✖오답 풀이

① 산민 부부는 산밭을 고생스럽게 일구며 힘들게 살고 있으므로, 돈을 모을 수 있으리라고 기대를 하기는 어렵다.
② 백성을 괴롭히는 벼슬아치를 피해서 어쩔 수 없이 들어온 곳이므로, 앞날에 대한 기대를 가지기는 어렵다.
③ 산민 부부가 어떤 허물을 지니고 있다고 볼 만한 내용은 제시되어 있지 않다.
⑤ 산민 부부가 새로운 생활을 하는 곳이라고 볼 수 있지만, 새로운 생활을 시작하기에 용이한 곳은 아니다.

16회 | 선조들의 생활과 표현

문해력 기초 다지기

▶ 본문 108~109쪽

01 등용 02 진토 03 관찰사 04 풍류 05 녹음 06 부녀자 07 부드럽고 08 술법 09 자초지종 10 절개 11 구천 12 청풍 13 녹음 14 진토 15 ④ 16 ③ 17 예시 답안 기자가 사고를 목격한 사람에게 자초지종을 물었다. 18 예시 답안 봄을 맞은 계곡에서 꽃구경을 하며 풍류를 즐겼다.

15

'절개'는 '신념, 신의 따위를 굽히지 아니하고 굳게 지키는 꿋꿋한 태도.'라는 의미로, 친일파였던 인물이 과거를 지우는 상황에 사용하기에는 적절하지 않다.

16

첫 번째 예문의 빈칸에는 '인재를 뽑아서 씀.'을 뜻하는 '등용'이, 두 번째 예문의 빈칸에는 '사물의 본디 형체나 성질이 바뀌거나 가리어짐.'을 뜻하는 '둔갑'이 들어가는 것이 적절하다.

✕오답 풀이

① 남용(濫用): 일정한 기준이나 한도를 넘어서 함부로 씀.
② 변신(變身): 몸의 모양이나 태도 따위를 바꿈. 또는 그렇게 바꾼 몸.
④ 은둔(隱遁): 세상일을 피하여 숨음.
⑤ 등장(登場): 어떤 사건이나 분야에서 새로운 제품이나 현상, 인물 등이 세상에 처음으로 나옴.

문해력 완성 하기

▶ 본문 110~111쪽

01 ③ 02 ② 03 예시 답안 이생은 이승에 살아 있는 사람이지만, 여인은 저승의 명단에 이름이 실린 귀신이기 때문이다. 04 ⑤ 05 ① 06 예시 답안 화자는 자연 속에서 안빈낙도의 태도로 풍류를 즐기며 임금의 은혜에 감사하고 있다.

01

여인의 유골이 벌판에 방치되어 있는 것은 맞지만, 여인이 그것 때문에 이생을 원망하는 내용은 나타나 있지 않다.

✕오답 풀이

① '그 후 이생은 아내를 하염없이 그리워하다가 병이 나서 앓더니 결국 몇 달 만에 세상을 떠났다.'라는 서술에서 확인할 수 있다.
② '제가 계속 인간 세상에 미련을 가진다면, 저승의 법에 위반됩니다. 그 죄는 저만 아니라 낭군님에게까지 미칠 것입니다.'라는 여인의 말에서 확인할 수 있다.
④ '부인은 이승에서 나와 함께 살다가 백 년 후에 같이 세상을 떠나는 것이 어떻겠소?'라는 이생의 말에서 확인할 수 있다.
⑤ '전쟁 중에 당신을 두고 도망친 것이 부끄러워 견디지 못하겠소.'라는 이생의 말에서 확인할 수 있다.

02

'저승'은 '사람이 죽은 뒤에 그 혼이 가서 산다고 하는 세상.'을 뜻한다. 따라서 '죽은 뒤에 넋이 돌아가는 곳을 이르는 말.'인 '구천'과 의미가 유사하다.

✕오답 풀이

⑤ 명승지(名勝地): 경치가 좋기로 이름난 곳.

04

이 시에 자연물을 사람처럼 표현하는 의인법은 사용되지 않았다.

✕오답 풀이

① '봄－여름－가을－겨울'의 시간의 흐름에 따라 시상이 전개되고 있다.
② 종장에서 '임금의 은혜로다'라는 시구를 반복하여 시 전체에 통일성을 주고 있다.
③ 전체적으로 시각적 심상을 활용하여 각 계절의 경치와 화자의 모습을 묘사하고 있다.
④ 각 초장의 앞부분에서 '봄, 여름, 가을, 겨울'이라는 계절적 배경을 제시하고 있다.

05

시의 제목과 내용을 고려할 때, 빈칸에는 '은자나 시인 등이 현실을 도피하여 생활하던 시골이나 자연.'을 뜻하는 '강호'가 들어가는 것이 자연스럽다.

✕오답 풀이

② 거처(居處): 일정하게 자리를 잡고 사는 일. 또는 그 장소.
④ 속세(俗世): 불가에서 일반 사회를 이르는 말.
⑤ 청천(靑天): 푸른 하늘.

17회 | 한자 성어 ①

문해력 기초 다지기

▶ 본문 116~117쪽

01 사필귀정 02 진퇴양난 03 죽마고우 04 괄목상대 05 징계 06 허물 07 혈혈단신 08 일취월장 09 개과천선 10 관포지교 11 혈혈단신 12 막역지우 13 사필귀정 14 ① 15 ① 16 예시 답안 오랜만에 죽마고우를 만나니 어릴 때 함께 놀던 시절이 무척 그리웠다. 17 예시 답안 놀부는 욕심을 부리다 큰 화를 당한 뒤 개과천선했다.

14

'관포지교'는 '우정이 아주 돈독한 친구 관계를 이르는 말.'이므로, 만날 때마다 싸우는 관계를 나타내기에 적절하지 않다.

15

연기력이 놀랄 만큼 발전했다는 의미이므로, 빈칸에는 '남의 학식이나 재주가 놀랄 만큼 부쩍 늚을 이르는 말.'인 '괄목상대'가 들어가는 것이 적절하다.

✖오답 풀이

② 설상가상(雪上加霜): 눈 위에 서리가 덮인다는 뜻으로, 난처한 일이나 불행한 일이 잇따라 일어남을 이르는 말.
③ 안분지족(安分知足): 편안한 마음으로 제 분수를 지키며 만족할 줄을 앎.
④ 조변석개(朝變夕改): 계획이나 결정 따위를 일관성이 없이 자주 고침을 이르는 말.
⑤ 진퇴유곡(進退維谷): 이러지도 저러지도 못하고 꼼짝할 수 없는 궁지.

문해력 완성 하기

▶ 본문 118~119쪽

01 ④ 02 ④ 03 예시 답안 게으르고 뻔뻔한 사람을 풍자하고 있다. 04 ③ 05 ① 06 예시 답안 이 글은 악행을 저지르던 진짜 옹가가 벌을 받는 모습을 통해 권선징악이라는 삶의 교훈을 전달하고 있다.

01

이 글에 '물가'라는 공간적 배경은 드러나 있지만, 그 공간적 배경을 자세히 묘사하고 있다고 볼 수는 없다.

✖오답 풀이

① 이 글은 왕치, 소새, 개미 등과 같은 동물을 마치 사람처럼 표현하면서 이야기를 전개하는 우화 소설이다.
② '엉엉', '후르륵(후루룩)', '오뚝(오뚝)', '날름', '꼴깍' 등의 의성어와 의태어를 활용하여 상황을 생동감 있게 제시하고 있다.
③ '왕치는 ~ 속으로 뜨악 걱정스러웠으나, 그렇다고 체면에 나는 못합네 할 수는 없는 터라'와 '답답했다' 등에서 서술자가 등장인물의 속마음까지 직접 서술하고 있다.
⑤ 전체적으로 시간의 흐름에 따라 사건이 전개되는 순행적 구성을 보이고 있다.

02

㉠에서 왕치는 빈손으로 집에 돌아갈 수도 없고, 날이 저무는데 계속 헤매고 다닐 수도 없는 상황이다. 이러한 상황은 '이러지도 저러지도 못하는 어려운 처지.'라는 뜻의 '진퇴양난'으로 표현할 수 있다.

✖오답 풀이

② 금상첨화(錦上添花): 비단 위에 꽃을 더한다는 뜻으로, 좋은 일 위에 또 좋은 일이 더하여짐을 이르는 말.
③ 소탐대실(小貪大失): 작은 것을 탐하다가 큰 것을 잃음.

04

'진짜 옹가가 집으로 돌아오니, 방 안에 있던 가짜 옹가는 사라지고 그 자리에 난데없는 짚 인형이 놓여 있었다.'에서, 가짜 옹가의 정체는 짚으로 만든 인형이었음을 알 수 있다. 따라서 도사가 다른 사람을 가짜 옹가로 꾸며 진짜 옹가의 악행을 벌한 것이 아니다.

05

진짜 옹가는 못된 짓을 하여 벌을 받았으나, 도사가 옹가의 뉘우침을 보고 용서해 주었다. 따라서 ㉠에는 '지난날의 잘못이나 허물을 고쳐 올바르고 착하게 됨.'이라는 뜻을 지닌 '개과천선'이 들어가는 것이 적절하다.

✖오답 풀이

③ 구사일생(九死一生): 아홉 번 죽을 뻔하다 한 번 살아난다는 뜻으로, 죽을 고비를 여러 차례 넘기고 겨우 살아남을 이르는 말.
⑤ 안하무인(眼下無人): 눈 아래에 사람이 없다는 뜻으로, 방자하고 교만하여 다른 사람을 업신여김을 이르는 말.

18회 | 한자 성어 ②

문해력 기초 다지기

▶본문 122~123쪽

01 온고지신 02 학수고대 03 금상첨화 04 반포지효 05 은혜 06 공부 07 독서삼매 08 혼비백산 09 설상가상 10 동병상련 11 학수고대 12 혼비백산 13 점입가경 14 ② 15 ③ 16 예시 답안 성적이 떨어져 우울한데 설상가상으로 용돈마저 깎이고 말았다. 17 예시 답안 우리는 역사를 배우고 온고지신하여 본받을 점을 계승해야 한다.

14

'동병상련'은 '어려운 처지에 있는 사람끼리 서로 가엾게 여김을 이르는 말.'이므로, 나와 친구가 정반대인 상황을 나타내기에는 적절하지 않다.

15

돈을 벌기 시작하면서 부모님을 모시는 상황을 나타내기 위해서는 '자식이 자란 후에 어버이의 은혜를 갚는 효성을 이르는 말.'인 '반포지효'가 들어가는 것이 적절하다.

✖오답 풀이

① 관포지교(管鮑之交): 관중과 포숙의 사귐이란 뜻으로, 우정이 아주 돈독한 친구 관계를 이르는 말.
② 금상첨화(錦上添花): 비단 위에 꽃을 더한다는 뜻으로, 좋은 일 위에 또 좋은 일이 더하여짐을 이르는 말.
④ 안빈낙도(安貧樂道): 가난한 생활을 하면서도 편안한 마음으로 도를 즐겨 지킴.
⑤ 역지사지(易地思之): 처지를 바꾸어서 생각하여 봄.

문해력 완성 하기

▶본문 124~125쪽

01 ⑤ 02 ⑤ 03 예시 답안 김구는 우리나라가 완전한 자주독립 국가가 되는 것을 소원하고 있다. 04 ③ 05 ① 06 예시 답안 자식에게 유교 경전을 가르치기를 권유

01

㉠, ㉡, ㉢, ㉣은 가장 미천한 자가 되더라도 독립된 나라의 백성이 되고 싶다는 글쓴이의 염원이 담겨 있는 표현이다. 그러나 ㉤은 민족보다 개인의 부귀영화를 추구하는 삶을 의미한다.

02

이 글에서 글쓴이는 우리나라가 자주독립을 이루기를 간절히 바라며 기다리고 있다. 이러한 글쓴이의 심정은 '학의 목처럼 목을 길게 빼고 간절히 기다림.'이라는 뜻을 지닌 '학수고대'로 표현할 수 있다.

✖오답 풀이

③ 반신반의(半信半疑): 얼마쯤 믿으면서도 한편으로는 의심함.
④ 좌불안석(坐不安席): 마음이 불안하거나 걱정스러워서 한군데에 가만히 앉아 있지 못하고 안절부절못하는 모양을 이르는 말.

04

이 시에서 화자가 고려하고 있는 청자는 '백성'이라고 할 수 있는데, 이 시에 화자가 청자와의 신분 차이를 드러내는 말은 나타나 있지 않다. 오히려 일반 백성이 이해하기 쉽도록 순우리말을 사용하고 자신도 함께하겠다는 청유형의 말투를 사용하고 있다.

✖오답 풀이

① 우리말로 된 일상어를 사용하여 백성들의 이해를 돕고 있다.
② 효, 형제간의 우애, 학문 권장, 근면과 상부상조, 노인에 대한 공경 등 유교적 윤리의 실천을 권하고 있다.
④ '이 몸이 살았을까?', '모습조차 같은 것인가?' 등에서 의문문을 활용하여 화자의 의도를 강조하고 있다.
⑤ '호미 메고 가자꾸나', '누에 먹여 보자꾸나' 등에서 청유형의 말투를 사용하여 설득력을 높이고 있다.

05

〈제1수〉는 부모님의 은혜에 감사하며 효를 다해야 함을 강조하고 있으므로, '자식이 자란 후에 어버이의 은혜를 갚는 효성을 이르는 말.'인 '반포지효'와 직접적인 관련이 있다.

✖오답 풀이

② 〈제3수〉는 형제간에 우애 있게 지내기를 권유하고 있다.
③ 〈제7수〉는 아이들에게 학문을 가르쳐야 함을 전달하고 있다.
④ 〈제13수〉는 열심히 일하고 이웃 간에 서로 도우며 지내기를 권유하고 있다.
⑤ 〈제16수〉는 노인을 공경해야 한다는 것을 전달하고 있다.

19회 | 한자 성어 ③

문해력 기초 다지기

▶ 본문 128~129쪽

01 역지사지 02 견물생심 03 아전인수 04 적반하장 05 분수 06 이득 07 소탐대실 08 안빈낙도 09 일편단심 10 조변석개 11 역지사지 12 아전인수 13 안분지족 14 ① 15 ④ 16 예시 답안 나는 심사숙고한 끝에 졸업 후의 진로를 결정했다. 17 예시 답안 영어 동화책을 읽으면 독서를 하며 영어 공부도 할 수 있어 일석이조이다.

14

'안빈낙도'는 '가난한 생활을 하면서도 편안한 마음으로 도를 즐겨 지킴.'이라는 뜻이므로, 복권에 당첨되어 돈을 흥청망청 쓰는 상황을 나타내기에는 적절하지 않다.

15

〈보기〉의 예문은 적은 돈을 아끼려다가 더 많은 돈을 지출하게 된 상황이므로, 빈칸에는 '작은 것을 탐하다가 큰 것을 잃음.'을 뜻하는 '소탐대실'이 들어가는 것이 적절하다.

✖오답 풀이

① 견물생심(見物生心): 어떠한 실물을 보게 되면 그것을 가지고 싶은 욕심이 생김.
② 괄목상대(刮目相對): 눈을 비비고 상대편을 본다는 뜻으로, 남의 학식이나 재주가 놀랄 만큼 부쩍 늚을 이르는 말.
③ 동병상련(同病相憐): 같은 병을 앓는 사람끼리 서로 가엾게 여긴다는 뜻으로, 어려운 처지에 있는 사람끼리 서로 가엾게 여김을 이르는 말.
⑤ 일취월장(日就月將): 나날이 다달이 자라거나 발전함.

문해력 완성 하기

▶ 본문 130~131쪽

01 ③ 02 ② 03 예시 답안 결혼이나 집에 욕심을 내지 않는 태도를 볼 때 광문은 자신의 삶에 안분지족하고 있다. 04 ⑤ 05 ④ 06 예시 답안 ㉮: 시청자들은 현명하고 합리적인 존재이다. ㉯: 예능 프로그램의 시청률이 교양 프로그램의 시청률보다 높다.

01

'일화'는 '세상에 널리 알려지지 아니한 흥미 있는 이야기.'를 말한다. 이 글은 광문과 관련된 여러 일화들을 나열하여 광문의 인물됨을 제시하고 있다.

✖오답 풀이

① 이 글에 광문과 관련된 갈등은 드러나 있지 않다.
② 이 글에 비현실적인 상황은 드러나 있지 않으며 긴장감이 느껴진다고 볼 수도 없다.
④ 이 글에 서울과 시장이라는 공간적 배경은 드러나지만 구체적인 시간적 배경은 드러나 있지 않다.
⑤ 작품 안의 서술자가 다른 인물을 관찰하여 전달하는 시점은 1인칭 관찰자 시점이다. 하지만 이 글은 3인칭 전지적 작가 시점에서 서술되고 있다.

02

[A]에서 광문은 남성과 여성 모두 잘생긴 얼굴을 좋아하는 법이라고 말하면서, 여성들은 못생긴 자신의 얼굴을 좋아하지 않을 것이라는 생각을 드러내고 있다. 이러한 태도는 '처지를 바꾸어서 생각하여 봄.'이라는 뜻을 지닌 '역지사지'로 표현할 수 있다.

04

'사실 시청률과 시청자의 수준은 아무런 관련이 없다.'라는 진술에서, 시청률을 근거로 삼아 시청자의 수준을 판단하는 것은 적절하지 않다는 것을 이끌어 낼 수 있다.

✖오답 풀이

① 교양 프로그램이 스트레스의 해소에 효과적이라는 내용은 언급되어 있지 않다.
② 텔레비전 프로그램 제작자는 시청률에 따라 방송 프로그램을 원래 계획보다 연장하거나 단축하기도 한다.
③ 텔레비전 프로그램 제작자가 프로그램의 수준을 높이려 노력한다는 내용은 언급되어 있지 않다.
④ 시청률과 시청자의 수준은 관련이 없으므로, 예능 프로그램을 즐긴다고 해서 판단 수준이 낮다고 볼 수 없다.

05

㉠은 동일한 하나의 현상을 서로 자신에게 유리하도록 해석하는 상황이므로, '자기 논에 물 대기라는 뜻으로, 자기에게만 이롭게 되도록 생각하거나 행동함을 이르는 말.'인 '아전인수'로 표현할 수 있다.

20회 | 속담 ①

문해력 기초 다지기

▶ 본문 134~135쪽

01 ㉢ 02 ㉠ 03 ㉡ 04 ㉡ 05 ㉠ 06 ㉢
07 원인, 결과 08 덕망 09 장래성 10 물, 고기
11 고기, 말 12 한술 밥 13 ④ 14 ⑤
15 예시 답안 가는 말이 고와야 오는 말이 고운 법인데, 상대가 초면에 반말을 하니 나도 말이 곱게 안 나갔다.
16 예시 답안 백지장도 맞들면 낫다고, 다 함께 쓰레기 줍기에 나섰더니 운동장이 금세 깨끗해졌다.

13

'될성부른 나무는 떡잎부터 알아본다'는 '잘될 사람은 어려서부터 남달리 장래성이 엿보인다는 말.'이므로, 어릴 때 부족해도 나중에 성공할 수 있다는 내용과는 연결되지 않는다.

14

근거 없는 소문이라는 해명을 믿지 않는 태도를 나타내기 위해서는 '원인이 없으면 결과가 있을 수 없음을 이르는 말.'인 '아니 땐 굴뚝에 연기 날까'가 들어가는 것이 적절하다.

✖오답 풀이

① 공든 탑이 무너지랴: 힘을 다하고 정성을 다하여 한 일은 그 결과가 반드시 헛되지 아니함을 이르는 말.

② 지렁이도 밟으면 꿈틀한다: 아무리 눌려 지내는 미천한 사람이나, 순하고 좋은 사람이라도 너무 업신여기면 가만있지 아니한다는 말.

③ 쥐구멍에도 볕 들 날 있다: 몹시 고생을 하는 삶도 좋은 운수가 터질 날이 있다는 말.

문해력 완성 하기

▶ 본문 136~137쪽

01 ② 02 ② 03 예시 답안 왕이 모범이 되는 행동을 하면 일반 백성들이 그것을 모방하여 도덕적으로 행동하려고 하기 때문이다. 04 ④ 05 가는 말이 고와야 오는 말이 곱다 06 ㉠: 극도로 게으름. ㉡: 콩 심은 데 콩 나고 팥 심은 데 팥 난다

01

3문단의 '사실 도덕적 실천에서 지도층이 꼭 절대적 기준이 되는 것은 아니다.'에서, 사회 지도층이 그 사회의 도덕성을 판단하는 절대적 기준이 되는 것은 아니라는 것을 알 수 있다.

✖오답 풀이

① 3문단의 "지도층이 '노블레스 오블리주' 정신을 실천하는 것이 건전한 사회를 만드는 데에 효과적이고 효율적인 것은 분명하다."에서 확인할 수 있다.

③ 1문단의 "'노블레스 오블리주'는 사회적으로 높은 지위에 있는 사람들이 지녀야 하는 도덕적 의무감을 일컫는 말이다."에서 확인할 수 있다.

④ 3문단의 '도덕적으로 완벽한 기준은 세상 어디에도 존재하지 않는다.'에서 확인할 수 있다.

⑤ 2문단의 '지도층의 도덕적 행위가 일반 국민들에게 모범이 되기 때문이다.'에서 확인할 수 있다.

02

글쓴이는 지도층의 도덕적 행위가 일반 국민들에게 모범이 되기 때문에 지도층이 노블레스 오블리주를 실천해야 한다고 말하고 있다. 이는 '윗사람이 잘하면 아랫사람도 따라서 잘하게 된다는 말.'인 '윗물이 맑아야 아랫물이 맑다'라는 속담으로 나타낼 수 있다.

04

"벳섬(볏섬) 좀 치워 달라우요."와 "남 졸음 오는데, 님자 치우시관."과 같은 대화에서 사투리를 사용하여 작중 상황에 현실감을 부여하고 있다.

05

[A]에서 복녀가 일을 도와주지 않는 남편에게 '에이구, 칵 죽구나 말디.'라고 악담을 하자, 남편은 '이년, 뭘!'이라며 비속어로 대응한다. 이런 상황은 '가는 말이 고와야 오는 말이 곱다'라는 속담으로 표현할 수 있다.

06

복녀의 남편은 극도로 게으른 성격 때문에 제대로 된 생활을 하지 못하는 결과를 맞는다. 이는 '모든 일은 근본에 따라 거기에 걸맞은 결과가 나타나는 것임을 이르는 말.'인 '콩 심은 데 콩 나고 팥 심은 데 팥 난다'라는 속담으로 표현할 수 있다.

21회 | 속담 ②

문해력 기초 다지기

▶본문 140~141쪽

01 ㉡ 02 ㉢ 03 ㉠ 04 ㉢ 05 ㉠ 06 ㉡
07 고생 08 노력, 발전 09 위기 10 지성, 감천
11 우물 12 하늘, 구멍 13 ① 14 ④
15 예시 답안 진학을 위해 고향을 떠나온 뒤 내가 우물 안 개구리였음을 깨달았다. 16 예시 답안 공든 탑이 무너지랴라는 말처럼, 열심히 연습했으니 대회에서 좋은 결과가 있을 거야.

13

'쥐구멍에도 볕 들 날 있다'는 '몹시 고생을 하는 삶도 좋은 운수가 터질 날이 있다는 말.'이므로, 집안이 망하고 결혼을 약속했던 사람이 떠나간 상황을 나타내기에는 적절하지 않다.

14

계속해서 노력하는 태도를 나타내야 하므로, 빈칸에는 '부지런하고 꾸준히 노력하는 사람은 침체되지 않고 계속 발전한다는 말.'인 '구르는 돌은 이끼가 안 낀다'가 들어가는 것이 적절하다.

✖오답 풀이

① 한술 밥에 배부르랴: 어떤 일이든지 단번에 만족할 수는 없다는 말.
② 백지장도 맞들면 낫다: 쉬운 일이라도 협력하여 하면 훨씬 쉽다는 말.
③ 지렁이도 밟으면 꿈틀한다: 아무리 눌려 지내는 미천한 사람이나, 순하고 좋은 사람이라도 너무 업신여기면 가만있지 아니한다는 말.
⑤ 될성부른 나무는 떡잎부터 알아본다: 잘될 사람은 어려서부터 남달리 장래성이 엿보인다는 말.

문해력 완성 하기

▶본문 142~143쪽

01 ① 02 ④ 03 예시 답안 수재는 확실하지 않은 정보를 가지고 감언이설로 영식을 꾀고 있다. 04 ②
05 시간적 배경이 막연하고 평범한 사람이 주인공이라는 점에서 이 글은 민담으로 볼 수 있다.

01

이 글은 현실에서 일어날 법한 일들 위주로 사건이 전개되고 있을 뿐 환상적인 내용은 나타나 있지 않다.

✖오답 풀이

② 영식과 수재의 말과 행동을 통해 성격을 간접 제시하고 있다.
③ '딴은 일 년 고생하고 기껏 콩 몇 섬 얻어먹느니보다는 금을 캐는 것이 슬기로운 짓이다.' 등과 같이 서술자가 인물의 속마음을 직접 서술하고 있다.
④ '몹시 위태로운 일을 모험적으로 행하는 경우를 비유적으로 이르는 말.'인 '칼 물고 뜀뛰기'라는 속담을 활용하고 있다.
⑤ '배라먹을'이라는 비속어를 활용하고 있다.

02

영식은 처음에는 콩밭을 파 금을 캐자는 수재의 권유를 거절했으나, 계속된 꾐에 결국 콩밭을 파 보기로 결심한다. 이러한 태도는 '아무리 뜻이 굳은 사람이라도 여러 번 권하거나 꾀고 달래면 결국은 마음이 변한다는 말.'인 '열 번 찍어 안 넘어 가는 나무 없다'라는 속담으로 나타낼 수 있다.

03

수재는 금광에 대한 확실하지 않은 정보를 가지고 영식을 꾀고 있다. 이러한 태도는 '귀가 솔깃하도록 남의 비위를 맞추거나 이로운 조건을 내세워 꾀는 말.'인 '감언이설'로 나타낼 수 있다.

04

'농부의 아내'는 자신이 알고 있는 것만이 가장 좋은 것이라고 여기고 있다. 이는 '견문이 좁고 세상 형편에 어두운 사람을 이르는 말.'인 '우물 안 개구리'로 표현할 수 있다.

✖오답 풀이

③ 구더기 무서워 장 못 담글까: 다소 방해되는 것이 있다 하더라도 마땅히 할 일은 하여야 함을 이르는 말.
④ 누워서 침 뱉기: 하늘을 향하여 침을 뱉어 보아야 자기 얼굴에 떨어진다는 뜻으로, 자기에게 해가 돌아올 짓을 함을 이르는 말.
⑤ 빈대 잡으려고 초가삼간 태운다: 손해를 크게 볼 것을 생각지 아니하고 자기에게 마땅치 아니한 것을 없애려고 그저 덤비기만 하는 경우를 이르는 말.

22회 | 관용어 ①

문해력 기초 다지기

▶ 본문 146~147쪽

01 ㄹ 02 ㄱ 03 ㄷ 04 ㄴ 05 ㄷ 06 ㄱ 07 ㄴ 08 씀씀이 09 익숙 10 관계 11 협력 12 눈 13 귀 14 손 15 손 16 ② 17 ④ 18 예시 답안 나는 친구들이 내 이야기를 하는 듯해 귀가 가려웠다. 19 예시 답안 어려운 상황에 처한 그는 이 분야에서 발이 넓은 선배에게 도움을 청했다.

16

'눈이 높다'는 것은 '안목이 높다.'라는 의미이다. 그림에 대한 안목이 높으면 그림의 가치를 잘 알아볼 것이므로, 눈이 높아서 그림의 가치를 알아보지 못했다는 것은 적절하지 않다.

17

첫 번째 예문에는 '충격적인 일을 당하거나 어떤 일에 집착하여 이성을 잃다.'라는 의미의 관용어 '눈이 뒤집히다'가 어울리므로, 빈칸에는 '뒤집혀'가 들어가야 한다. 그리고 두 번째 예문에는 '믿기 어려운 이야기를 들어 잘못 들은 것이 아닌가 생각하다.'라는 의미의 관용어 '귀를 의심하다'가 어울리므로, 빈칸에는 '의심하며'가 들어가야 한다.

문해력 완성 하기

▶ 본문 148~149쪽

01 ④ 02 ④ 03 예시 답안 '나'를 좋아하는 자신의 마음이 무시당한 것을 앙갚음하는 것이다. 04 ③ 05 ① 06 예시 답안 아버지 도둑은 아들에게 기술보다 지혜가 중요함을 조언하였으나, 아들 도둑은 자신의 기술만 믿고 아버지의 말에 귀를 기울이지 않았다.

01

점순이가 자신의 행위를 반성하는 모습은 나타나 있지 않다. ㉣은 점순이가 수탉을 단매로 죽인 '나'의 행위에 화를 내는 모습이다.

✘오답 풀이

① '또'라는 말에서 점순이가 전에도 비슷한 행동을 했다는 것을 알 수 있다.
② 자신의 수탉이 피를 흘리는 모습을 보고 감정이 격해진 '나'의 모습을 과장되고 익살스럽게 표현하고 있다.
③ '여우 새끼'라는 비유적 표현으로 점순이에 대한 미움의 감정이 극에 달했음을 나타내고 있다.
⑤ 점순이네 집의 닭을 죽인 일 때문에 자기 가족들에게 생길 수 있는 불이익을 떠올리며 두려워하고 있다.

02

ⓐ에서 '나'는 점순이의 행동을 보고 순간적으로 이성을 잃어 점순이네 닭을 죽인다. 이때 '나'의 심리는 '충격적인 일을 당하거나 어떤 일에 집착하여 이성을 잃다.'라는 뜻을 지닌 '눈이 뒤집히다'라는 말로 표현할 수 있다.

✘오답 풀이

① 눈에 밟히다: 잊히지 않고 자꾸 눈에 떠오르다.
② 배가 아프다: 남이 잘되어 심술이 나다.
③ 귀를 의심하다: 믿기 어려운 이야기를 들어 잘못 들은 것이 아닌가 생각하다.
⑤ 간이 콩알만 해지다: 몹시 두려워지거나 무서워지다.

04

'저는 이제 물건을 훔치는 일에 대해서는 두려울 게 없습니다.'라는 아들 도둑의 자랑에 아버지 도둑이 '훔치는 기술은 그렇겠지.'라고 대답한 것을 볼 때, 아버지 도둑은 아들 도둑의 도둑질 기술을 인정했다는 것을 알 수 있다.

✘오답 풀이

① '자만심이 들어 자기 기술이 아버지보다 훨씬 낫다고 생각하였다.'에서 확인할 수 있다.
② '그러자 다른 도둑들이 아들 도둑의 능력을 칭찬하였다.'에서 확인할 수 있다.
④ '백번 잘하다가도 한 번 실수하면 큰 화가 생길 수 있다. 그러니 물건을 훔치다가 붙잡힐 지경이 되었을 때 도망쳐 나오는 지혜를 스스로 체득하지 않으면 안 된다.'에서 확인할 수 있다.
⑤ '그는 도둑질을 할 때마다 아버지보다 앞서 들어가고'에서 확인할 수 있다.

05

도둑질에 익숙해진 상황이므로, '일이 손에 익숙해지다.'라는 뜻을 지닌 관용어 '손에 익다'를 활용한 표현으로 바꿔 쓸 수 있다.

23회 | 관용어 ②

문해력 기초 다지기

▶ 본문 152~153쪽

01 ㉡ 02 ㉠ 03 ㉣ 04 ㉢ 05 ㉡ 06 ㉠ 07 ㉢ 08 약점 09 대담 10 심술 11 일치 12 납작 13 입 14 간 15 배 16 ① 17 ④ 18 예시 답안 경찰서 옆에 있는 편의점을 털다니 간이 큰 도둑이구나. 19 예시 답안 웅장한 성의 모습을 눈앞에서 보고 입이 딱 벌어졌다.

16

'엉덩이가 무겁다'는 '한번 자리를 잡고 앉으면 좀처럼 일어나지 아니하다.'라는 의미이므로, 엉덩이가 무거워 가만히 앉아 있지 못한다는 것은 적절하지 않다.

17

첫 번째 예문에는 '몹시 놀라다.'라는 의미의 관용어 '간이 떨어지다'가 어울리므로, 빈칸에는 '떨어지는'이 들어가야 한다. 두 번째 예문에는 '한군데 가만히 앉아 있지 못하고 자꾸 일어나 움직이고 싶어 하다.'라는 의미의 관용어 '엉덩이가 근질근질하다'가 어울리므로, 빈칸에는 '근질근질해져'가 들어가야 한다.

문해력 완성 하기

▶ 본문 154~155쪽

01 ㉠: 서술자 ㉡: 속마음(심리) ㉢: 전지적 02 ② 03 예시 답안 도둑질을 했다고 수만이에게 코가 꿰인 문기가 수만이의 협박에 돈을 훔쳐서 수만이에게 주었다. 04 ③ 05 ③ 06 예시 답안 춘향은 어사또의 정체가 이몽룡이라는 것을 알자 매우 놀라 입이 딱 벌어졌다.

01

전지적 작가 시점은 서술자가 신처럼 인물과 사건에 대해 다 알고 이야기하는 시점으로, 서술자가 인물의 행동과 태도는 물론 그의 속마음까지도 직접 설명한다. 이 글은 작품 밖에 있는 서술자가 '문기'의 속마음까지 직접 제시하며 이야기를 이끌어 가고 있는 3인칭 전지적 작가 시점을 취하고 있다.

02

자신이 도둑질을 했음을 암시하는 수만이의 글을 본 문기가 매우 놀란 상황이므로, ⓐ는 '몹시 놀라다.'라는 뜻을 지닌 관용어 '간이 떨어지다'와 바꿔 쓸 수 있다.

✖오답 풀이

③ 귀를 의심하다: 믿기 어려운 이야기를 들어 잘못 들은 것이 아닌가 생각하다.

03

[A]에 언급되어 있는 '두 번째 허물'은 문기가 숙모의 돈을 훔쳐 수만이에게 준 것을 의미한다. 이는 '수만이 얼굴에다 빰을 때리듯 돈을 던져 주고'를 통해 알 수 있다. 수만이에게 약점이 잡혀 돈을 준 문기의 상황은 '약점이 잡히다.'라는 뜻을 지닌 관용어 '코가 꿰이다'로 나타낼 수 있다.

04

이 글의 갈래는 고전 소설이다. 고전 소설의 등장인물은 주로 특정 계층이나 집단의 성격을 대표하는 전형적 인물이고, 작품이 끝날 때까지 성격의 변화가 뚜렷하게 나타나지 않는 평면적 인물이다. 입체적이고 개성적인 인물들이 등장하는 것은 현대 소설의 특징이다.

✖오답 풀이

① 고전 소설은 작품 밖의 서술자가 모든 것을 알고 이야기를 전달하는 전지적 작가 시점으로 서술되는 경우가 많다.
② 고전 소설은 착한 사람은 복을 받고 악한 사람은 벌을 받는다는 권선징악의 주제를 다루는 경우가 많다.
④ 고전 소설은 주인공이 고난과 시련을 모두 이겨 내고 행복한 결말을 맺는 경우가 많다.
⑤ 고전 소설은 시간의 흐름에 따라 사건을 전개하는 평면적 구성을 취하는 경우가 많다.

05

㉠은 '여러 사람이 같은 의견을 말하다.'라는 뜻을 지닌 관용어 '입을 모으다'와 바꿔 쓸 수 있다.

✖오답 풀이

② 간을 졸이다: 매우 걱정되고 불안스러워 마음을 놓지 못하다.
④ 입이 짧다: 음식을 심하게 가리거나 적게 먹다.

24회 | 헷갈리기 쉬운 말 ①

문해력 기초 다지기 ▶본문 158~159쪽

01 ㉢ 02 ㉤ 03 ㉡ 04 ㉠ 05 ㉣ 06 거름 07 낫다 08 걷히다 09 번갈아 10 시간 11 깨닫게, 익히게 12 너머 13 늘리기 14 거쳐 15 가리키며 16 ① 17 ② 18 예시 답안 지각을 할까 불안하여 걸음을 재촉했다. 19 예시 답안 농부는 매일 황금알을 낳는 거위 덕에 부자가 되었다.

13

가게의 규모를 커지게 한다는 의미이므로, 이 문장에는 '길이'가 아니라 '양이나 부피'와 관련된 단어가 들어가야 한다. 따라서 '물체의 넓이, 부피 따위를 본디보다 커지게 하다.'라는 뜻을 지닌 '늘리다'가 들어가는 것이 적절하다.

16

①은 동생의 농구 실력이 나의 농구 실력보다 뛰어나다는 의미이므로, '낳다'가 아니라 '보다 더 좋거나 앞서 있다.'라는 의미의 '낫다'를 사용해야 한다.

17

첫 번째 예문의 빈칸에는 '병이나 상처 따위가 고쳐져 본래대로 되다.'를 뜻하는 '낫다'의 활용형 '낫기'가 들어가야 한다. 그리고 두 번째 예문의 빈칸에는 '본디보다 더 길어지게 하다.'를 뜻하는 '늘이다'의 활용형 '늘여야'가 들어가야 한다.

문해력 완성하기 ▶본문 160~161쪽

01 ⑤ 02 ⓐ 03 예시 답안 지식인들이(자신들이) 비문명적이고 어리석은 조선의 민중을 계몽해야 한다. 04 ③ 05 ② 06 예시 답안 암울하고 음산한 분위기를 조성하여 비극적 결말을 암시한다.

01

형식은 '여러분은 ~ 어떻게 생각하십니까.', '그 원인이 어디 있을까요?', '그러면 어떻게 해야 ~ 저들을 구제할까요?', '그리하려면?', '어떻게요?' 등과 같이, 일행(병욱, 영채, 선형)에게 질문을 하고 대답을 유도하는 방식으로 말하고 있다. 이를 통해 자신이 말하고자 하는 바, 즉 조선 민중을 계몽해야 한다는 내용을 자연스럽게 이끌어 내고 있다.

02

'가르치다'는 '지식이나 기능, 이치 따위를 깨닫게 하거나 익히게 하다.'라는 뜻이고, '가리키다'는 '손가락 따위로 어떤 방향이나 대상을 집어서 보이거나 말하거나 알리다.'라는 뜻이다. '교육으로, 실행으로.'라는 마지막 말을 고려할 때, ㉠에는 '가르쳐야지요'가 들어가야 한다.

04

이 글에 빼허의 주민들이 어떤 일을 하며 살아가는지는 제시되어 있지 않다.

✖오답 풀이

① 계절적 배경은 겨울이다.
② 공간적 배경은 백두산 서북편 서간도 한 귀퉁이에 있는 가난한 촌락 빼허이다.
④ 빼허를 이루는 집은 모두 다섯 호이다.
⑤ 빼허는 조그마한 강을 앞에 끼고 큰 산을 등지고 있어서 하늬와 강바람이 한꺼번에 부는 날이면 매우 요란스럽다.

05

㉡의 '걷히다'는 '구름이나 안개 따위가 흩어져 없어지다.'라는 뜻이므로 앞뒤 내용과 자연스럽게 이어지지 않는다. 따라서 ㉡은 '오가는 도중에 어디를 지나거나 들르다.'라는 뜻을 지닌 '거치다'로 고쳐 써야 한다.

✖오답 풀이

①, ③, ④, ⑤ '묻히다', '휘날리다', '덮이다', '흩어지다'는 모두 적절하게 사용되었다.

06

[A]에 나타난 '눈보라'나 '차디찬 바람' 등은 서간도에 사는 조선인들의 삶을 더욱 힘겹게 만드는 요소이다. 이를 고려할 때 [A]의 날씨 묘사는 전체적으로 음산하고 암울한 분위기를 조성하며, 이런 분위기는 결말의 비극적인 상황을 암시하는 역할을 한다.

25회 | 헷갈리기 쉬운 말 ②

문해력 기초 다지기

▶ 본문 164~165쪽

01 ㉢ 02 ㉡ 03 ㉣ 04 ㉠ 05 ㉤ 06 띠다
07 바래다 08 두텁다 09 눈 10 비교, 같지
11 다리미 12 다르다 13 다린다 14 두터운
15 띄게 16 ① 17 ④ 18 예시 답안 그는 대사를 틀리지 않고 공연을 무사히 마쳤다. 19 예시 답안 지진이 일어난 뒤에는 반드시 해일이 일어난다.

16

①에는 '감정이나 기운 따위를 나타내다.'라는 의미를 지닌 '띠다'를 사용해야 한다.

17

첫 번째 예문의 빈칸에는 '빛깔이나 색채 따위를 가지다.'를 뜻하는 '띠다'의 활용형 '띠고'가 들어가야 한다. 그리고 두 번째 예문의 빈칸에는 '볕이나 습기를 받아 색이 변하다.'를 뜻하는 '바래다'의 활용형 '바래'가 들어가야 한다.

문해력 완성 하기

▶ 본문 166~167쪽

01 ④ 02 ① 03 예시 답안 서양화는 대상을 사실적으로 재현하고, 동양화는 대상을 압축하여 간결하게 표현한다. 04 ④ 05 ㉠ 틀리다, 다르다 06 예시 답안 중요한 국가 정책을 결정하고 시행할 때는 반드시 국민 다수의 동의를 받아야 한다.

01

1문단의 '색깔의 짙음과 옅음이나 투명과 불투명 같은 표현에서 폭넓은 선택이 가능하다는 점도 유화 물감의 장점이다.'에서 유화 물감은 옅고 짙음을 표현하기에 적합함을 알 수 있다.

✖오답 풀이

① 2문단의 '폭넓은 표현의 가능성을 지닌 유화 물감은, 동양화를 그리는 먹이 대상을 압축하여 간결하게 표현하기 좋은 재료라는 점과 크게 대비된다.'를 통해 추론할 수 있다.
② 1문단의 '유화 물감은 ~ 갖가지 질감을 표현하는 데도 뛰어난 효과를 보인다.'에서 확인할 수 있다.
③ 1문단의 '(유화 물감은) 물감이 마른 다음에도 마르기 전과 색의 차이가 없고 색의 변화도 거의 없다는 점'이라는 설명을 통해 추론할 수 있다.
⑤ 3문단의 '서양의 회화는 왜 대상을 재현하려 했을까? ~ 대상을 똑같이 그린 그림을 소유함으로써 그런 욕망을 해소한 것이다.'라는 설명을 통해 추론할 수 있다.

02

㉠에는 '빛깔이나 색채 따위를 가지다.'라는 뜻을 지닌 '띠다'가 들어가야 한다. 그리고 ㉡에는 '눈에 보이다.'라는 뜻을 지닌 '띄다'가 들어가야 한다. 참고로 '띄우다'는 '물 위나 공중에 있게 하거나 위쪽으로 솟아오르게 하다.'라는 뜻이다.

03

서양화를 그리는 유화 물감은 대상을 똑같이 재현하기에 적합하고, 동양화를 그리는 먹은 대상의 특징만을 간결하게 표현하기에 적합하다.

04

이 글에서 국가 정책을 마련할 때는 일단 국민 전체의 의견을 확인해야 한다는 내용은 찾아볼 수 없다. 오히려 국가 정책을 마련할 때 국민 전체가 참여하는 것은 효율성이 떨어진다고 설명하고 있다.

✖오답 풀이

① 1문단의 '민주 국가에서 국가의 정책은 다수 국민의 지지를 받아야 정당성을 얻을 수 있다.'에서 확인할 수 있다.
② 2문단의 '정책 결정에 국민 전체가 참여하자면 시간이 많이 걸려 효율성이 떨어지고'에서 확인할 수 있다.
③ 2문단의 '논의해야 할 문제들이 일반 상식을 뛰어넘기에 대부분의 국민들은 그에 대해 적절히 판단하기조차 힘들다.'에서 확인할 수 있다.
⑤ 2문단의 '한 나라 국민 전체의 뜻을 완벽하게 반영한다는 것 자체가 불가능하며'에서 확인할 수 있다.

05

'틀리다'는 '셈이나 사실 따위가 그르게 되거나 어긋나다.'라는 뜻이므로, 문맥상 ㉠에 어울리지 않는다. 과거와 현재의 상황을 비교하고 있으므로, ㉠에는 '비교가 되는 두 대상이 서로 같지 아니하다.'라는 뜻을 지닌 '다르다'가 들어가야 한다.

26회 | 헷갈리기 쉬운 말 ③

문해력 기초 다지기

▶ 본문 170~171쪽

01 ㉢ 02 ㉡ 03 ㉤ 04 ㉠ 05 ㉣ 06 쇠다
07 번복 08 절이다 09 되풀이 10 수효
11 작게 12 부쳐서 13 세기 14 적어서
15 번복 16 ⑤ 17 ③ 18 예시 답안 어머니는 소금에 절여 둔 생선을 석쇠에 얹어 굽기 시작하셨다.
19 예시 답안 안내판의 글씨가 너무 작아서 알아보기 힘들었다.

16

⑤에는 '부치다'가 아니라, '맞닿아 떨어지지 않게 하다.'라는 의미의 '붙이다'를 사용해야 한다.

17

첫 번째 예문의 빈칸에는 '물체의 길이나 넓이, 부피 따위를 본디보다 작게 하다.'를 뜻하는 '줄이다'의 활용형 '줄인'이 들어가야 한다. 그리고 두 번째 예문의 빈칸에는 '기체, 액체 따위가 틈이나 구멍으로 조금씩 빠져 나가거나 나오다.'를 뜻하는 '새다'의 활용형 '새고'가 들어가야 한다.

문해력 완성 하기

▶ 본문 172~173쪽

01 ① 02 ③ 03 예시 답안 아내가 모본단 저고리를 잡혀서 돈을 빌리려 한다. 04 ④ 05 ⓐ 06 예시 답안 평범한 사람이 결혼하는 것은 일상적인 일이라서 사회적 중요성이 작기 때문이다.

01

이 글에 등장하는 인물은 '나'와 '아내'이다. '나'와 '아내' 간의 갈등은 드러나 있지 않으므로, 사건이 전개되면서 인물 간의 갈등이 고조된다는 설명은 적절하지 않다. 이 글에는 서술자인 '나'의 내적 갈등이 드러나고 있을 뿐이다.

✖오답 풀이

② 작중 인물인 '나'가 서술자의 역할을 하는 1인칭 시점을 취하고 있다.
③ '지금 아내가 하나 남은 모본단 저고리를 찾는 것도 아침거리를 장만하려 함이라.'에서 '나'가 '아내'의 의도를 추측하여 제시하고 있다.
④ '이슬을 실은 듯한 밤기운이 ~ 빗소리가 한없는 구슬픈 생각을 자아낸다.'에서 자연 현상을 활용하여 우울한 분위기를 조성하고 있다.
⑤ '쩍쩍', '투닥투닥'과 같은 의성어를 활용하여 상황을 생동감 있게 제시하고 있다.

02

이어지는 '시장할 줄 알아'로 보아, ㉠의 '주리다'는 '제대로 먹지 못하여 배를 곯다.'라는 뜻으로 사용된 것이다. 따라서 ㉠을 '굶으면'으로 바꿔 쓸 수 있다.

✖오답 풀이

① 덜다: 일정한 수량이나 정도에서 얼마를 떼어 줄이거나 적게 하다.
② 곪다: 상처에 염증이 생겨 고름이 들게 되다.
④ 달이다: 액체 따위를 끓여서 진하게 만들다. 또는 약재 따위에 물을 부어 우러나도록 끓이다.
⑤ 절이다: 푸성귀나 생선 따위를 소금기나 식초, 설탕 따위에 담가 간이 배어들게 하다.

04

2문단에서 역사가 누군가에 의해 중요한 일이라고 여겨져 선택된 것이라고 설명했지만, 그런 사실을 뽑는 객관적 기준은 제시되어 있지 않다.

✖오답 풀이

① 1문단의 '인간 사회의 지난날에 일어난 사실들 자체를 가리키기도 하고, 또 그 사실들에 관해 적어 놓은 기록들을 가리키기도 한다.'에서 확인할 수 있다.
② 1문단의 '한글 창제의 사실이나 임진왜란이 일어난 사실 등은 역사가 되는 것이다.'에서 확인할 수 있다.
③ 2문단의 '주기적으로 일어나는 자연 현상인 일식과 월식은 하늘이 인간 세계의 부조리를 경고하는 것이라 생각했기 때문에 역사가 되었으면서도'에서 확인할 수 있다.
⑤ 2문단의 '금속 활자는 목판본이나 목활자 인쇄술이 금속 활자로 넘어가는 중요성이 인식되지 않았기 때문에 역사가 될 수 없었다.'에서 확인할 수 있다.

05

일상적으로 되풀이되는 일은 역사가 될 수 없다는 의미이므로, ㉠에는 '같은 일을 되풀이함.'이라는 뜻을 지닌 '반복'이 들어가야 한다.

27회 | 동음이의어

문해력 기초 다지기 ▶본문 176~177쪽

01 ㉡ 02 ㉠ 03 ㉡ 04 ㉡ 05 물건, 등 06 불 07 피로, 편안히 08 맑아지다 09 유용 10 ㉠ 11 ㉡ 12 ㉡ 13 ① 14 예시 답안 건조기에서 꺼낸 수건을 개서 수납장에 넣었다. 15 예시 답안 불길이 세서 소화 작업이 쉽지 않았다.

10

㉡의 '쉬다'는 '음식 따위가 상하여 맛이 시금하게 변하다.'의 의미로 쓰였다.

12

㉠의 '기술'은 '사물을 잘 다룰 수 있는 방법이나 능력.'의 의미로 쓰였다.

13

①에서 첫 번째 문장의 '발'은 '사람이나 동물의 다리 맨 끝부분.'을 의미하고, 두 번째 문장의 '발'은 '가늘고 긴 대를 줄로 엮거나, 줄 따위를 여러 개 나란히 늘어뜨려 만든 물건.'을 의미한다. 따라서 두 단어의 의미가 같지 않다.

✖오답 풀이

② 둘 다 '흐리거나 궂은 날씨가 맑아지다.'의 의미로 쓰였다.
③ 둘 다 '섭취한 음식물을 분해하여 영양분을 흡수하기 쉬운 형태로 변화시키는 일.'의 의미로 쓰였다.
④ 둘 다 '물건을 짊어서 등에 얹다.'의 의미로 쓰였다.
⑤ 둘 다 '피로를 풀려고 몸을 편안히 두다.'의 의미로 쓰였다.

문해력 완성 하기 ▶본문 178~179쪽

01 ④ 02 ⓐ 03 예시 답안 적은 임금을 받으면서 강도 높게 일해야 하는 열악한 노동 환경을 고발하고 있다. 04 ⓐ, ⓒ, ⓓ 05 ② 06 예시 답안 ㉮: 의미 간에 관련성이 없음. ㉯: 의미 간에 관련성이 있음.

01

'일에 재미를 붙이기 위한 이 노래도 선비에게는 아무런 효과를 내지 못했다.'에서, 노래는 선비에게 별 도움이 되지 못했다는 것을 알 수 있다.

03

생활비를 제하고 일 년 동안 모은 돈이 병원마저 제대로 갈 수 없는 적은 금액이라는 점에서, 노동에 대한 대가가 아주 적은 열악한 노동 환경을 보여 준다고 할 수 있다.

04

'소리는 같은데 서로 뜻이 다른 단어들의 관계를 동음이의 관계라고 하고, 그런 단어를 동음이의어라고 한다.'와 '다의어는 두 개 이상의 뜻을 지닌 단어'에서 대상의 개념이나 뜻을 밝혀 설명하는 정의의 설명 방법이 사용되었다(ⓐ). 그리고 '소화'와 '아침' 같은 구체적인 예를 들어 동음이의어와 다의어를 설명하는 예시의 설명 방법이 사용되었다(ⓒ). 또 동음이의어와 다의어를 차이점을 중심으로 견주는 대조의 설명 방법이 사용되었다(ⓓ).

✖오답 풀이

ⓑ 대상을 구성 요소들로 쪼개어 설명하는 방법을 분석이라고 한다. 이 글에서 분석의 설명 방법은 사용되지 않았다.

05

㉠과 ㉡은 동음이의어이다. 그런데 ②의 두 예문에 사용된 '발'은 모두 '사람이나 동물의 다리 맨 끝부분.'이라는 뜻이다. 따라서 동음이의어가 아니라 하나의 같은 단어이다.

✖오답 풀이

① 앞 문장의 '이상(理想)': 생각할 수 있는 범위 안에서 가장 완전하다고 여겨지는 상태.
뒤 문장의 '이상(異常)': 정상적인 상태와 다름.
③ 앞 문장의 '개다': 흐리거나 궂은 날씨가 맑아지다.
뒤 문장의 '개다': 옷이나 이부자리 따위를 겹치거나 접어서 단정하게 포개다.
④ 앞 문장의 '배': 배나무의 열매.
뒤 문장의 '배': 사람이나 짐 따위를 싣고 물 위로 떠다니도록 나무나 쇠 따위로 만든 물건.
⑤ 앞 문장의 '지다': 물건을 짊어서 등에 얹다.
뒤 문장의 '지다': 해나 달이 서쪽으로 넘어가다.

28회 | 다의어

문해력 기초 다지기 ▶ 본문 182~183쪽

01 ㉠　02 ㉠　03 ㉠　04 ㉠　05 심정
06 관심, 눈길　07 판단　08 정상적　09 사람
10 ㉠　11 ㉡　12 ㉡　13 ㉠　14 ⑤
15 예시 답안 나이를 한 살 더 먹었다고 달라진 것은 없었다.　16 예시 답안 우리 반은 체험 학습 장소를 박물관으로 잡았다.

11

㉠의 '가다'는 '금, 줄, 주름살, 흠집 따위가 생기다.'의 의미로 쓰였다.

12

㉠의 '들다'는 '기계, 장치 따위가 정상적으로 움직이다.'의 의미로 쓰였다.

13

㉡의 '손'은 '사람의 팔목 끝에 달린 부분.'의 의미로 쓰였다.

14

〈보기〉의 '눈'은 '시력. 즉 물체의 존재나 형상을 인식하는 눈의 능력.'의 의미로 쓰였다. '눈'이 이와 유사한 의미로 쓰인 것은 ⑤이다.

✖오답 풀이

①, ③, ④ '눈'이 '빛의 자극을 받아 물체를 볼 수 있는 감각 기관.'의 의미로 쓰였다.
② '눈'이 '사물을 보고 판단하는 힘.'의 의미로 쓰였다.

문해력 완성 하기 ▶ 본문 184~185쪽

01 ㉠: '나'　㉡: '그'　㉢: 관찰자　02 ④
03 예시 답안 '그'는 조선 사람인데도 일본과 중국 등지 등을 떠돌아다녔음을 암시한다.　04 ⑤　05 ④
06 예시 답안 해바라기 씨를 심은 지 사흘이 지났는데도 싹이 나지 않는 상황을 의인법을 활용하여 표현하고 있다.

01

이 글은 '나'가 동양 삼국 옷을 입고 동양 삼국의 말을 하는 '그'를 관찰하여 서술하고 있다. 이처럼 작품 속에 등장하는 '나'가 관찰자의 입장에서 주인공에 대해 이야기하는 시점은 1인칭 관찰자 시점에 해당한다.

02

ⓐ의 '잡다'는 문맥상 '자리, 방향, 날짜 따위를 정하다.'라는 뜻으로 사용되었다. 이와 유사한 의미로 사용된 것은 ④의 '잡다'이다.

✖오답 풀이

① '잡다'가 '손으로 움키고 놓지 않다.'라는 뜻으로 사용되었다.
② '잡다'가 '실마리, 요점, 단점 따위를 찾아내거나 알아내다.'라는 뜻으로 사용되었다.
③ '잡다'가 '짐승을 죽이다.'라는 뜻으로 사용되었다.
⑤ '잡다'가 '붙들어 손에 넣다.'라는 뜻으로 사용되었다.

03

'나'에게 자연스럽게 경상도 사투리로 말을 붙이는 것으로 보아, '그'가 조선 사람임을 알 수 있다. 그런데 '그'는 일본어와 중국어를 할 줄 알며 동양 삼국의 옷이 뒤섞인 옷차림을 하고 있다. 이러한 점을 고려했을 때, '그'는 일본과 중국을 떠돌아다녔음을 짐작할 수 있다.

04

이 시에는 참새, 바둑이, 괭이, 이슬, 햇빛, 청개구리 등 다양한 소재가 등장한다. 그중에서 '청개구리'는 해바라기 씨에 관심을 가지는 존재이다. '청개구리'는 해바라기 씨에서 싹이 났는지 궁금해하는 것이지, 해바라기 싹이 나는 것을 방해하려고 노리는 것은 아니다.

05

㉠의 '손'은 신체의 일부분, 즉 '사람의 팔목 끝에 달린 부분.'을 뜻한다. ①, ②, ③, ⑤는 모두 이와 유사한 의미로 쓰였다. 하지만 ④의 '손'은 문맥상 '일을 하는 사람.'이라는 뜻으로 사용되었다.

어휘력 테스트

01회

▶ 2쪽

01 오류	02 편견	03 본질	04 근거
05 주장	06 타당성	07 설득하다	08 반성
09 참, 거짓	10 착한	11 판단	12 반대
13 긍정	14 선의	15 진위	16 상반
17 편견	18 납득	19 오류	

15

'여부'는 '그러함과 그러하지 아니함.'이라는 의미이다. '진위'는 '참과 거짓 또는 진짜와 가짜를 통틀어 이르는 말.'이므로, 사건의 '진위' 여부를 따진다는 표현이 적절하다.

02회

▶ 3쪽

01 각축	02 명성	03 소외	04 망각하다
05 번성하다	06 관여하다	07 경시하다	08 배척
09 역사	10 짐승	11 폭력	12 조상
13 특이	14 경시	15 번성	16 약탈
17 망각	18 명성	19 배타적	

19

'배타적'은 '남을 배척하는 것.'을 뜻하는 말로, 이때 '배척'은 '따돌리거나 거부하여 밀어 내침.'의 의미이다. 즉 한 개인이나 집단이 그 외부의 사람이나 집단을 따돌리거나 거부하는 것은 배타적인 태도이다.

03회

▶ 4쪽

01 실태	02 부과	03 축적	04 관습
05 야기하다	06 만연하다	07 범람하다	08 사회
09 집단	10 이익	11 관리	12 공동
13 나쁘다	14 관습	15 열악	16 축적
17 야기	18 범람	19 공유	

18

'범람하다'는 '큰물이 흘러넘치다.'라는 뜻과 함께, '바람직하지 못한 것들이 마구 쏟아져 돌아다니다.'라는 뜻도 가지고 있다. 따라서 잘못된 정보가 넘치는 상황에는 '범람하다'를 사용하는 것이 적절하다.

04회

▶ 5쪽

01 공정	02 치안	03 혁신	04 제정하다
05 교류하다	06 엄수하다	07 화해	08 말썽
09 숨겨져	10 효과	11 해로운	12 영향력
13 허락	14 분쟁	15 중재	16 혁신
17 엄수	18 적발	19 권위	

19

'권위'는 '남을 지휘하거나 통솔하여 따르게 하는 힘.' 또는 '일정한 분야에서 사회적으로 인정을 받고 영향력을 끼칠 수 있는 위신.'을 의미한다. 제시된 예문은 두 번째 의미의 '권위'가 들어가기에 적절하다.

05회

▶ 6쪽

01 공생	02 영양소	03 전파하다	04 치유하다
05 함유하다	06 투여하다	07 없어짐	08 관계
09 발달	10 기체	11 못한	12 없는
13 자리	14 치유	15 부작용	16 매개
17 투여	18 전파	19 함유	

15

'부작용'은 '어떤 일에 부수적으로 일어나는 바람직하지 못한 일.' 또는 '약이 지닌 그 본래의 작용 이외에 부수적으로 일어나는 작용.'을 의미한다. 제시된 예문은 첫 번째 의미의 '부작용'이 들어가기에 적절하다.

06회

▶ 7쪽

01 방치	02 분포	03 대기	04 오염
05 재생	06 부산물	07 포착하다	08 짐작
09 깨끗	10 혼란	11 해소	12 기본
13 사라져	14 정화	15 분포	16 포착
17 방치	18 교란	19 소멸	

16

'포착하다'는 '놓치지 않고 꼭 붙잡다.', '어떤 기회나 정세를 알아차리다.'라는 뜻이다. 제시된 예문은 첫 번째 의미의 '포착하다'가 들어가기에 적절하다.

07회

▶ 8쪽

01 지탱	02 추출	03 분해	04 추이
05 향상되다	06 수월하다	07 견고하다	08 회복
09 상태	10 나쁜	11 유행	12 뒤떨어짐
13 목표	14 지탱	15 견고	16 추출
17 양상	18 수월	19 낙후	

15

'견고하다'는 '굳고 단단하다.' 또는 '사상이나 의지 따위가 동요됨이 없이 확고하다.'라는 뜻이다. 제시된 예문은 두 번째 의미의 '견고하다'가 들어가기에 적절하다.

08회

▶ 9쪽

01 향유	02 몰입	03 모방	04 응시
05 전시	06 생동감	07 재능	08 속, 생각
09 처음	10 적다	11 경험, 지각	12 본래
13 거대	14 고유	15 응시	16 몰입
17 발휘	18 모방	19 웅장	

15

매가 사냥감을 잡기 위해 바라보고 있는 상황이므로, '눈길을 모아 한 곳을 똑바로 바라봄.'이라는 뜻의 '응시'가 들어가는 것이 적절하다.

09회

▶ 10쪽

01 격정	02 고깝다	03 사무치다	04 절박하다
05 결연하다	06 빈정거리다		07 애
08 트집	09 노여운	10 좋은	11 섭섭
12 자랑	13 어색	14 격노	15 야속
16 고심	17 대견	18 절박	19 힐난

19

정당한 비판이 아니라 정당하지 않은 비난을 받아 마음이 상한 상황이므로, 빈칸에는 '트집을 잡아 지나치게 많이 따지고 듦.'이라는 뜻의 '힐난'이 들어가는 것이 적절하다.

10회

▶ 11쪽

01 앳되다	02 후하다	03 능동적	04 가련하다
05 고귀하다	06 역력하다	07 억척스럽다	
08 악독	09 겁, 매몰	10 너저분	11 순수
12 건방	13 맹랑	14 고귀	15 순박
16 남루	17 역력	18 억척	19 가련

16

귀양을 간 사람이 화려했던 과거를 떠올리는 상황이므로, 빈칸에는 현재의 어려운 처지와 관련된 단어가 들어가야 한다. 따라서 '옷 따위가 낡아 해지고 차림새가 너저분하다.'라는 뜻의 '남루하다'가 들어가는 것이 적절하다.

11회

▶ 12쪽

01 숙고	02 보채다	03 경외하다	04 상기하다
05 토로하다	06 골똘하다	07 도모하다	08 비밀
09 핑계	10 한탄	11 원래, 원래	
12 세력, 억누름		13 정리	14 갈무리
15 도모	16 숙고	17 토로	18 견제
19 만회			

14

'갈무리'는 '물건 따위를 잘 정리하거나 간수함.' 또는 '일을 처리하여 마무리함.'이라는 뜻으로 쓰인다. 제시된 예문은 자료를 정리한다는 의미이므로 첫 번째 의미의 '갈무리'가 들어가기에 적절하다.

12회

▶ 13쪽

01 장인	02 종적	03 수작	04 불화
05 일가	06 유대	07 앙갚음	08 시기
09 충돌	10 위협	11 짝	12 삭막
13 성실	14 종적	15 돈독	16 수작
17 앙갚음	18 각박	19 일가	

19

'일가'는 '한집에서 사는 가족.' 또는 '학문, 기술, 예술 등의 분야에서 독자적인 경지나 체계를 이룬 상태.'라는 뜻으로 쓰인다. 제시된 예문은 한 가족을 이루었다는 의미이므로 첫 번째 의미의 '일가'가 들어가기에 적절하다.

13회

▶ 14쪽

01 내	02 순사	03 냉전	04 여울
05 망망대해	06 첩첩산중	07 까마득하다	
08 꽃	09 마지막	10 자리, 장소	11 먼, 차가운
12 어둑	13 비	14 어스름	15 망망대해
16 첩첩산중	17 윗목	18 거처	19 냉전

16

고향이 차가 다닐 수 없을 만큼 외진 곳에 있다는 의미이므로, 빈칸에는 '여러 산이 겹치고 겹친 산속.'이라는 뜻의 '첩첩산중'이 들어가는 것이 적절하다.

14회

▶ 15쪽

01 서슬	02 암시	03 가담	04 암담하다
05 황량하다	06 낭자하다	07 예상	08 처량
09 불쌍	10 심심	11 단념	12 희미
13 쓸쓸	14 암담	15 무료	16 황량
17 암시	18 가담	19 이변	

19

예상과 다른 뜻밖의 일이 벌어진 상황이므로, 빈칸에는 '예상하지 못한 사태나 괴이한 변고.'라는 뜻의 '이변'이 들어가는 것이 적절하다.

15회

▶ 16쪽

01 체류	02 꼴	03 대거리	04 궁색하다
05 용이하다	06 미숙하다	07 실수	08 시작
09 어길	10 권, 좋은	11 압도	12 관심
13 기름	14 궁색	15 체류	16 착수
17 용이	18 허물	19 권장	

14

'궁색하다'는 '아주 가난하다.' 또는 '말이나 태도, 행동의 이유나 근거 따위가 부족하다.'라는 뜻으로 쓰인다. 제시된 예문은 첫 번째 의미의 '궁색하다'가 들어가기에 적절하다.

16회

▶ 17쪽

01 청풍	02 진토	03 서얼	04 녹음
05 강호	06 관찰사	07 둔갑하다	08 인재
09 부녀자	10 풍치	11 꿋꿋	12 땅속, 넋
13 처음	14 녹음	15 자초지종	16 청풍
17 등용	18 절개	19 둔갑	

19

'둔갑하다'는 '술법으로 자기 몸이 감추어지거나 다른 것으로 바뀌다.' 또는 '사물의 본디 형체나 성질이 바뀌거나 가리어지다.'라는 뜻이다. 제시된 예문은 첫 번째 의미의 '둔갑하다'가 들어가기에 적절하다.

17회

▶ 18쪽

01 고립무원	02 권선징악	03 진퇴양난	04 죽마고우
05 막역지우	06 괄목상대	07 의지	08 발전
09 바른길	10 잘못, 허물	11 돈독	12 일취월장
13 개과천선	14 죽마고우	15 고립무원	16 진퇴양난
17 권선징악			

16

그 일을 해도 비난을 받고 하지 않아도 비난을 받을 처지여서 곤란한 상황이므로, 빈칸에는 '이러지도 저러지도 못하는 어려운 처지.'를 뜻하는 '진퇴양난'이 들어가는 것이 적절하다.

18회

▶ 19쪽

01 독서삼매	02 혼비백산	03 설상가상	04 주경야독
05 점입가경	06 동병상련	07 기다림	08 옛것
09 은혜	10 효성	11 비단, 좋은	12 학수고대
13 점입가경	14 각골난망	15 동병상련	16 금상첨화
17 설상가상			

13

프로 농구의 순위 경쟁이 갈수록 치열해져 재미가 있다는 의미이므로, 빈칸에는 '들어갈수록 점점 재미가 있음.'을 뜻하는 '점입가경'이 들어가는 것이 적절하다.

19회
▶ 20쪽

01 심사숙고 02 역지사지 03 소탐대실 04 안분지족
05 아전인수 06 일편단심 07 가난 08 욕심
09 고침 10 잘못, 잘못 11 이득 12 안분지족
13 아전인수 14 일석이조 15 견물생심 16 역지사지
17 적반하장

13
형이 일관되게 원칙을 지키는 것이 아니라, 자신에게 필요한 상황에서만 원칙을 적용한다는 의미이다. 따라서 빈칸에는 '자기에게만 이롭게 되도록 생각하거나 행동함을 이르는 말.'인 '아전인수'가 들어가는 것이 적절하다.

20회
▶ 21쪽

01 굴뚝, 연기 02 고기 03 나무 04 고기, 말
05 사촌, 이웃 06 윗사람, 아랫사람 07 불가능
08 만족 09 협력 10 근본, 결과 11 ㉡
12 ㉢ 13 ㉣ 14 ㉠ 15 ㉤

11
어렵지 않은 일이지만 서로 도와 청소를 빨리 끝낸 상황이므로, 빈칸에는 '쉬운 일이라도 협력하여 하면 훨씬 쉽다는 말.'인 '백지장도 맞들면 낫다'가 들어가는 것이 적절하다.

21회
▶ 22쪽

01 개구리 02 쥐구멍, 볕 03 목마른, 우물
04 돌, 이끼 05 지성, 감천 06 정성, 결과 07 미천, 좋은
08 무식 09 어려운 10 굳은, 마음 11 ㉠
12 ㉤ 13 ㉢ 14 ㉡ 15 ㉣

14
가장 급한 자신이 문제를 해결하기 위해 나설 수밖에 없다는 의미이므로, 빈칸에는 '제일 급하고 일이 필요한 사람이 그 일을 서둘러 하게 되어 있다는 말.'인 '목마른 놈이 우물 판다'가 들어가는 것이 적절하다.

22회
23쪽

01 눈 02 크다 03 익다 04 발
05 넓다 06 맞잡다 07 의심하다 08 익숙
09 남, 말 10 좋은, 안목 11 움직, 활동 12 주의
13 이성 14 발을 끊게 15 귀를 기울이지
16 발이 묶이고 17 눈이 높아
18 손을 맞잡았다 19 눈에 익은

16
태풍 때문에 비행기가 뜨지 않아 움직일 수 없게 되었다는 의미이므로, 빈칸에는 '몸을 움직일 수 없거나 활동할 수 없는 형편이 되다.'를 뜻하는 '발이 묶이다'가 들어가는 것이 적절하다.

23회
▶ 24쪽

01 꿰이다 02 떨어지다 03 크다 04 배
05 입 06 벌어지다 07 엉덩이 08 같은
09 잘난, 뽐내는 10 사리사욕 11 겁
12 무안, 위신 13 자리, 일어나지
14 입이 딱 벌어지게 15 입을 모아
16 코가 납작해졌다 17 간이 떨어질
18 배가 아프다 19 간이 큰

19
확실하지 않은 일에 겁도 없이 많은 돈을 투자했다는 의미이므로, 빈칸에는 '겁이 없고 매우 대담하다.'를 뜻하는 '간이 크다'가 들어가는 것이 적절하다.

24회
▶ 25쪽

01 낫다 02 낳다 03 걸음 04 거름
05 늘이다 06 거치다 07 걷히다 08 시간, 길다
09 커지게 10 높이, 경계 11 익히게 12 방향, 대상
13 위, 넘다 14 거쳐 15 걷히며 16 가리키고
17 낳았다 18 낫다 19 느린

18

책이나 빵 중에 더 좋은 것을 선택하는 상황이므로, 빈칸에는 '보다 더 좋거나 앞서 있다.'를 의미하는 '낫다'가 들어가는 것이 적절하다.

25회

▶ 26쪽

01 반드시	02 반듯이	03 다르다	04 틀리다
05 달이다	06 다리다	07 두드러지다	
08 감정, 기운	09 두께	10 굳고 깊다	11 습기, 색
12 바람, 이루어지거나		13 반듯이	14 두껍다
15 틀리다	16 띠었다	17 띄었다	18 다르다
19 반드시			

16

기분이 상해서 얼굴에 차가운 빛이 나타난 것이므로, 빈칸에는 '눈에 보이다.'라는 뜻의 '띄다'가 아니라 '감정이나 기운 따위를 나타내다.'라는 뜻의 '띠다'가 들어가야 한다.

26회

▶ 27쪽

01 반복	02 번복	03 주리다	04 줄이다
05 세다	06 쇠다	07 새다	08 떨어지지
09 보내다	10 수효, 분량	11 길이, 부피	12 간
13 피, 감각	14 절여	15 반복	16 부치러
17 세어	18 붙였다	19 새어	

16

우체국에 가서 학교에 서류를 보낸다는 의미이므로, 빈칸에는 '편지나 물건 따위를 일정한 수단이나 방법을 써서 상대에게로 보내다.'라는 뜻의 '부치다'가 들어가야 한다.

27회

▶ 28쪽

01 소화	02 쉬다	03 개다	04 기술
05 발	06 상, 맛	07 분해, 흡수	08 방법, 능력
09 서쪽	10 날씨	11 ㉠	12 ㉡
13 ㉡	14 ㉡	15 ㉡	

14

'시대상'은 '어떤 시대가 가지는 여러 가지 모습.'을 뜻하는 말이다. 1970년대의 시대상을 있는 그대로 기록했다는 의미이므로, 예문의 '기술'은 '대상이나 과정의 내용과 특징을 있는 그대로 열거하거나 기록하여 서술함.'을 뜻한다.

28회

▶ 29쪽

01 젖다	02 먹다	03 가다	04 잡다
05 듣다	06 힘	07 축축	08 금, 흠집
09 소리	10 찾아, 알아	11 ㉢	12 ㉢
13 ㉢	14 ㉡	15 ㉠	16 ㉡

06

여러 생선 중에서 싱싱하고 좋은 생선을 고르는 능력이 있다는 의미이므로, 예문의 '눈'은 '사물을 보고 판단하는 힘.'을 뜻한다.

14

부모님의 말씀을 잘 따르고 받아들인다는 의미이므로, 예문의 '듣다'는 '다른 사람의 말을 받아들여 그렇게 하다.'라는 뜻이다.

www.ggumtl.co.kr

92명의 내용 검토진, 61명의 디자인 자문단과 함께
정성을 다해 이 책을 디자인하고 개발하였습니다.

문해력 완성 중학 어휘 1단계

어휘와 독해를 결합한 최적의 문해력 학습 시스템

- 중학생이 알아야 할 419개의 필수 어휘 총정리
- 재미있는 56개의 지문으로 독해력 향상 훈련
- 직접 써 보는 연습으로 사고력과 표현력 기르기
- 비판적 독해력과 문제 해결력을 키우는 문해력 학습